Questions Sur L'encyclopédie...

Voltaire

plus que praticables, on eft bien étonné de lire cette philippique contre *Cicéron* qui n'a jamais fait creufer de canaux :

„ Le trait le plus glorieux de l'hiftoire de
„ *Cicéron* , c'eft la ruine de la conjuration de
„ *Catilina ;* mais à le bien prendre , elle ne
„ fit du bruit à Rome qu'autant qu'il affecta
„ d'y mettre de l'importance. Le danger exi-
„ ftait dans fes difcours bien plus què dans
„ la chofe. C'était une entreprife d'hommes
„ yvres qu'il était facile de déconcerter. Ni
„ le chef, ni les complices n'avaient pris la
„ moindre mefure pour affurer le fuccès de
„ leur crime. Il n'y eut d'étonnant dans cette
„ étrange affaire que l'appareil dont le con-
„ feil chargea toutes fes démarches, & la fa-
„ cilité avec laquelle on lui laiffa facrifier à
„ fon amour - propre tant de rejettons des
„ plus illuftres familles.

„ D'ailleurs , la vie de *Cicéron* eft pleine
„ de traits honteux ; fon éloquence était vé-
„ nale autant que fon ame était pufillanime.
„ Si cè n'était pas l'intérèt qui dirigeait fa
„ langue , c'était la frayeur ou l'efpérance ;
„ le defir de fe faire des appuis le portait à
„ la tribune pour y défendre fans pudeur des
„ hommes plus deshonorés , plus dangereux
„ cent fois que *Catilina.* Parmi fes cliens, on
„ ne voit prefque que des fcélerats : & par
„ un trait fingulier de la juftice divine , il
„ reçut enfin la mort des mains d'un de ces

„ misérables que son art avait dérobés aux
„ rigueurs de la justice humaine. "

A le bien prendre, la conjuration de *Catilina* fit à Rome plus que *du bruit* ; elle la
plongea dans le plus grand trouble, & dans le
plus grand danger. Elle ne fut terminée que
par une bataille si sanglante qu'il n'est aucun exemple d'un pareil carnage, & peu d'un
courage aussi intrépide. Tous les soldats de
Catilina après avoir tué la moitié de l'armée
de *Petreius* furent tués jusqu'au dernier ;
Catilina périt percé de coups sur un monceau de morts, & tous furent trouvés le vi-
sage tourné contre l'ennemi. Ce n'était pas
là une entreprise si facile à déconcerter ; *César* la favorisait, & elle apprit à *César* à cons-
pirer un jour plus heureusement contre sa
patrie.

*Cicéron défendait sans pudeur des hommes
plus deshonorés, plus dangereux cent fois que
Catilina.*

Est-ce quand il défendait dans la tribune
la Sicile contre *Verres*, & la république Romaine contre *Antoine* ? est-ce quand il ré-
veillait la clémence de *César* en faveur de
Ligarius & du roi *Dejotare* ? ou lorsqu'il
obtenait le droit de cité pour le poëte *Archias* ;
ou lorsque dans sa belle oraison pour la loi
Manilia il emportait tous les suffrages des
Romains en faveur du grand *Pompée* ?

Il plaida pour *Milon* meurtrier de *Clodius* ;

A ij

mais *Clodius* avait mérité fa fin tragique par fes fureurs. *Clodius* avait trempé dans la conjuration de *Catilina*, *Clodius* était fon plus mortel ennemi, il avait foulevé Rome contre lui, & l'avait puni d'avoir fauvé Rome ; *Milon* était fon ami.

Quoi ! c'eft de nos jours qu'on ofe dire que DIEU punit *Cicéron* d'avoir plaidé pour un tribun militaire nommé *Popilius Léna*, & que la vengeance célefte le fit affaffiner par ce *Popilius Léna* même ! Perfonne ne fait fi *Popilius Léna* était coupable ou non du crime dont *Cicéron* le juftifia quand il le défendit ; mais tous les hommes favent que ce monftre fut coupable de la plus horrible ingratitude, de la plus infâme avarice, & de la plus déteftable barbarie, en affaffinant fon bienfaicteur pour gagner l'argent de trois monftres comme lui. Il était refervé à notre fiécle de vouloir faire regarder l'affaffinat de *Cicéron* comme un acte de la juftice divine. Les triumvirs ne l'auraient pas ofé. Tous les fiécles jufqu'ici ont détefté & pleuré fa mort.

On reproche à *Cicéron* de s'être vanté trop fouvent d'avoir fauvé Rome, & d'avoir trop aimé la gloire. Mais fes ennemis voulaient flétrir cette gloire. Une faction tyrannique le condamnait à l'exil, & abattait fa maifon, parce qu'il avait préfervé toutes les maifons de Rome de l'incendie que *Catilina* leur préparait. Il vous eft permis (c'eft même un devoir) de vanter vos services quand on les méconnait , & surtout quand on vous en fait un crime.

On admire encor *Scipion* de n'avoir répondu à ses accusateurs que par ces mots : *C'est à pareil jour que j'ai vaincu Annibal, allons rendre grace aux Dieux.* Il fut suivi par tout le peuple au capitole , & nos cœurs l'y suivent encor en lisant ce trait d'histoire.

Cicéron fut admiré de même par le peuple Romain le jour qu'à l'expiration de son consulat , étant obligé de faire les sermens ordinaires , & se préparant à haranguer le peuple selon la coutume , il en fut empêché par le tribun *Metellus* qui voulait l'outrager. *Cicéron* avait commencé par ces mots, *Je jure ;* le tribun l'interrompit , & déclara qu'il ne lui permettrait pas de haranguer. Il s'éleva un grand murmure. *Cicéron* s'arrèta un moment , & renforçant sa voix noble & sonore , il dit pour toute harangue , *Je jure que j'ai sauvé la patrie.* L'assemblée enchantée s'écria , *Nous jurons qu'il a dit la vérité.* Ce moment fut le plus beau de sa vie. Voilà comme il faut aimer la gloire.

Je ne sais où j'ai lu autrefois ces vers ignorés.

Romains , j'aime la gloire & ne veux point m'en taire ;
Des travaux des humains c'est le digne salaire :
Ce n'est qu'en vous servant qu'il la faut acheter.
Qui n'ose la vouloir n'ose la mériter.

A iij

Peut-on méprifer *Cicéron* fi on confidère fa conduite dans fon gouvernement de la Cilicie, qui était alors une des plus importantes provinces de l'empire Romain, en ce qu'elle confinait à la Syrie, & à l'empire des Parthes. Laodicée, l'une des plus belles villes d'Orient, en était la capitale : cette province était auffi floriffante qu'elle eft dégradée aujourd'hui fous le gouvernement des Turcs.

Il commence par protéger le roi de Cappadoce *Ariobarzane*, & il refufe les préfens que ce roi veut lui faire. Les Parthes viennent attaquer en pleine paix Antioche; *Cicéron* y vole, il atteint les Parthes après des marches forcées par le mont Taurus, il les fait fuir, il les pourfuit dans leur retraite, *Orzace* leur général eft tué avec une partie de fon armée.

De-là il court à Pendeniffum capitale d'un pays allié des Parthes, il la prend ; cette province eft foumife. Il tourne auffi-tôt contre les peuples appellés *Tiburaniens*, il les défait; fes troupes lui défèrent le titre d'*empereur* qu'il garda toute fa vie. Il aurait obtenu à Rome les honneurs du triomphe fans *Caton* qui s'y oppofa, & qui obligea le fénat à ne décerner que des réjouiffances publiques & des remerciemens aux Dieux.

Si on fe repréfente l'équité, le défintéreffement de *Cicéron* dans fon gouvernement, fon activité, fon affabilité, deux vertus fi rarement compatibles, les bienfaits dont il

combla les peuples dont il était le souverain
absolu, il faudra être bien difficile pour ne
pas accorder son estime à un tel homme.

Si vous · faites réflexion que c'est-là ce même Romain qui le premier introduisit la philosophie dans Rome, que ses *Tusculanes* &
son livre de la *Nature des Dieux* sont les deux
plus beaux ouvrages qu'ait jamais écrit la
sagesse qui n'est qu'humaine, & que son traité
des *offices* est le plus utile que nous ayons en
morale, il sera encor plus mal aisé de mépriser *Cicéron.* Plaignons ceux qui ne le lisent
pas, plaignons encor plus ceux qui ne lui
rendent pas justice.

Opposons au détracteur Français les vers
de l'Espagnol *Martial* dans son épigramme
contre *Antoine.*

Quid profunt sacræ pretiosa silentia linguæ ?
Incipient omnes pro Cicerone loqui.

Ta prodigue fureur acheta son silence,
Mais l'univers entier parle à jamais pour lui.

C L E R C.

IL y aurait peut-être encor quelque chose
à dire sur ce mot, même après le Dictionnaire de *Du Cange*, & celui de l'Encyclopédie. Nous pouvons, par exemple, observer

qu'on était si savant vers le dixiéme & onziéme siécle, qu'il s'introduisit une coutume ayant force de loi en France, en Allemagne, en Angleterre, de faire grace de la corde à tout criminel condamné qui savait lire, tant un homme de cette érudition était néceffaire à l'état.

Guillaume le bâtard, conquérant de l'Angleterre, y porta cette coutume. Cela s'appellait bénéfice de clergie, *beneficium clericorum aut clergicorum.*

Nous avons remarqué en plus d'un endroit que de vieux usages perdus ailleurs se retrouvent en Angleterre, comme on retrouva dans l'isle de Samothrace les anciens mystères d'*Orphée.* Aujourd'hui mème encor ce bénéfice de clergie subsiste chez les Anglais dans toute sa force pour un meurtre commis sans dessein, & pour un premier vol qui ne paffe pas cinq cent livres sterling. Le criminel qui sait lire, demande le bénéfice de clergie ; on ne peut le lui refuser. Le juge qui était réputé par l'ancienne loi ne savoir pas lire lui-même, s'en rapporte encor au chapelain de la prison, qui présente un livre au condamné. Ensuite il demande au chapelain, *Legit ? Lit-il ?* Le chapelain répond, *Legit ut clericus, Il lit comme un clerc.* Et alors on se contente de faire marquer d'un fer chaud le criminel à la paume de la main. On a eu soin de l'enduire de graiffe ; le fer fume

& fait beaucoup de bruit fans faire aucun mal au patient réputé clerc.

DU CÉLIBAT DES CLERCS.

On demande fi dans les premiers fiécles de l'églife le mariage fut permis aux clercs, & dans quel tems il fut défendu ?

Il eft avéré que les clercs, loin d'être engagés au célibat dans la religion juive, étaient tous au contraire excités au mariage, non-feulement par l'exemple de leurs patriarches, mais par la honte attachée à vivre fans poftérité.

Toutefois, dans les tems qui précédèrent les derniers malheurs des Juifs, il s'éleva des fectes de rigoriftes, efféniens, judaïtes, thérapeutes, hérodiens, & dans quelques-unes comme celles des efféniens & des thérapeutes, les plus dévots ne fe mariaient pas. Cette continence était une imitation de la chafteté des veftales établies par *Numa Pompilius*, de la fille de *Pythagore* qui inftitua un couvent, des prêtreffes de *Diane*, de la pythie de Delphe, & plus anciennement de *Caffandre* & de *Chryfis* prêtreffes d'*Apollon*, & même des prêtreffes de *Bacchus*.

Les prêtres de *Cybèle* non-feulement fefaient vœu de chafteté, mais de peur de violer leurs vœux ils fe rendaient eunuques.

Plutarque, dans fa huitiéme queftion des propos de table, dit qu'il y a des collèges de prêtres en Egypte qui renoncent au mariage.

Les premiers chrétiens, quoique fefant profeffion d'une vie auffi pure que celle des efféniens & des thérapeutes, ne firent point une vertu du célibat. Nous avons vu que prefque tous les apôtres & les difciples étaient mariés.

Epître à Tite ch. 1. St. Paul écrit à Tite, *Choififfez pour prêtre celui qui n'aura qu'une femme ayant des enfans fidèles, & non accufés de luxure.*

I. à Timoth. ch. III. ℣. 2. Il dit la même chofe à Timothée ; *que le furveillant foit mari d'une feule femme.*

Il femble faire fi grand cas du mariage, que dans la même lettre à Timothée, il dit, Chap. 11 ℣. 15. *la femme ayant prévariqué fe fauvera en fefant des enfans.*

Ce qui arriva dans le fameux concile de Nicée au fujet des prêtres mariés, mérite une grande attention. Quelques évêques, au Sozom. liv. 1. Socrate. liv. 1. rapport de *Sozomène* & de *Socrate*, propoferent une loi qui défendit aux évêques & aux prêtres de toucher dorénavant à leurs femmes ; mais *St. Paphnuce* le martyr, évêque de Thèbes en Egypte, s'y oppofa fortement, difant, *que coucher avec fa femme c'eft chafteté ;* & fon avis fut fuivi par le concile.

Suidas, Gelafe Cificène, Caffiodore & Nicéphore Califte, rapportent précifément la même chofe.

Le concile feulement défendit aux eccléfiaftiques d'avoir chez eux des agapètes, des affociées, autres que leurs propres femmes,

excepté leurs mères, leurs sœurs, leurs tan-
tes & des vieilles hors de tout soupçon.

Depuis ce tems, le célibat fut recommandé
sans être ordonné. *St. Jérôme* voué à la soli-
tude, fut celui de tous les pères qui fit les
plus grands éloges du célibat des prêtres;
cependant, il prend hautement le parti de
Cartérius évêque d'Espagne qui s'était rema-
rié deux fois. *Si je voulais nommer, dit-il,
tous les évêques qui ont passé à de secondes
noces, j'en trouverais plus qu'il n'y eut d'évêques au concile de Rimini ; Tantus numerus* **Lettre**
congregabitur ut à Riminensis synodus superetur. **LXVII. à**
                                                        Oceanus.

Les exemples des cleros mariés, & vivans
avec leurs femmes, sont innombrables. *Sy-
donius* évêque de Clermont en Auvergne au
cinquième siécle, épousa *Papianilla* fille de
l'empereur *Avitus*; & la maison de *Polignac*
a prétendu en descendre. *Simplicius* évêque
de Bourges eut deux enfans de sa femme
Palladia.

St. Grégoire de Nazianze était fils d'un autre *Grégoire* évêque de Nazianze, & de *Non-
na*, dont cet évêque eut trois enfans, sçavoir
Césarius, *Gorgonia* & le *Saint*.

On trouve dans le décret romain, au canon
Osius, une liste très longue d'évêques enfans
de prêtres. Le pape *Osius* lui-même était fils
du sous-diacre *Etienne*, & le pape *Boniface I*
fils du prêtre *Joconde*. Le pape *Felix III* fut
fils du prêtre *Felix*, & devint lui-même un

des ayeux de *Grégoire* le grand. *Jean II* eut
pour père le prêtre *Projectus*, *Agapet* le prêtre
Gordien. Le pape *Sylveftre* était fils du pape
Hormifdas. *Théodore I* nâquit du mariage de
Théodore patriarche de Jérufalem, ce qui de-
vait réconcilier les deux églifes.

Enfin; après plus d'un concile tenu inu-
tilement fur le célibat qui devait toûjours ac-
compagner le facerdoce, le pape *Grégoire VII*
excommunia tous les prêtres mariés, foit
pour rendre l'églife plus refpectable par une
difcipline plus rigoureufe, foit pour attacher
plus étroitement à la cour de Rome les évêques & les prêtres des autres pays qui n'auraient d'autre famille que l'églife.

Cette loi ne s'établit pas fans de grandes
contradictions.

C'eft une chofe très remarquable que le
concile de Bâle ayant dépofé, du moins en paroles, le pape *Eugène IV*, & élu *Amedée de
Savoye*, plufieurs évêques ayant objecté que
ce prince avait été marié, *Enéas Silvius*, depuis pape fous le nom de *Pie II*, foutint
l'élection d'*Amedée* par ces propres paroles;
*Non folum qui uxorem habuit, fed uxorem
habens poteft affumi.* — *Non-feulement celui
qui a été marié, mais celui qui l'eft peut
être pape.*

Ce *Pie II* était conféquent. Lifez fes lettres
à fa maîtreffe dans le *recueil de fes œuvres*. Il
était perfuadé qu'il y a de la démence à vou-

loir frauder la nature, qu'il faut la guider, & Voyez
non chercher à l'anéantir.   Onanifme.

Quoi qu'il en foit, depuis le concile de Trente il n'y a plus de difpute fur le célibat des clercs dans l'églife catholique romaine; il n'y a plus que des defirs.

Toutes les communions proteftantes fe font féparées de Rome fur cet article.

Dans l'églife grecque qui s'étend aujourd'hui des frontières de la Chine au cap Matapan, les prêtres fe marient une fois. Partout les ufages varient, la difcipline change felon les tems & felon les lieux. Nous ne fefons ici que raconter, & nous ne controverfons jamais.

C L I M A T.

Hıc fegetes, illic veniunt felicius uvæ:
Arborei fœtus alibi, atque injuffa virefcunt
Gramina ; nonne vides, croceos ut Tmolus odores,
India mittit ebur, molles fua thura Sabæi ?
Ut chalybes nudi ferrum, virofaque pontus
Caftorea, Eliadum palmas Epirus equarum ?

Il faut ici fe fervir de la traduction de Mr. l'abbé de *l'Ifle*, dont l'élegance en tant d'endroits eft égale au mérite de la difficulté furmontée.

Ici font des vergers qu'enrichit la culture,
Là règne un verd gazon qu'entretient la nature;
Le Tmole eft parfumé d'un fafran précieux;
Dans les champs de Saba l'encens croît pour les Dieux;
L'Euxin voit le caftor fe jouer dans fes ondes,
Le Pont s'enorgueillit de fes mines profondes;
L'Inde produit l'yvoire; & dans fes champs guerriers
L'Epire pour l'Elide exerce fes courfiers.

Il eft certain que le fol & l'atmofphère fignalent leur empire fur toutes les productions de la nature, à commencer par l'homme, & à finir par les champignons.

Dans le grand fiécle de *Louïs XIV*, l'ingénieux *Fontenelle* a dit :

„ On pourait croire que la zône torride &
„ les deux glaciales, ne font pas fort propres
„ pour les fciences. Jufqu'à préfent elles n'ont
„ point paffé l'Egypte & la Mauritanie d'un
„ côté, & de l'autre la Suède. Peut-être n'a
„ ce pas été par hazard qu'elles fe font tenues
„ entre le mont Atlas & la mer Baltique. On
„ ne fait fi ce ne font point là les bornes que
„ la nature leur a pofées; & fi l'on peut ef-
„ pérer de voir jamais de grands auteurs La-
„ pons ou Nègres. „

Chardin, l'un de ces voyageurs qui raifonnent, & qui approfondiffent, va encor plus loin que *Fontenelle* en parlant de la Perfe.

Chardin ch. VII. „ La température des climats chauds, (dit-il)

„ énerve l'efprit comme le corps , & diffipe
„ ce feu néceffaire à l'imagination pour l'in-
„ vention. On n'eft pas capable dans ces
„ climats - là de longues veilles , & de cette
„ forte application qui enfantent · les ouvra-
„ ges des arts libéraux & des arts méchani-
„ ques , &c. "

Chardin ne fongeait pas que *Sady* & *Lok-*
man étaient Perfans. Il ne fefait pas attention
qu'*Archimède* était de Sicile , où la chaleur eft
plus grande que dans les trois quarts de la
Perfe. Il oubliait que *Pythagore* apprit autrefois
la géométrie chez les bracmanes.

L'abbé *Dubos* foutint , & développa autant
qu'il le put ce fentiment de *Chardin*.

Cent cinquante ans avant eux *Bodin* en
avait fait la bafe de fon fyftème, dans fa *ré-*
publique & dans fa *méthode de l'hiftoire ;* il
dit que l'influence du climat eft le principe du
gouvernement des peuples & de leur religion.

Diodore de Sicile fut de ce fentiment longtems avant *Bodin*.

L'auteur de l'*Efprit des loix*, fans citer perfonne , pouffa cette idée encor plus loin que
Dubos , *Chardin* & *Bodin*. Une certaine partie de la nation l'en crut l'inventeur , & lui en
fit un crime. C'eft ainfi que cette partie de
la nation eft faite. Il y a partout de fots en-
toufiaftes.

On pourait demander à ceux qui foutién-
nent que l'atmofphère fait tout , pourquoi
l'empereur *Julien* dit dans fon *Mifopogon* que
ce qui lui plaifait dans les Parifiens c'était la
gravité de leurs caractères , & la févérité de
leurs mœurs ; & pourquoi ces Parifiens , fans
que le climat ait changé , font aujourd'hui dés
enfans badins à qui le gouvernement donne
le fouet en riant , & qui eux-mêmes rient
le moment d'après , & chanfonnent leurs
précepteurs ?

Pourquoi les Egyptiens qu'on nous peint
encor plus graves que les Parifiens , font
aujourd'hui le peuple le plus mou , le plus
frivole & le plus lâche , après avoir , dit-on,
conquis autrefois toute la terre pour leur plaifir , fous un roi nommé *Séfoftris ?*

Pourquoi dans Athènes n'y a-t-il plus
d'*Anacréons* ni d'*Ariftotes*, ni de *Zeuxis ?*

D'où vient que Rome a pour fes *Cicérons*,
fes *Catons* & fes *Tite-Lives* , des citoyens
qui n'ofent parler , & une populace de gueux
abrutis , dont le fuprême bonheur eft d'avoir
quelquefois de l'huile à bon marché , & de
voir défiler des proceffions ?

Cicéron plaifante beaucoup fur les Anglais
dans fes lettres. Il prie *Quintus* fon frère , lieutenant de *Céfar* , de lui mander s'il a trouvé
de grands philofophes parmi eux dans l'expédition d'Angleterre. Il ne fe doutait pas qu'un
jour

jour ce pays pût produire des mathématiciens qu'il n'aurait jamais pu entendre. Cependant le climat n'a point changé; & le ciel de Londre est tout auffi nébuleux qu'il l'était alors.

Tout change dans les corps & dans les efprits avec le tems; peut-être un jour les Américains viendront enfeigner les arts aux peuples de l'Europe.

Le climat a quelque puiffance, le gouvernement cent fois plus; la religion jointe au gouvernement encor davantage.

INFLUENCE DU CLIMAT.

Le climat influe fur la religion en fait de cérémonies & d'ufages. Un légiflateur n'aura pas eu de peine à faire baigner des Indiens dans le Gange à certains tems de la lune; c'eft un grand plaifir pour eux. On l'aurait lapidé s'il eût propofé le même bain aux peuples qui habitent les bords de la Duina vers Arcangel. Défendez le porc à un Arabe qui aurait la lèpre s'il mangeait de cette chair très mauvaife & très dégoûtante dans fon pays, il vous obéira avec joie. Faites la même défenfe à un Veftphalien, il fera tenté de vous battre.

L'abftinence du vin eft un bon précepte de religion dans l'Arabie, où les eaux d'orange, de citron, de limon font néceffaires à la fanté. *Mahomet* n'aurait pas peut-être défendu le vin en Suiffe, furtout avant d'aller au combat.

Quatriéme partie. B

Il y a des usages de pure fantaisie. Pourquoi les prêtres d'Egypte imaginèrent-ils la
circoncision ? ce n'est pas pour la santé. *Cambyse* qui les traita comme ils le méritaient,
eux & leur bœuf *Apis*, les courtisans de *Cambyse*, les soldats de *Cambyse*, n'avaient point
fait rogner leurs prépuces & se portaient fort
bien. La raison du climat ne fait rien aux parties génitales d'un prêtre. On offrait son prépuce à *Isis* probablement, comme on présenta
partout les prémices des fruits de la terre.
C'était offrir les prémices du fruit de la vie.

Les religions ont toûjours roulé sur deux
pivots ; observance & croyance ; l'observance
tient en grande partie au climat ; la croyance
n'en dépend point. On fera tout aussi bien
recevoir un dogme sous l'équateur & sous le
cercle polaire. Il sera ensuite également rejetté
à Batavia & aux Orcades, tandis qu'il sera
soutenu *unguibus & rostro* à Salamanque.
Cela ne dépend point du sol & de l'atmos-
phère, mais uniquement de l'opinion, cette
reine inconstante du monde.

Certaines libations de vin seront de précepte dans un pays de vignoble, & il ne
tombera point dans l'esprit d'un législateur
d'instituer en Norvège des mystères sacrés
qui ne pouraient s'opérer sans vin.

Il sera expressément ordonné de brûler de
l'encens dans le parvis d'un temple où l'on

égorge des bêtes à l'honneur de la Divinité
& pour le fouper des prêtres. Cette boucherie appellée *temple*, ferait un lieu d'infection
abominable, fi on ne le purifiait pas continuellement : & fans le fecours des aromates,
la religion des anciens aurait apporté la pefte.
On ornait même l'intérieur des temples de
feftons de fleurs pour rendre l'air plus doux.

On ne facrifiera point de vache dans le
pays brûlant de la prefqu'ifle des Indes ;
parce que cet animal qui nous fournit un lait
néceffaire eft très rare dans une campagne
aride , que fa chair y eft féche , coriace ,
très peu nourriffante , & que les bracmanes
feraient très mauvaife chère. Au contraire, la
vache deviendra facrée , attendu fa rareté &
fon utilité.

On n'entrera que pieds-nuds dans le
temple de *Jupiter-Ammon* , où la chaleur eft
exceffive : il faudra être bien chauffé pour
faire fes dévotions à Copenhague.

Il n'en eft pas ainfi du dogme. On a cru
au polithéïfme dans tous les climats ; & il
eft auffi aifé à un Tartare de Crimée qu'à
un habitant de la Mecque de reconnaître un
DIEU unique, incommunicable, non engendré & non engendreur. C'eft par le dogme
encor plus que par les rites qu'une religion
s'étend d'un climat à un autre. Le dogme de

l'unité de Dieu paſſa bientôt de Médine au
mont Caucaſe; alors le climat cède à l'opinion.

Les Arabes dirent aux Turcs : „ Nous nous
„ feſions circoncire en Arabie ſans ſavoir trop
„ pourquoi ; c'était une ancienne mode des
„ prêtres d'Egypte d'offrir à *Oshiret* ou *Oſiris*
„ une petite partie de ce qu'ils avaient de
„ plus précieux : Nous avions adopté cette
„ coutume trois mille ans avant d'être ma-
„ hométans. Vous ſerez circoncis comme
„ nous ; vous ſerez obligés comme nous de
„ coucher avec une de vos femmes tous les
„ vendredis , & de donner par an deux
„ & demi pour cent de votre revenu aux
„ pauvres. Nous ne buvons que de l'eau
„ & du ſorbet ; toute liqueur enyvrante nous
„ eſt défendue ; elles ſont pernicieuſes en
„ Arabie. Vous embraſſerez ce régime, quoi-
„ que vous aimiez le vin paſſionnément ; &
„ que même il vous ſoit ſouvent néceſſaire
„ ſur les bords du Phaze & de l'Araxe. Enfin,
„ ſi vous voulez aller au ciel & y être bien
„ placés , vous prendrez le chemin de la
„ Mecque. "

Les habitans du nord du Caucaſe ſe ſou-
mettent à ces loix , & embraſſent dans toute
ſon étendue une religion qui n'était pas faite
pour eux.

En Egypte le culte emblématique des animaux ſuccéda aux dogmes de *Thaut*. Les

Dieux des Romains partagèrent enſuite l'E-
gypte avec les chiens, les chats & les crocodiles. A la religion romaine ſuccéda le chriſtianiſme : il fut entièrement chaſſé par le ma-
hométiſme , qui cédera peut-être la place à
une religion nouvelle.

Dans toutes ces viciſſitudes le climat n'eſt
entré pour rien : le gouvernement a tout fait.
Nous ne conſidérons ici que les cauſes ſecon-
des , ſans lever des yeux prophanes vers la
providence qui les dirige. La religion chrétienne , née dans la Syrie , ayant reçu ſes
principaux accroiſſemens dans Alexandrie,
habite aujourd'hui les pays où *Teutate* , *Ir-
minſul* , *Frida* , *Odin* étaient adorés.

Il y a des peuples dont ni le climat, ni
le gouvernement n'ont fait la religion. Quelle
cauſe a détaché le nord de l'Allemagne, le
Dannemark, les trois quarts de la Suiſſe,
la Hollande, l'Angleterre, l'Ecoſſe, l'Irlande
de la communion romaine ? . . . la pauvreté.
On vendait trop cher les indulgences & la
délivrance du purgatoire à des ames dont les
corps avaient alors très peu d'argent. Les
prélats, les moines engloutiſſaient tout le revenu d'une province. On prit une religion
à meilleur marché. Enfin , après vingt guerres civiles on a cru que la religion du pape
était fort bonne pour les grands ſeigneurs,
& la réformée pour les citoyens. Le tems fera

voir qui doit l'emporter vers la mer Egée &
le Pont-Euxin de la religion grecque ou de
la religion turque.

C L O U.

NOus ne nous arrêterons pas à remarquer la barbarie agreſte qui fit clou de
clavus, & cloud de *clodoaldus*, & clou de gérofle, quoique le gérofle reſſemble fort mal
à un clou; & *clou*, maladie de l'œil, & *clou*,
tumeur de la peau, &c. Ces expreſſions viennent de la négligence & de la ſtérilité de
l'imagination; c'eſt la honte d'un langage.

Nous demandons ſeulement ici aux revi-
ſeurs de livres la permiſſion de tranſcrire ce
que le miſſionnaire *Labat* dominicain, provéditeur du St. Office, a écrit ſur les clous de
la croix, à laquelle il eſt plus que probable que
jamais aucun clou ne fut attaché.

Voyage du jacobin Labat. tom. VIII. pages 34 & 35.

» Le religieux Italien qui nous conduiſait,
» eut aſſez de crédit pour nous faire voir
» entre autre un des clous dont notre Sei-
» gneur fut attaché à la croix. Il me parut
» bien différent de celui que les bénédictins
» font voir à St. Denis. Peut être que celui
» de St. Denis avait ſervi pour les pieds, &
» qu'il devait être plus grand que celui des

» mains. Il falait pourtant que ceux des mains
» fuffent affez grands , & affez forts pour
» foutenir tout le poids du corps. Mais il
» faut que les Juifs ayent employé plus de
» quatre clous, ou que quelques-uns de ceux
» qu'on expofe à la vénération des fidè-
» les ne foient pas bien autentiques. Car
» l'hiftoire rapporte que *Ste. Hélène* en jetta
» un dans la mer pour appaifer une tempête
» furieufe qui agitait fon vaiffeau. *Conftan-*
» *tin* fe fervit d'un autre pour faire le mord
» de la bride de fon cheval. On en montre
» un tout entier à St. Denis en France,
» un autre auffi tout entier à Ste. Croix de
» Jérufalem à Rome. Un auteur Romain de
» notre fiécle , très célèbre, affure que la
» couronne de fer dont on couronne les
» empereurs en Italie, eft faite d'un de ces
» clous. On voit à Rome & à Carpentras
» deux mords de bride auffi faits de ces clous,
» & on en fait voir encor en d'autres endroits.
» Il eft vrai qu'on a la difcrétion de dire de
» quelques-uns , tantôt que c'eft la pointe,
» & tantôt que c'eft la tête. «

Le miffionnaire parle fur le même ton de
toutes les reliques. Il dit au même endroit
que lorfqu'on apporta de Jérufalem à Rome le
corps du premier diacre *St. Etienne*, & qu'on
le mit dans le tombeau du diacre St. Laurent, en 557, *St. Laurent fe retira de lui-*
même pour donner la droite à fon hôte;

action qui lui acquit le furnom de civil Ef-
pagnol. a)

Ne fefons fur ces paffages qu'une réflexion, c'eft que fi quelque philofophe s'était expliqué dans l'Encyclopédie comme le miffion-

a) Ce même miffionnaire *Labat*, frère prêcheur, provéditeur du St. Office, qui ne manque pas une occafion de tomber rudement fur les reliques & fur les miracles des autres moines, ne parle qu'avec une noble affurance de tous les prodiges & de toutes les prééminences de l'ordre de *St. Domini-que.* Nul écrivain monaftique n'a jamais pouffé fi loin la vigueur de l'amour-propre conventuel. Il faut voir comme il traite les bénédictins & le père Martène. *Ingrats bénédictins! ... ah père Mar-tène! — noire ingratitude, que toute l'eau du déluge ne peut effacer! — vous encheriffez fur les lettres pro-vinciales, & vous retenez le bien des jacobins! tremblez, révérends bénédictins de la congrégation de Ste. Vannes. — Si père Martène n'eft pas content, il n'a qu'à parler.*

Voyages de Labat tom. v. depuis la page 303 juf-qu'à la pa-ge 313.

C'eft bien pis quand il punit le très judicieux & très plaifant voyageur *Miffon*, de n'avoir pas excepté les jacobins de tous les moines auxquels il accorde beaucoup de ridicule. *Labat* traite Miffon de *boufon ignorant qui ne peut être lu que par la canaille An-glaife.* Et ce qu'il y a de mieux, c'eft que ce moine fait tous fes efforts pour être plus hardi & plus drole que *Miffon.* Au furplus, c'était un des plus effrontés convertiffeurs que nous euffions; mais en qualité de voyageur il reffemble à tous les autres qui croyent que tout l'univers a les yeux ouverts fur tous les cabarets où ils ont couché, & fur leurs querelles avec les commis de la douane.

naire dominicain *Labat*, une foule de *Patouillets* & de *Nonottes*, de *Chiniacs*, de *Chaumeix* & d'autres poliſſons auraient crié au déiſte, à l'athée, au géomètre.

> Selon ce que l'on peut être
> Les choſes changent de nom.
>
> *Amphitrion*.

COHÉRENCE, COHÉSION, ADHÉSION.

Force par laquelle les parties des corps tiennent enſemble. C'eſt le phénomène le plus commun & le plus inconnu. *Newton* ſe moque des atômes crochus par leſquels on a voulu expliquer la *cohérence* ; car il reſterait à ſavoir pourquoi ils ſont crochus, & pourquoi ils cohèrent.

Il ne traite pas mieux ceux qui ont expliqué la *cohéſion* par le repos ; C'eſt, dit-il, *une qualité occulte*. Il a recours à une attraction ; mais cette attraction qui peut exiſter, & qui n'eſt point du tout démontrée, n'eſt-elle pas une qualité occulte ? La grande attraction des globes céleſtes eſt démontrée & calculée. Celle des corps adhérens eſt incalculable. Or, comment admettre une force

immésurable qui serait de la même nature
que celle qu'on mesure ?

Néanmoins, il est démontré que la force
d'attraction agit sur toutes les planètes & sur
tous les corps graves, proportionnellement à
leur solidité ; donc elle agit sur toutes les
particules de la matière ; donc il est très vraisemblable qu'en résidant dans chaque partie
par rapport au tout, elle réside aussi dans
chaque partie par rapport à la continuité ;
donc la cohérence peut être l'effet de l'attraction.

Cette opinion parait admissible jusqu'à ce
qu'on trouve mieux ; & le mieux n'est pas
facile à rencontrer.

COLIMAÇONS.

Petit ouvrage écrit en 1768.

SECTION PREMIÈRE.

IL y a quelque tems qu'on ne parlait que
des jésuites, & à présent on ne s'entretient
que des escargots. Chaque chose a son tems ;
mais il est certain que les colimaçons dure-
ront plus que tous nos ordres religieux : car
il est clair que si on avait coupé la tête à

tous les capucins & à tous les carmes , ils
ne pouraient plus recevoir de novices ; au
lieu qu'une limace à qui l'on a coupé le
cou reprend une nouvelle tète au bout d'un
mois.

Pluſieurs naturaliſtes ont fait cette expérience , & ce qui n'arrive que trop ſouvent ,
ils ne ſont pas du même avis. Les uns diſent
que ce ſont les limaces ſimples que j'appelle
incoques qui reprennent une tête ; *les autres*
diſent que ce ſont les eſcargots, les limaçons
à coquilles. *Experientia fallax* , l'expérience
mème eſt trompeuſe. *a*) Il eſt très vraiſemblable que le ſuccès de cette tentative dépend
de l'endroit dans lequel l'on fait l'amputa-
tion & de l'âge du patient.

Je me ſuis donné ſouvent le plaiſir innocent de couper des tètes de colimaçons eſcargots à coquilles , & de limaces nues incoques. Je vais vous expoſer fidélement ce qui
m'eſt arrivé. Je ſerais fâché d'en impoſer au
monde.

Le vingt-ſept de May 1768 par les neuf
heures du matin, le tems étant ſerein , je cou-

a) Dans un programme des *reproductions animales*
imprimé , il eſt dit page 6, dans l'avis du traducteur,
que la tête & les autres parties ſe reproduiſirent dans
l'eſcargot terreſtre, & que les cornes ſe reproduiſirent
dans le limaçon ſans coquille ; c'eſt communément
tout le contraire. Et d'ailleurs les limaces nues incoques , & le colimaçon à coquille ſont également
terreſtres.

pai la tête entière avec fes quatre antennes à
vingt limaces nues inçoques de couleur mort-
doré brun , & à douze efcargots à coquilles.
Je coupai auffi la tête à huit autres efcargots , mais entre les antennes. Au bout de
quinze jours deux de mes limaces ont montré
une tête naiffante , elles mangeaient déja, &
leurs quatre antennes commençaient à poin-
dre. Les autres fe portent bien , elles mangent fous le capuchon qui les couvre fans
allonger encor le cou. Il ne m'eft mort que
la moitié de mes efcargots , tous les autres
font en vie. Ils marchent , ils grimpent à un
mur , ils allongent le cou ; mais il n'y a nulle
apparence de tête , excepté à un feul. On lui
avait coupé le cou entiérement , fa tête eft
revenue ; mais il ne mange pas encore. *Unus
eft ne defperes ; fed unus eft ne confidas.* b)

Ceux à qui l'on n'a fait l'opération qu'entre les quatre antennes , ont déja repris leur
mufeau. Dès qu'ils feront en état de manger
& de faire l'amour , j'en rendrai compte.
Voilà deux prodiges bien avérés : des animaux
qui vivent fans tête ; des animaux qui repro-
duifent une tête.

J'ofe efpérer que mes efcargots , mes colimaçons reprendront des têtes entières com-

b) On eft obligé de dire qu'on doute encore fi
cet efcargot auquel il revient une tête , & dont
une corne commence à paraître , n'eft pas du nombre de ceux à qui l'on n'a coupé que la tête & deux

me les limaces ; mais enfin je n'en ai encor vu qu'un à qui cela soit arrivé ; & je crains même de m'être trompé.

Si la tête revient difficilement aux escargots, ils ont en récompense des privilèges bien plus considérables. Les colimaçons ont le bonheur d'être à la fois mâles & femelles, comme ce beau garçon fils de *Vénus* & de *Mercure*, dont la nymphe *Salmacis* fut amoureuse.

Les colimaçons sont assurément l'espèce la plus favorisée de la nature. Ils ont de doubles organes de plaisir. Chacun d'eux est pourvu d'une espèce de carquois blanc, dont il tire une flèche amoureuse longue de trois à quatre lignes. Ils donnent & reçoivent tour-à-tour ; leurs voluptés sont non-seulement le double des nôtres, mais elles sont beaucoup plus durables. On sait, jeunes gens, dans quel court espace de tems s'évanouït votre jouïssance. Un moment la voit naître & mourir. Cela passe comme un éclair, & ne revient pas si souvent qu'on le dit dans les chansons. Les colimaçons se pâment trois, quatre heures entières. C'est peu par rapport à l'éternité ; mais c'est beaucoup par rapport

antennes. Il est déja revenu un museau à ceux-ci au bout de quinze jours. Ces expériences sont incontestables.

à nous. Vous voyez évidemment que *Louis Racine* a tort d'appeller le colimaçon *solitaire odieux*, il n'y a rien de plus sociable. J'ose interpeller ici l'amant le plus tendre & le plus vigoureux ; s'il était quatre heures entières dans la même attitude avec l'objet de ses chastes amours, je pense qu'il serait bien ennuyé & qu'il désirerait d'être quelque tems à lui-même ; mais les colimaçons ne s'ennuyent point. C'est un charme de les voir s'approcher & s'unir ensemble par cette longue fraise qui leur sert à la fois de jambes & de manteau. J'ai vingt fois été témoin de leurs tendres caresses.

Si les limaces incoques n'ont ni deux sexes ni ces longs ravissemens, la nature en récompense les fait renaître. Lequel vaut mieux ?

Les escargots nous surpassent autant dans la faculté de la vue que dans celle de l'amour. Ils ont une double paire d'yeux comme un double instrument de tendresse. Quatre yeux pour un colimaçon ! O nature ! nature ! Il y a un grain noir au bout de leurs quatre antennes supérieures. Ce point noir descend dans le creux de ces quatre trompes quand on y touche, à travers une espèce d'humeur vitrée, & remonte ensuite avec célérité ; leurs yeux sont mobiles, ils sont enfermés dans une gaine ; ces yeux sont à la fois des cornes, des trompes, avec lesquelles l'escargot & la limace cherchent leur nourriture. Coupez les yeux & les trompes à l'efcargot & à la limace incoque, ces yeux fe reprodui- fent dans la limace incoque. Peut-être qu'ils reffufciteront auffi dans l'efcargot.

Je crois l'une & l'autre efpèce fourde : car quelque bruit que l'on faffe autour d'eux, rien ne les allarme. Si elles ont des oreilles je me retracterai ; cela ne coûte rien à un galant homme.

Qu'ils foient fourds ou non, il eft certain que les têtes des limaces reffufcitent ; & que les colimaçons vivent fans tête. *O altitudo divitiarum !*

SECTION SECONDE.

Cet animal à qui je viens de couper la tête eft-il encore animé ? Oui fans doute, puif- que l'efcargot décapité remue & montre fon cou, puifqu'il vit, puifque la tête revient en moins d'un mois à des limaces incoques.

Cet animal a-t-il des fenfations avant que fa tête foit revenue ? Je dois le foupçonner, puifqu'il remue le cou, qu'il l'étend, & que dès qu'on y touche, il le refferre.

Peut-on avoir des fenfations fans avoir au moins quelque idée confufe ? Je ne le crois pas : car toute fenfation eft plaifir ou douleur, & on a la perception de cette douleur & de ce plaifir. Autrement ce ferait ne pas fentir.

Qui donne cette fenfation, cette idée com-
mencée ? Celui qui a fait le limaçon, le foleil
& les aftres. Il eft impoffible qu'un animal fe
donne des fenfations à lui-même. Le fceau
de la Divinité eft dans les apperceptions d'un
ciron, comme dans le cerveau de *Virgile*.

On cherche à expliquer comme on fent,
comment on penfe. Je m'en tiens au poëte
Aratus que *St. Paul* a cité.

In Deo vivimus , movemur & fumus.

Qui me dira comment une ame, un principe de fenfations & d'idées réfide entre quatre
cornes, & comment l'ame reftera dans l'animal quand les quatre cornes & la tète font
coupées ? On ne peut guères dire d'une limace : *Igneus eft illis vigor & cæleftis origo ;*
il ferait difficile de prouver que l'ame d'un
colimaçon qui n'eft qu'une glaire en vie foit
un feu célefte. Enfin ce prodige d'une tète
renaiffante inconnu depuis le commencement
des chofes jufqu'à nous, eft plus inexplica-
ble que la direction de l'aimant. Cet étonnant
objet de notre curiofité confondue tient à la
nature de chofes, aux premiers principes,
qui ne font pas plus à notre portée que la
nature des habitans de Syrius & de Canope.
Pour peu qu'on creufe on trouve un abîme
infini. Il faut admirer & fe taire.

CONCILE.

ASſemblée, conſeil d'état, parlement, états généraux, c'était autrefois la même choſe parmi nous. On n'écrivait ni en celte, ni en germain, ni en eſpagnol dans nos premiers ſiécles. Le peu qu'on écrivait était conçu en langue latine par quelques clercs ; ils exprimaient toute aſſemblée de leudes, de heerren, ou de ricos - ombres, ou de quelques prélats par le mot de *concilium*. De là vient qu'on trouve dans le ſixiéme, ſeptiéme & huitiéme ſiécle, tant de conciles qui n'étaient préciſément que des conſeils d'état.

Nous ne parlerons ici que des grands conciles appellés *généraux* ſoit par l'égliſe grecque, ſoit par l'égliſe latine : on les nomma *ſynodes* à Rome comme en Orient dans les premiers ſiécles ; car les Latins empruntèrent des Grecs les noms & les choſes.

En 325 grand concile dans la ville de Nicée, convoqué par *Conſtantin*. La formule de la déciſion eſt ; *Nous croyons* JESUS *conſubſtantiel au Père,* DIEU *de* DIEU *, lumière de lumière, engendré & non fait. Nous croyons auſſi au St. Eſprit.* (Voyez *Arianiſme.*)

Quatriéme partie.　　　　C

Il eft dit dans le fupplément appellé *appendix*, que les pères du concile voulant diftinguer les livres canoniques des apocryphes, les mirent tous fur l'autel, & que les apocryphes tombèrent par terre d'eux-mêmes.

Nicéphore affure que deux évêques, *Chrifante* & *Mifonius*, morts pendant les premières feffions, reffufcitèrent pour figner la condamnation d'*Arius*, & remoururent incontinent après.

Liv. VIII.

c. XXIII.

Tom. IV.

N°. 82.

Baronius foutient le fait, mais *Fleuri* n'en parle pas.

En 359 l'empereur *Conftance* affemble le grand concile de Rimini & de Séleucie, au nombre de fix cent évêques, & d'un nombre prodigieux de prêtres. Ces deux conciles correfpondans enfemble, défont tout ce que le concile de Nicée a fait, & profcrivent la confubftantiabilité. Auffi fut-il regardé depuis comme faux concile.

En 381, par les ordres de l'empereur *Théodofe*, grand concile à Conftantinople, de cen cinquante évêques, qui anathématifent l concile de Rimini. *St. Grégoire* de Nazianz y préfide; *a)* l'évêque de Rome y envoye de députés. On ajoute au fimbole de Nicée

---

a) Voyez la lettre de *St. Grégoire* de Nazian à *Procope*; il dit, „Je crains les conciles, je n' „ai jamais vu qui n'ayent fait plus de mal que „bien, & qui àyent eu une bonne fin; l'efprit

JESUS - CHRIST *s'est incarné par le St. Esprit*
& de la vierge Marie — il a été crucifié pour
nous sous Ponce Pilate — il a été enseveli, &
il est ressuscité le troisième jour, suivant les écri-
tures. — Il est assis à la droite du Père — nous
croyons aussi au St. Esprit, Seigneur vivifiant
qui procède du Père.

En 431 grand concile d'Ephèse convoqué
par l'empereur Théodose. *Nestorius* évêque de
Constantinople ayant persécuté violemment
tous ceux qui n'étaient pas de son opinion sur
des points de théologie, essuia des persécu-
tions à son tour pour avoir soutenu que la
sainte vierge *Marie* mère de JESUS-CHRIST
n'était point mère de DIEU, parce que, di-
sait-il, JESUS CHRIST étant le verbe fils de
DIEU, *Marie* ne pouvait pas être à la fois
la mère de DIEU le père & de DIEU le fils.
St. *Cyrille* s'éleva hautement contre lui. *Nesto-*
rius demanda un concile œcuménique ; il l'obtint. *Nestorius* fut condamné, mais *Cyrille*
fut déposé par un comité du concile. L'empereur cassa tout ce qui s'était fait dans ce
concile ; ensuite permit qu'on se rassemblât.
Les députés de Rome arrivèrent fort tard.

» dispute, la vanité, l'ambition y dominent ; celui
» qui veut y réformer les méchans, s'expose à être
» accusé sans les corriger «
Ce saint savait que les pères des conciles sont
hommes.

Les troubles augmentant, l'empereur fit arrêter *Neftorius* & *Cyrille*. Enfin, il ordonna à tous les évêques de s'en retourner chacun dans fon églife, & il n'y eut point de conclufion. Tel fut le fameux concile d'Ephèfe.

En 449 grand concile encor à Ephèfe, furnommé depuis *le brigandage*. Les évêques furent au nombre de cent trente. *Diofcore* évêque d'Alexandrie y préfida. Il y eut deux députés de l'églife de Rome, & plufieurs abbés de moines. Il s'agiffait de favoir fi JESUS-CHRIST avait deux natures. Les évêques & tous les moines d'Egypte s'écrièrent qu'*il falait déchirer en deux tous ceux qui divife- raient en deux* JESUS-CHRIST. Les deux natures furent anathématifées. On fe battit en plein concile, ainfi qu'on s'était battu au petit concile de Cirthe en 355, & au petit concile de Carthage.

En 451 grand concile de Calcédoine convoqué par *Pulchérie*, qui époufa *Martien*, à condition qu'il ne ferait que fon premier fujet. *St. Léon* évêque de Rome qui avait un très grand crédit, profitant des troubles que la querelle des deux natures excitait dans l'empire, préfida au concile par fes légats; c'eft le premier exemple que nous en ayons. Mais les pères du concile craignant que l'églife d'Occident ne prétendît par cet exemple la fupériorité fur celle d'Orient, décidèrent par

le vingt-huitiéme canon que le fiége de Conftantinople & celui de Rome auraient également les mèmes avantages & les mèmes privilèges. Ce fut l'origine de la longue inimi-
tié qui régna & qui règne encor entre les
deux églifes.

Ce concile de Calcédoine établit les deux
natures & une feule perfonne.

En 553 grand concile à Conftantinople,
convoqué par *Juftinien* qui fe mèlait de théologie. Il s'agiffait de trois petits écrits différens qu'on ne connaît plus aujourd'hui. On
les appella *les trois chapitres*. On difputait
auffi fur quelques paffages d'*Origène*.

L'évêque de Rome *Vigile*, voulut y aller en
perfonne, mais *Juftinien* le fit mettre en prifon. Le patriarche de Conftantinople préfida.
Il n'y eut perfonne de l'églife latine, parce
qu'alors le grec n'était plus entendu dans
l'Occident devenu tout-à-fait barbare.

En 680 encor un concile général à Conftantinople, convoqué par l'empereur *Conftantin le barbu*. C'eft le premier concile appellé
par les Latins *in trullo*, parce qu'il fut tenu
dans un fallon du palais impérial. L'empereur y préfida lui-mème. A fa droite étaient
les patriarches de Conftantinople & d'Antioche; à fa gauche les députés de Rome & de
Jérufalem. On y décida que JESUS-CHRIST
avait deux volontés. On y condamna le pape

Honorius I comme monotélite, c'eſt-à-dire, qui voulait que JESUS-CHRIST n'eût eu qu'une volonté.

En 787 ſecond concile de Nicée, convoqué par *Irène* ſous le nom de l'empereur *Conſtantin* ſon fils, auquel il fit crever les yeux. Son mari *Léon* avait aboli le culte des images, comme contraire à la ſimplicité des premiers ſiécles, & favoriſant l'idolâtrie, *Irène* le rétablit ; elle parla elle-même dans le concile. C'eſt le ſeul qui ait été tenu par une femme. Deux légats du pape *Adrien IV* y aſſiſtèrent & ne parlèrent point, parce qu'ils n'entendaient pas le grec ; ce fut le patriarche *Tarèze* qui fit tout.

Sept ans après, les Francs ayant entendu dire qu'un concile à Conſtantinople avait ordonné l'adoration des images, aſſemblèrent par l'ordre de *Charles* fils de *Pepin*, nommé depuis *Charlemagne*, un concile aſſez nombreux à Francfort. On y traita le ſecond concile de Nicée de *ſynode impertinent & arrogant, tenu en Grèce pour adorer des peintures.*

En 842 grand concile à Conſtantinople, convoqué par l'impératrice *Théodora*. Culte des images ſolemnellement établi. Les Grecs ont encor une fète en l'honneur de ce grand concile, qu'on appelle l'*orthodoxie*. Théodora n'y préſida pas.

En 861 grand concile à Conſtantinople, compoſé de trois cent dix-huit évèques, convoqué par l'empereur *Michel*. On y dépoſe *St. Ignace* patriarche de Conſtantinople, & on élut *Photius*.

En 866 autre grand concile à Conſtantinople, où le pape *Nicolas I* eſt dépoſé par contumace & excommunié.

En 869 autre grand concile à Conſtantinople, où *Photius* eſt excommunié & dépoſé à ſon tour, & *St. Ignace* rétabli.

En 879 autre grand concile à Conſtantinople, où *Photius* déja rétabli eſt reconnu pour vrai patriarche par les légats du pape *Jean VIII*. On y traite de *conciliabule* le grand concile écuménique où *Photius* avait été dépoſé.

Le pape *Jean VIII* déclare *Judas*, tous ceux qui diſent que le St. Eſprit procède du Père & du Fils.

En 1122 & 23 grand concile à Rome, tenu dans l'égliſe de St. Jean de Latran par le pape *Calixte II*. C'eſt le premier concile général que les papes convoquèrent. Les empereurs d'Occident n'avaient preſque plus d'autorité, & les empereurs d'Orient preſſés par les mahométans & par les croiſés, ne tenaient plus que de chétifs petits conciles.

Au reste , on ne fait pas trop ce que c'eft que Latran. Quelques petits conciles avaient été déja convoqués dans Latran. Les uns difent que c'était une maifon bâtie par un nommé *Latranus* du tems de *Néron* , les autres que c'eft l'églife de St. Jean même bâtie par l'évêque *Sylveftre*.

Les évêques dans ce concile fe plaignirent fortement des moines ; *Ils poffèdent*, difent-ils, *les églifes , les terres , les châteaux , les dixmes , les offrandes des vivans & des morts , il ne leur refte plus qu'à nous ôter la croffe & l'anneau*. Les moines reftèrent en poffeffion.

En 1139 autre grand concile de Latran par le pape *Innocent II* ; il y avait , dit-on , mille évêques. C'eft beaucoup. On y déclara les dixmes eccléfiaftiques de *droit divin*, & on excommunia les laïques qui en poffédaient.

En 1179 autre grand concile de Latran par le pape *Alexandre III* ; il y eut trois cent deux évêques Latins & un abbé Grec. Les décrets furent tous de difcipline. La pluralité des bénéfices y fut défendue.

En 1215 dernier concile général de Latran par *Innocent III* , quatre cent douze évêques, huit cent abbés. Dès ce tems , qui était celui des croifades , les papes avaient établi un patriarche Latin à Jérufalem & un à Conftantinople. Ces patriarches vinrent au concile. Ce grand concile dit, *que Dieu ayant donné aux hommes la doctrine salutaire par Moïse, fit naître enfin son fils d'une vierge pour montrer le chemin plus clairement ; que personne ne peut être sauvé hors de l'église catholique.*

Le mot de *transubstantiation* ne fut connu qu'après ce concile. Il y fut défendu d'établir de nouveaux ordres religieux. Mais depuis ce tems on en a formé quatre - vingt.

Ce fut dans ce concile qu'on dépouilla *Raimond* comte de Toulouse de toutes ses terres.

En 1245 grand concile à Lyon ville impériale. *Innocent IV* y mène l'empereur de Constantinople *Jean Paléologue* qu'il fait asseoir à côté de lui. Il y dépose l'empereur *Fréderic II* comme *félon ;* il donne un chapeau rouge aux cardinaux , signe de guerre contre *Fréderic.* Ce fut la source de trente ans de guerres civiles.

En 1274 autre concile général à Lyon. Cinq cent évêques, soixante & dix gros abbés & mille petits. L'empereur Grec *Michel Paléologue* , pour avoir la protection du pape, envoye son patriarche Grec *Théophane* , & un évêque de Nicée pour se réunir en son nom à l'église latine. Mais ces évêques sont désavoués par l'église grecque.

En 1311 le pape *Clément V* indique un concile général dans la petite ville de Vienne en Dauphiné. Il y abolit l'ordre des templiers. On ordonne de brûler les bégares, béguins & béguines, efpèce d'hérétiques auxquels on imputait tout ce qu'on avait imputé autrefois aux premiers chrétiens.

En 1414 grand concile de Conftance, convoqué enfin par un empereur qui rentre dans fes droits ; c'eft *Sigifmond*. On y dépofe le pape *Jean XXIII* convaincu de plufieurs crimes. On y brûle *Jean Hus* & *Jérôme* de Prague convaincus d'opiniâtreté.

En 1431 grand concile de Bâle, où l'on dépofe en vain le pape *Eugène IV* qui fut plus habile que le concile.

En 1438 grand concile à Ferrare, transféré à Florence, où le pape excommunié excommunie le concile, & le déclare criminel de lèze-majefté. On y fit une réunion feinte avec l'églife grecque, écrafée par les fynodes turcs qui fe tenaient le fabre à la main.

Il ne tint pas au pape *Jules II* que fon concile de Latran en 1512, ne paffât pour un concile général écuménique. Ce pape y excommunia folemnellement le roi de France *Louïs XII*, mit la France en interdit, cita tout le parlement de Provence à comparaître devant lui ; il excommunia tous les philofophes ; parce que la plûpart avaient pris le parti de *Louis XII.* Cependant, ce concile n'a point le titre de *brigandage* comme celui d'Ephèse.

En 1537 concile de Trente, convoqué d'abord par le pape *Paul III* à Mantoue, & ensuite à Trente en 1543, terminé en Décembre 1563 fous *Pie IV.* Les princes catholiques le reçurent quant au dogme, & deux ou trois quant à la difcipline.

On croit qu'il n'y aura déformais pas plus de conciles généraux qu'il n'y aura d'états généraux en France & en Efpagne.

Il y a dans le Vatican un beau tableau qui contient la lifte des conciles généraux. On n'y a infcrit que ceux qui font approuvés par la cour de Rome : chacun met ce qu'il veut dans fes archives.

CONFESSION.

LE repentir de fes fautes peut feul tenir lieu d'innocence. Pour paraître s'en repentir, il faut commencer par les avouer. La confeffion eft donc prefque auffi ancienne que la fociété civile.

On se confessait dans tous les myftères d'E-
gypte, de Grèce, de Samothrace. Il eft dit
dans la vie de *Marc - Aurèle*, que lorfqu'il
daigna s'affocier aux myftères d'*Eleufine*, il fe
confeffa à l'hiérophante, quoi qu'il fût l'homme du monde qui eût le moins befoin de
confeffion.

Il eft difficile de dire en quel tems cette
pratique s'établit chez les Juifs, qui prirent
beaucoup de rites de leurs voifins. La *Mishna*
qui eft le recueil des loix juives, dit que fouvent on fe confeffait en mettant la main fur
un veau appartenant au prêtre, ce qui s'appellait *la confeffion des veaux*.

Mishna
tom. II.
pag. 394.

Il eft dit dans la même *Mishna* que tout
accufé qui avait été condamné à la mort,
s'allait confeffer devant témoins dans un lieu
écarté, quelques momens avant fon fupplice.
S'il fe fentait coupable, il devait dire, *que
ma mort expie tous mes péchés*. S'il fe fentait
innocent, il prononçait, *que ma mort expie
mes péchés, hors celui dont on m'accufe*.

Mishna
tom. IV.
pag. 134.

Le jour de la fête que l'on appellait chez
les juifs l'*expiation folemnelle*, les juifs dévots
fe confeffaient les uns les autres en fpécifiant
leurs péchés. Le confeffeur récitait trois fois
treize mots du pfaume LXXVII, ce qui fait
trente - neuf, & pendant ce tems il donnait
trente-neuf coups de fouet au confeffé, lequel

*Sinagogue
judaïque
ch. 35.*

les lui rendait à fon tour ; après quoi ils s'en retournaient quitte à quitte. On dit que cette cérémonie fubfifte encor.

On venait en foule fe confeffer à *St. Jean* pour la réputation de fa fainteté, comme on venait fe faire batifer par lui du batême de juftice, felon l'ancien ufage ; mais il n'eft point dit que *St. Jean* donnât trente-neuf coups de fouet à fes pénitens.

Dans l'ancienne églife chrétienne, on confeffa d'abord fes fautes publiques publiquement. Au cinquiéme fiécle après le shifme de *Novatus* & de *Novatien*, on établit les pénitenciers pour abfoudre ceux qui étaient tombés dans l'idolâtrie. Cette confeffion aux prêtres pénitenciers fut abolie fous l'empereur *Théodofe*. Une femme s'étant accufée tout haut au pénitencier de Conftantinople d'avoir couché avec le diacre, cette indifcrétion caufa tant de fcandale & de trouble dans toute la ville *a*), que *Nectarius* permit à tous les fidèles de s'approcher de la fainte table fans confeffion, & de n'écouter que leur confcience pour communier. C'eft pourquoi *St. Jean Chryfoftome* qui fuccéda à *Nectarius*, dit au peuple dans fa cinquiéme homélie: ,, Con- ,, feffez-vous continuellement à DIEU ; je ne

Socrate liv. v. *Sozomène* liv. VII.

a) En effet, comment cette indifcrétion aurait-elle caufé un fcandale public fi elle avait été fecrète?

„ vous produis point fur un théâtre avec vos
„ compagnons de fervice pour leur décou-
„ vrir vos fautes. Montrez à DIEU vos blef-
„ fures , & demandez-lui les remèdes ; avouez
„ vos péchés à celui qui ne les reproche point
„ devant les hommes. Vous les céleriez en
„ vain à celui qui connaît toutes chofes , &c. "

On prétend que la confeffion auriculaire
ne commença en Occident que vers le feptiéme fiécle, & qu'elle fut inftituée par les
abbés , qui exigèrent que leurs moines vinf-
fent deux fois par an leur avouer toutes
leurs fautes. Ce furent ces abbés qui inven-
tèrent cette formule, *Je t'abfous autant que
je le peux & que tu en as befoin.* Il femble
qu'il eût été plus refpectueux pour l'Etre-
fuprème , & plus jufte, de dire, *puiffe-t-il
pardonner à tes fautes & aux miennes !*

Le bien que la confeffion a fait, eft d'avoir
obtenu quelquefois des reftitutions de petits
voleurs. Le mal eft d'avoir quelquefois dans
les troubles des états , forcé les pénitens à
être rebelles & fanguinaires en confcience.
Les prêtres guelfes refufaient l'abfolution aux
gibelins , & les prêtres gibelins fe gardaient
bien d'abfoudre les guelfes.

Le confeiller d'état *Lénet* rapporte dans
fes mémoires, que tout ce qu'il put obtenir
en Bourgogne pour faire foulever les peuples

en faveur du prince de *Condé* détenu à Vincennes par le Mazarin , *fut de lâcher des prêtres dans les confeſſionaux.*

Au ſiége de Barcelone , les moines refuſèrent l'abſolution à tous ceux qui reſtaient fidèles à *Philippe V.*

Dans la dernière révolution de Gènes, on avertiſſait toutes les conſciences , qu'il n'y avait point de ſalut pour quiconque ne prendrait pas les armes contre les Autrichiens.

Ce remède ſalutaire ſe tourna de tout tems en poiſon. Les aſſaſſins des *Sforces*, des *Médicis*, des princes d'*Orange*, des rois de France , ſe préparèrent aux parricides par le ſacrement de la confeſſion.

Louïs XI , la *Brinvilliers* ſe confeſſaient dès qu'ils avaient commis un grand crime ; & ſe confeſſaient ſouvent , comme les gourmands prennent médecine pour avoir plus d'appétit.

DE LA RÉVÉLATION PAR LA CONFESSION.

Jaurigny & *Baltazar Gérard* , aſſaſſins du prince d'Orange *Guillaume I* , le dominicain *Jacques Clément* , *Jean Châtel* , le feuillant *Ravaillac* & tous les autres parricides de ce tems - là ſe confeſſèrent avant de commettre leurs crimes. Le fanatiſme dans ces ſiécles déplorables était parvenu à un tel excès, que la confeſſion n'était qu'un engagement de plus à conſommer leur ſcéleratteſſe : elle devenait facrée, par cette raifon que la confeffion eft un facrement.

Strada dit lui-même, que Jaurigny *non ante facinus aggredi fuftinuit quam expiatam nexis animam apud dominicanum facerdotem cælefti pane firmaverit.* Jaurigny n'ofa entreprendre cette action fans avoir fortifié par le pain célefte fon ame purgée par la confeffion aux pieds d'un dominicain.

On voit dans l'interrogatoire de *Ravaillac* que ce malheureux fortant des feuillans & voulant entrer chez les jéfuites, s'était addreffé au jéfuite d'*Aubigni*; qu'après lui avoir parlé de plufieurs apparitions qu'il avait eues, il montra à ce jéfuite un couteau, fur la lame duquel un cœur & une croix étaient gravés, & qu'il dit ces propres mots au jéfuite : *Ce cœur indique que le cœur du roi doit être porté à faire la guerre aux huguenots.*

Peut-être fi ce d'*Aubigni* avait eu affez de zèle & de prudence pour faire inftruire le roi de ces paroles, peut-être s'il avait dépeint l'homme qui les avait prononcées, le meilleur des rois n'aurait pas été affaffiné.

Le vingtième Augufte, ou Août, l'année 1610, trois mois après la mort de *Henri IV*, dont les bleffures faignaient dans le cœur de tous les Français, l'avocat-général *Servin*, dont

la

la mémoire eſt encor illuſtre, requit qu'on fît ſigner aux jéſuites les quatre articles ſuivans.

1°. Que le concile eſt au-deſſus du pape.

2°. Que le pape ne peut priver le roi d'aucun de ſes droits par l'excommunication.

3°. Que les eccléſiaſtiques ſont entiérement ſoumis au roi comme les autres.

4°. Qu'un prêtre qui ſait par la confeſſion une conſpiration contre le roi & l'état, doit la révéler aux magiſtrats.

Le 22 le parlement rendit un arrêt, par lequel il défendait aux jéſuites d'enſeigner la jeuneſſe avant d'avoir ſigné ces quatre articles. Mais la cour de Rome était alors ſi puiſſante, & celle de France ſi faible, que cet arrêt fut inutile.

Un fait qui mérite d'être obſervé, c'eſt que cette même cour de Rome, qui ne voulait pas qu'on révélât la confeſſion, quand il s'agirait de la vie des ſouverains, obligeait les confeſſeurs à dénoncer aux inquiſiteurs ceux que leurs pénitentes accuſaient en confeſſion de les avoir ſéduites & d'avoir abuſé d'elles. *Paul IV*, *Pie IV*, *Clément VIII*, *Grégoire XV* ordonnèrent ces révélations. *b*) C'était un piége bien embarraſſant pour les

b) La conſtitution de *Grégoire XV* eſt du 30 Auguſte 1622. Voyez les *Mémoires eccléſiaſtiques* du jéſuite d'*Avrigni*, ſi mieux n'aimez conſulter le Bullaire.

Quatriéme partie. D

confeffeurs & pour les pénitentes. C'était faire
d'un facrement un greffe de délations & même
de facrilèges. Car par les anciens canons, &
furtout par le concile de Latran tenu fous
Innocent III, tout prêtre qui révèle une confeffion de quelque nature que ce puiffe être,
doit être interdit & condamné à une prifon
perpétuelle.

Mais il y a bien pis ; voilà quatre papes
aux feiziéme & dix - feptiéme fiécles qui ordon-
nent la révélation d'un péché d'impureté, &
qui ne permettent pas celle d'un parricide.
Une femme avoue ou fuppofe dans le facrement devant un carme qu'un cordelier l'a
féduite ; le carme doit dénoncer le cordelier.
Un affaffin fanatique croyant fervir DIEU en
tuant fon prince , vient confulter un confeffeur fur ce cas de confcience ; le confeffeur
devient facrilège s'il fauve la vie à fon fouverain.

Cette contradiction abfurde & horrible eft
une fuite malheureufe de l'oppofition continuelle qui régne depuis tant de fiécles entre
les loix eccléfiaftiques & les loix civiles. Le citoyen fe trouve preffé dans cent occafions
entre le facrilège & le crime de haute trahifon ;
& les règles du bien & du mal font enfevelies
dans un chaos dont on ne les a pas encor tirées.

La réponfe du jéfuite *Coton* à *Henri IV*
durera plus que l'ordre des jéfuites. Révéle-

riez-vous la confeſſion d'un homme réſolu
de m'aſſaſſiner ? *Non ; mais je me mettrais entre
vous & lui.*

On n'a pas toûjours ſuivi la maxime du
père *Coton.* Il y a dans quelques pays des
myſtères d'état inconnus au public , dans
leſquels les révélations des confeſſions en-
trent pour beaucoup. On ſait par le moyen
des confeſſeurs attitrés les ſecrets des priſon-
niers. Quelques confeſſeurs , pour accorder
leur intérêt avec le ſacrilège, uſent d'un ſingulier artifice. Ils rendent compte, non pas
préciſément de ce que le priſonnier leur a dit ,
mais de ce qu'il ne leur a pas dit. S'ils ſont
chargés, par exemple, de ſavoir ſi un accuſé
a pour complice un Français ou un Italien,
ils diſent à l'homme qui les employe, Le priſonnier m'a juré qu'aucun Italien n'a été in-
formé de ſes deſſeins. De-là on juge que c'eſt
le Français ſoupçonné qui eſt coupable.

L'auteur de cet article a été preſque témoin lui-même d'une révélation encor plus
forte & plus ſingulière.

On connaît la trahiſon que fit *Daubenton*
jéſuite , à *Philippe V* roi d'Eſpagne, dont il
était confeſſeur. Il crut par une politique très
mal entendue, devoir rendre compte des ſecrets de ſon pénitent au duc d'*Orléans* régent
du royaume , & eut l'imprudence de lui écrire
ce qu'il n'aurait dû confier à perſonne de vive

voix. Le duc d'*Orléans* envoya sa lettre au roi d'Espagne ; le jésuite fut chassé, & mourut quelque tems après. C'est un fait avéré. *c)*

On ne laisse pas d'être fort en peine pour décider formellement dans quels cas il faut révéler la confession ; car si on décide que c'est pour crime de lèze-majesté humaine, il est aisé d'étendre bien loin ce crime de lèze-majesté, & de le porter jusqu'à la contrebande du sel & des mousselines, attendu que ce délit offense précisément les majestés. A plus forte raison faudra-t-il révéler les crimes de lèze-majesté divine ; & cela peut aller jusqu'aux moindres fautes, comme d'avoir manqué vêpres & le salut.

Il serait donc très important de bien convenir des confessions qu'on doit révéler, & de celles qu'on doit taire ; mais une telle décision serait encor très dangereuse. Que de choses il ne faut pas approfondir !

Pontas qui décide en trois volumes *in folio* de tous les cas possibles de la conscience des Français, & qui est ignoré dans le reste de la terre, dit qu'en aucune occasion on ne doit révéler la confession. Les parlemens ont décidé le contraire. A qui croire de *Pontas* ou des gardiens des loix du royaume, qui veillent sur la vie des rois & sur le salut de l'état ? *d)*

c) Voyez le *Précis du siécle de Louïs XV* in-4°. tom. II. page 61.

d) Voyez *Pontas* à l'article *Confesseur.*

SI LES LAÏQUES ET LES FEMMES ONT ÉTÉ CONFESSEURS ET CONFESSEUSES.

De même que dans l'ancienne loi les laïques se confessaient les uns aux autres, les
laïques dans la nouvelle loi eurent longtems
ce droit par l'usage. Il suffit pour le prouver
de citer le célèbre *Joinville* qui dit expressément, *que le connétable de Chypre se confessa
à lui, & qu'il lui donna l'absolution selon le
droit qu'il en avait.*

St. Thomas s'exprime ainsi dans sa somme;
*Confessio ex defectu sacerdotis laïco facta sacra-
mentalis est quodam modò. La confession faite
à un laïque au defaut d'un prêtre est sacra-
mentale en quelque façon.* **3e. partie pag. 255. édition de Lyon 1738.**

Fleuri, dans son *histoire ecclésiastique*, dit,
qu'en Espagne, au treiziéme siécle, les abbesses donnaient la bénédiction à leurs religieuses, entendaient leurs confessions, & prê-
chaient publiquement. **Livre LXXVI. tom XVI pag. 246.**

Innocent III n'attaque point cet usage dans
sa lettre du 10 Décembre 1210.

Ce droit était si ancien qu'on le trouve
établi dans les règles de *St. Basile.* Il permet
aux abbesses de confesser leurs religieuses conjointement avec un prêtre. **Tom. II. pag. 453.**

Le père *Martène*, dans ses *rites de l'église*,
convient que les abbesses confessèrent long-
tems leurs nonnes; mais il ajoute qu'elles **Tom. II. pag. 39.**

D iij

étaient si curieuses, qu'on fut obligé de leur ôter ce droit.

L'ex-jésuite nommé *Nonotte* doit se confesser, & faire pénitence, non pas d'avoir été un des plus grands ignorans qui ayent jamais barbouillé du papier, car ce n'est pas un péché ; non pas d'avoir appellé du nom d'*erreurs* des vérités qu'il ne connaissait pas ; mais d'avoir calomnié avec la plus stupide insolence l'auteur de cet article, & d'avoir appellé son frère *Raca*, en niant tous ces faits & beaucoup d'autres dont il ne savait pas un mot. Il s'est rendu coupable de *la géhenne du feu* ; il faut espérer qu'il demandera pardon à DIEU de ses énormes sotises : nous ne demandons point la mort du pécheur, mais sa conversion.

On a longtems agité pourquoi trois hommes assez fameux dans cette petite partie du monde où la confession est en usage, sont morts sans ce sacrement. Ce sont le pape *Léon X*, *Pélisson* & le cardinal *Dubois*.

Ce cardinal se fit ouvrir le périnée par le bistouri de *la Peironie*, mais il pouvait se confesser & communier avant l'opération.

Pélisson protestant jusqu'à l'âge de quarante ans, s'était converti pour être maître des requetes & pour avoir des bénéfices.

A l'égard du pape *Léon X*, il était si occupé des affaires temporelles, quand il fut surpris par la mort, qu'il n'eut pas le tems de songer aux spirituelles.

DES BILLETS DE CONFESSION.

Dans les pays protestans on se confesse à DIEU, & dans les pays catholiques aux hommes. Les protestans disent qu'on ne peut tromper DIEU ; au-lieu qu'on ne dit aux hommes que ce qu'on veut. Comme nous ne traitons jamais la controverse, nous n'entrons point dans cette ancienne dispute. Notre société littéraire est composée de catholiques & de protestans réunis par l'amour des lettres. Il ne faut pas que les querelles ecclésiastiques y sèment la zizanie.

En Italie, & dans les pays d'obédience, il faut que tout le monde sans distinction se confesse & communie. Si vous avez par devers vous des péchés énormes, vous avez aussi les grands pénitenciers pour vous absoudre. Si votre confession ne vaut rien, tant pis pour vous. On vous donne à bon compte un reçu imprimé, moyennant quoi vous communiez, & on jette tous les reçus dans un ciboire; c'est la règle.

On ne connaissait point à Paris ces billets au porteur, lorsque vers l'an 1750 un archevêque de Paris imagina d'introduire une espèce de banque spirituelle pour extirper le jansénifme & pour faire triompher la bulle *Uni-génitus*. Il voulut qu'on refusât l'extrême onc-tion & le viatique à tout malade qui ne re-mettait pas un billet de confeffion, figné d'un prêtre conftitutionnaire.

C'était refufer les facremens aux neuf dixiémes de Paris. On lui difait en vain, Son-gez à ce que vous faites ; ou ces facremens font néceffaires pour n'être point damné, ou l'on peut être fauvé fans eux avec la foi, l'efpérance, la charité, les bonnes œuvres & les mérites de notre Sauveur. Si l'on peut être fauvé fans ce viatique, vos billets fon: inutiles. Si les facremens font abfolumen: néceffaires, vous damnez tous ceux que vou: en privez ; vous faites brûler pendant toute l'é, ternité fix à fept cent mille ames, fuppofé que vous viviez affez longtems pour les enterrer ; cela eft violent ; calmez-vous ; & laiffez mou-rir chacun comme il peut.

Il ne répondit point à ce dilemme ; mais il perfifta. C'eft une chofe horrible d'employer pour tourmenter les hommes la religion qui les doit confoler. Le parlement qui a la gran-de police, & qui vit la fociété troublée, op-pofa, felon la coutume, des arrêts aux mande-mens. La difcipline eccléfiaftique ne vou-lut point céder à l'autorité légale. Il falut que la magiftrature employât la force, & qu'on envoyât des archers pour faire confeſſer, communier & enterrer les Pariſiens à leur gré.

Dans cet excès de ridicule dont il n'y avait point encor d'exemple, les eſprits s'aigrirent; on cabala à la cour, comme s'il s'étàit agi d'une place de fermier-général, ou de faire diſgracier un miniſtre. Le royaume fut troublé d'un bout à l'autre. Il entre toûjours dans une cauſe des incidens qui ne ſont pas du fond: il s'en mêla tant que tous les membres du parlement furent exilés, & que l'archevêque le fut à ſon tour.

Ces billets de confeſſion auraient fait naître une guerre civile dans les tems précédens; mais dans le nôtre ils ne produiſirent heureuſement que des tracaſſeries civiles. L'eſprit philoſophique qui n'eſt autre choſe que la raiſon, eſt devenu chez tous les honnètes gens le ſeul antidote dans ces maladies épidémiques.

CONFIANCE EN SOI-MÉME.

NOus tromper dans nos entrepriſes,
C'eſt à quoi nous ſommes ſujets;
Le matin je fais des projets,
Et le long du jour des ſotiſes.

Ces petits vers conviennent affez à un grand nombre de raifonneurs ; & c'eft une chofe affez plaifante de voir un grave directeur d'ames finir par un procès criminel, conjointement avec un banqueroutier. A ce propos nous réimprimons ici ce petit conte qui eft ailleurs, car il eft bon qu'il foit partout.

Memnon conçut un jour le projet infenfé d'être parfaitement fage. Il n'y a guères d'hommes à qui cette folie n'ait quelquefois paffé par la tête. *Memnon* fe dit à lui-même; Pour être très fage, & par conféquent très heureux, il n'y a qu'à être fans paffions; & rien n'eft plus aifé, comme on fait. Premiérement je n'aimerai jamais de femme ; car en voyant une beauté parfaite, je me dirai à moi-même, Ces joues-là fe rideront un jour, ces beaux yeux feront bordés de rouge, cette gorge ronde deviendra platte & pendante, cette belle tête deviendra chauve. Or je n'ai qu'à la voir à préfent des mêmes yeux dont je la verrai alors ; & affurément cette tête ne fera pas tourner la mienne.

En fecond lieu je ferai toûjours fobre: j'aurai beau être tenté par la bonne chère, par des vins délicieux, par la féduction de la fociété; je n'aurai qu'à me repréfenter les fuites des excès, une tête pefante, un eftomac embarraffé, la perte de la raifon, de la fanté, & du tems : je ne mangerai alors que pour le befoin; ma fanté fera toûjours égale,

mes idées toûjours pures & lumineuses. Tout
cela est si facile, qu'il n'y a aucun mérite à y
parvenir.

Ensuite, disait *Memnon*, il faut penser un
peu à ma fortune ; mes desirs sont modé-
rés, mon bien est solidement placé sur le receveur-général des finances de Ninive ; j'ai
de quoi vivre dans l'indépendance ; c'est-là
le plus grand des biens. Je ne serai jamais
dans la cruelle nécessité de faire ma cour : je
n'envierai personne, & personne ne m'en-
viera. Voilà qui est encor très aisé. J'ai des
amis, continuait-il, je les conserverai, puisqu'ils n'auront rien à me disputer. Je n'aurai jamais d'humeur avec eux, ni eux avec
moi. Cela est sans difficulté.

Ayant fait ainsi son petit plan de sagesse
dans sa chambre, *Memnon* mit la tête à la
fenêtre. Il vit deux femmes qui se prome-
naient sous des platanes auprès de sa maison.
L'une était vieille & paraissait ne songer à
rien. L'autre était jeune, jolie, & semblait
fort occupée. Elle soûpirait, elle pleurait, &
n'en avait que plus de graces. Notre sage
fut touché, non pas de la beauté de la dame,
(il était bien sûr de ne pas sentir une telle faiblesse) mais de l'affliction où il la voyait. Il
descendit, il aborda la jeune Ninivienne, dans
le dessein de la consoler avec sagesse. Cette
belle personne lui conta de l'air le plus naïf
& le plus touchant tout le mal que lui fai-

fait un oncle qu'elle n'avait point ; avec quels
artifices il lui avait enlevé un bien qu'elle n'a-
vait jamais possédé , & tout ce qu'elle avait à
craindre de sa violence. Vous me paraissez un
homme de si bon conseil , lui dit-elle , que si
vous aviez la condescendance de venir jusques chez moi , & d'examiner mes affaires , je
suis sûre que vous me tireriez du cruel embarras où je suis. *Memnon* n'hésita pas à la
suivre , pour examiner sagement ses affaires ,
& pour lui donner un bon conseil.

La dame affligée le mena dans une chambre
parfumée , & le fit asseoir avec elle poliment
sur un large sopha , où ils se tenaient tous
deux les jambes croisées vis-à-vis l'un de
l'autre. La dame parla en baissant les yeux ,
dont il échappait quelquefois des larmes , &
qui en se relevant rencontraient toûjours les
regards du sage *Memnon*. Ses discours étaient
pleins d'un attendrissement qui redoublait toutes les fois qu'ils se regardaient. *Memnon*
prenait ses affaires extrêmement à cœur , &
se sentait de moment en moment la plus grande envie d'obliger une personne si honnête
& si malheureuse. Ils cessèrent insensiblement,
dans la chaleur de la conversation , d'être
vis-à-vis l'un de l'autre. Leurs jambes ne
furent plus croisées. *Memnon* la conseilla de
si près , & lui donna des avis si tendres , qu'ils
ne pouvaient ni l'un ni l'autre parler d'affaires , & qu'ils ne savaient plus où ils en étaient.

Comme ils en étaient là, arrive l'oncle, ainſi qu'on peut bien le penſer : Il était armé de la tête aux pieds ; & la première choſe qu'il dit, fut qu'il allait tuer, comme de raiſon, le ſage *Memnon* & ſa niéce ; la dernière qui lui échappa fut qu'il pouvait pardonner pour beaucoup d'argent. *Memnon* fut obligé de donner tout ce qu'il avait. On était heureux dans ce tems-là d'en être quitte à ſi bon marché ; l'Amérique n'était pas encor découverte ; & les dames affligées n'étaient pas à beaucoup pres ſi dangereuſes qu'elles le ſont aujourd'hui.

Memnon honteux & déſeſpéré rentra chez lui : il y trouva un billet qui l'invitait à dîner avec quelques-uns de ſes intimes amis. Si je reſte ſeul chez moi, dit-il, j'aurai l'eſprit occupé de ma triſte avanture, je ne mangerai point, je tomberai malade. Il vaut mieux aller faire avec mes amis intimes un repas frugal. J'oublierai dans la douceur de leur ſociété la ſotiſe que j'ai faite ce matin. Il va au rendez-vous ; on le trouve un peu chagrin. On le fait boire pour diſſiper ſa triſtéſſe. Un peu de vin pris modérément eſt un remède pour l'ame & pour le corps. C'eſt ainſi que penſe le ſage *Memnon* ; & il s'enyvre. On lui propoſe de jouer après le repas. Un jeu réglé avec des amis eſt un paſſe-tems honnête. Il joue ; on lui gagne tout ce qu'il a dans ſa bourſe, & quatre fois autant ſur ſa parole. Une diſpute s'élève ſur le jeu, on s'échauffe : l'un de ſes

amis intimes lui jette à la tête un cornet, &
lui créve un œil. On rapporte chez lui le
fage *Memnon* , yvre , fans argent , & ayant
un œil de moins.

Il cuve un peu fon vin ; & dès qu'il a la
tête plus libre, il envoye fon valet chercher
de l'argent chez le receveur-général des finances de Ninive , pour payer fes intimes amis :
on lui dit que fon débiteur a fait le matin
une banqueroute frauduleufe qui met en allarme cent familles. *Memnon* outré va à la
cour avec un emplâtre fur l'œil & un placet
à la main , pour demander juftice au roi contre le banqueroutier. Il rencontra dans un
fallon plufieurs dames qui portaient toutes
d'un air aifé des cerceaux de vingt - quatre
pieds de circonférence. L'une d'elles qui le
connaiffait un peu , dit en le regardant de
côté : Ah l'horreur ! Une autre qui le connaiffait davantage lui dit, Bon foir , monfieur *Memnon* ; mais vraiment, monfieur
Memnon , je fuis fort aife de vous voir ; à
propos , monfieur *Memnon* , pourquoi avez-
vous perdu un œil ? Et elle paffa fans attendre fa réponfe. *Memnon* fe cacha dans un coin,
& attendit le moment où il pût fe jetter aux
pieds du monarque. Ce moment arriva. Il
baifa trois fois la terre , & préfenta fon placet.
Sa gracieufe majefté le reçut très favorable-
ment , & donna le mémoire à un de fes fatrapes pour lui en rendre compte. Le fatrape tire

Memnon à part , & lui dit d'un air de hauteur en ricanant amérement ; Je vous trouve un plaifant borgne, de vous adreffer au roi plutôt qu'à moi ; & encor plus plaifant d'ofer demander juftice contre un honnète banqueroutier, que j'honore de ma protection, & qui eft le neveu d'une femme de chambre de ma maitreffe. Abandonnez cette affaire-là, mon ami, fi vous voulez conferver l'œil qui vous refte.

Memnon ayant ainfi renoncé le matin aux femmes, aux excès de table, au jeu, à toute querelle, & furtout à la cour, avait été avant la nuit trompé & volé par une belle dame, s'était enyvré, avait joué, avait eu une querelle, s'était fait crever un œil, & avait été à la cour où l'on s'était moqué de lui.

Pétrifié d'étonnement, & navré de douleur, il s'en retourne la mort dans le cœur. Il veut rentrer chez lui ; il y trouve des huiffiers qui démeublaient fa maifon de la part de fes créanciers. Il refte prefque évanoui fous une platane ; il y rencontre la belle dame du matin qui fe promenait avec fon cher oncle, & qui éclata de rire en voyant *Memnon* avec fon emplâtre. La nuit vint ; *Memnon* fe coucha fur de la paille auprès des murs de fa maifon. La fiévre le faifit ; il s'endormit dans l'accès ; & un efprit célefte lui apparut en fonge.

Il était tout refplendiffant de lumière. Il

avait fix belles ailes, mais ni pieds, ni tête,
ni queue, & ne reffemblait à rien. Qui es-tu?
lui dit *Memnon*; Ton bon génie, lui répondit l'autre. Ren-moi donc mon œil, ma
fanté, mon bien, ma fageffe, lui dit *Memnon*. Enfuite il lui conta comment il avait
perdu tout cela en un jour. Voilà des avan-
tures qui ne nous arrivent jamais dans le
monde que nous habitons, dit l'efprit. Et
quel monde habitez-vous? dit l'homme af-
fligé. Ma patrie, répondit-il, eft à cinq cent
millions de lieues du foleil, dans une petite
étoile auprès de *Sirius*, que tu vois d'ici. Le
beau pays! dit *Memnon*: quoi! vous n'avez
point chez vous de coquines qui trompent un
pauvre homme, point d'amis intimes qui lui
gagnent fon argent & qui lui crévent un œil,
point de banqueroutiers, point de fatrapes
qui fe moquent de vous en vous refufant juftice? Non, dit l'habitant de l'étoile, rien de
tout cela. Nous ne fommes jamais trompés
par les femmes, parce que nous n'en avons
point; nous ne faifons point d'excès de table,
parce que nous ne mangeons point; nous n'a-
vons point de banqueroutiers, parce qu'il
n'y a chez nous ni or ni argent; on ne peut
pas nous crever les yeux, parce que nous
n'avons point de corps à la façon des vôtres;
& les fatrapes ne nous font jamais d'injuftice,
parce que dans notre petite étoile tout le
monde eft égal.

Mem-

Memnon lui dit alors, Monseigneur sans femme & sans dîner, à quoi passez-vous votre tems ? A veiller, dit le génie, sur les autres globes qui nous sont confiés : & je viens pour te consoler. Hélas ! reprit *Memnon*, que ne veniez-vous la nuit passée, pour m'empêcher de faire tant de folies ? J'étais auprès d'*Assan* ton frère aîné, dit l'être céleste. Il est plus à plaindre que toi. Sa gracieuse majesté le roi des Indes, à la cour duquel il a l'honneur d'être, lui a fait crever les deux yeux pour une petite indiscrétion, & il est actuellement dans un cachot les fers aux pieds & aux mains. C'est bien la peine, dit *Memnon*, d'avoir un bon génie dans une famille, pour que de deux frères l'un soit borgne, l'autre aveugle, l'un couché sur la paille, l'autre en prison. Ton sort changera, reprit l'animal de l'étoile. Il est vrai que tu seras toujours borgne ; mais, à cela près, tu seras assez heureux, pourvu que tu ne fasses jamais le sot projet d'être parfaitement sage. C'est donc une chose à laquelle il est impossible de parvenir ? s'écria *Memnon* en soûpirant. Aussi impossible, lui repliqua l'autre, que d'être parfaitement habile, parfaitement fort, parfaitement puissant, parfaitement heureux. Nous-mêmes, nous en sommes bien loin. Il y a un globe où tout cela se trouve ; mais dans les cent mille millions de mondes qui sont dispersés dans l'étendue, tout se suit par

Quatriéme partie.   E

degrés. On a moins de fageſſe & de plaiſirs dans le ſecond que dans le premier, moins dans le troiſiéme que dans le ſecond. Ainſi du reſte juſqu'au dernier, où tout le monde eſt complettement fou. J'ai bien peur, dit *Memnon*, que notre petit globe terraquée ne ſoit préciſément les petites maiſons de l'univers dont vous me faites l'honneur de me parler. Pas tout-à-fait, dit l'eſprit ; mais il en approche : il faut que tout ſoit en ſa place. Eh mais, dit *Memnon*, certains poëtes, certains philoſophes, ont donc grand tort de dire, *Que tout eſt bien.* Ils ont grande raiſon, dit le philoſophe de là-haut, en conſidérant l'arrangement de l'univers entier. Ah ! je ne croirai cela, repliqua le pauvre *Memnon*, que quand je ne ſerai plus borgne.

CONFISCATION.

ON a très bien remarqué dans le Dictionaire encyclopédique, à l'article *Confiſcation*, que le fiſc ſoit public, ſoit royal, ſoit ſeigneurial, ſoit impérial, ſoit déloyal était un petit panier de jonc ou d'oſier, dans lequel on mettait autrefois le peu d'argent qu'on avait pu recevoir ou extorquer. Nous nous ſervons aujourd'hui de ſacs ; le fiſc royal eſt le ſac royal.

C'eſt une maxime reçue dans pluſieurs
pays de l'Europe, que qui confiſque le corps,
confiſque les biens. Cet uſage eſt ſurtout établi dans les pays où la coutume tient lieu de
loi ; & une famille entière eſt punie dans tous
les cas pour la faute d'un ſeul homme.

Confiſquer le corps n'eſt pas mettre le
corps d'un homme dans le panier de ſon ſeigneur ſuzerain ; c'eſt dans le langage barbare
du barreau, ſe rendre maître du corps d'un
citoyen, ſoit pour lui ôter la vie, ſoit pour
le condamner à des peines auſſi longues que
ſa vie : on s'empare de ſes biens ſi on le fait
périr, ou s'il évite la mort par la fuite.

Ainſi, ce n'eſt pas aſſez de faire mourir un
homme pour ſes fautes, il faut encor faire
mourir de faim ſes héritiers.

La rigueur de la coutume confiſque dans
plus d'un pays les biens d'un homme qui
s'eſt arraché volontairement aux miſères de
cette vie ; & ſes enfans ſont réduits à la men-
dicité parce que leur père eſt mort.

Dans quelques provinces catholiques romaines on condamne aux galères perpétuelles,
par une ſentence arbitraire, un père de famille a), ſoit pour avoir donné retraite chez
ſoi à un prédicant, ſoit pour avoir écouté
ſon ſermon dans quelques cavernes, ou dans

a) Voyez l'édit de 1724, 14 Mai, publié à ſa
ſollicitation du cardinal de *Fleuri*, & revû par lui.

E ij

quelque défert : alors la femme & les enfans
font réduits à mendier leur pain.

Cette jurifprudence qui confifte à ravir la
nourriture aux orphelins, & à donner à un
homme le bien d'autrui, fut inconnue dans
tout le tems de la république Romaine. *Sylla*
l'introduifit dans fes profcriptions. Il faut
avouer qu'une rapine inventée par *Sylla* n'é-
tait pas un exemple à fuivre. Auffi cette loi
qui femblait n'être dictée que par l'inhumanité & l'avarice, ne fut fuivie ni par *Céfar*,
ni par le bon empereur *Trajan*, ni par les
Antonins, dont toutes les nations pronon-
cent encore le nom avec refpect & avec
amour. Enfin, fous *Juftinien* la confifcation n'eut lieu que pour le crime de lèze-
majefté.

Il femble que dans les tems de l'anarchie
féodale, les princes & les feigneurs des terres
étant très peu riches, cherchaffent à augmenter leur tréfor par les condamnations de leurs
fujets, & qu'on voulut leur faire un revenu
du crime. Les loix chez eux étant arbitraires,
& la jurifprudence romaine ignorée, les coutumes ou bizarres ou cruelles prévalurent.
Mais aujourd'hui que la puiffance des fou-
verains eft fondée fur des richeffes immenfes
& affurées, leur tréfor n'a pas befoin de s'en-
fler des faibles débris d'une famille malheureufe. Ils font abandonnés pour l'ordinaire
au premier qui les demande. Mais eft-ce à

un citoyen à s'engraiffer des reftes du fang d'un autre citoyen ?

La confifcation n'eft point admife dans les pays où le droit romain eft établi ; excepté le reffort du parlement de Touloufe. Elle ne l'eft point dans quelques pays coutumiers, comme le Bourbonnais, le Berri, le Maine, le Poitou, la Bretagne, où au moins elle refpecte les immeubles. Elle était établie autrefois à Calais, & les Anglais l'abolirent lorfqu'ils en furent les maîtres. Il eft affez étrange que les habitans de la capitale vivent fous une loi plus rigoureufe que ceux de ces petites villes : tant il eft vrai que la jurifprudence a été fouvent établie au hazard, fans régularité, fans uniformité, comme on bâtit des chaumières dans un village.

Qui croirait que l'an 1673, dans le plus beau fiécle de la France, l'avocat-général *Omer Talon* ait parlé ainfi en plein parlement au fujet d'une demoifelle de *Canillac? b)*

Au chap. XIII du Deuteronome, DIEU dit, „ Si tu te rencontres dans une ville, & „ dans un lieu où régne l'idolâtrie, mets tout „ au fil de l'épée, fans exception d'âge, de „ fexe ni de condition. Raffemble dans les „ places publiques toutes les dépouilles de la „ ville, brûle-la toute entière avec fes dé- „ pouilles, & qu'il ne refte qu'un monceau

b) *Journal du palais*, tom. I. pag. 444.

„ de cendres de ce lieu d'abomination. En
„ un mot, fais-en un facrifice au Seigneur,
„ & qu'il ne demeure rien en tes mains des
„ biéns de cet anathême.

„ Ainfi, dans le crime de lèze-majefté le
„ roi était maître des biens, & les enfans en
„ étaient privés. Le procès ayant été fait à
„ Naboth *quia maledixerat regi*, le roi *Achab*
„ fe mit en poffeffion de fon héritage. *David*
„ étant averti que *Miphibozeth* s'était engagé
„ dans la rébellion, donna tous fes biens à
„ *Siba* qui lui en apporta la nouvelle : *tua*
„ *fint omnia quæ fuerunt Miphibozeth.* “

Il s'agit de favoir qui héritera des biens
de Mlle. de *Canillac*, biens autrefois confif-
qués fur fon père, abandonnés par le roi à
un garde du tréfor royal, & donnés enfuite
par le garde du tréfor royal à la teftatrice. Et
c'eft fur ce procès d'une fille d'Auvergne
qu'un avocat-général s'en rapporte à *Achab*
roitelet d'une partie de la Paleftine, qui
confifqua la vigne de *Naboth* après avoir
affaffiné le propriétaire par le poignard de la
juftice juive ; action abominable qui eft paf-
fée en proverbe, pour infpirer aux hommes
l'horreur de l'ufurpation. Affurément la vigne
de *Naboth* n'avait aucun rapport avec l'héritage de Mlle. de *Canillac*. Le meurtre & la
confifcation des biens de *Miphibozeth*, petit-
fils du roi *Saül*, & fils de *Jonathas* ami & pro-
tecteur de *David*, n'ont pas une plus gran-

de affinité avec le teftament de cette demoifelle.

C'eft avec cette pédanterie, avec cette
démence de citations étrangères au fujet,
avec cette ignorance des premiers principes
de la nature humaine, avec ces préjugés mal
conçus & mal appliqués, que la jurifprudence a été traitée par des hommes qui ont
eu de la réputation dans leur fphère. On
laiffe aux lecteurs à fe dire ce qu'il eft fu-
perflu qu'on leur dife.

CONSCIENCE.
SECTION PREMIÈRE.
De la confcience du bien & du mal.

*L*Oke a démontré, (s'il eft permis de fe
fervir de ce terme en morale & en métaphyfique) que nous n'avons ni idées innées, ni principes innés; & il a été obligé
de le démontrer trop au long, parce qu'alors
cette erreur était univerfelle.

De là il fuit évidemment que nous avons
le plus grand befoin qu'on nous mette de
bonnes idées & de bons principes dans la
tête, dès que nous pouvons faire ufage de
la faculté de l'entendement.

E iiij

Loke apporte l'exemple des fauvages qui tuent & qui mangent leur prochain fans au. cun remords de confcience ; & des foldats chrétiens bien élevés qui dans une ville prife d'affaut pillent, égorgent, violent non - feulement fans remords, mais avec un plaifir charmant, avec honnéur & gloire, avec les applaudiffemens de tous leurs camarades.

Il eft très fûr que dans les maffacres de la St. Barthelemi, & dans les *autos da fé*, dans les faints actes de foi de l'inquifition, nulle confcience de meurtrier ne fe reprocha jamais d'avoir maffacré hommes, femmes, enfans, d'avoir fait crier, évanouïr, mourir dans les tortures des malheureux qui n'avaient d'autres crimes que de faire la pâque différemment des inquifiteurs.

Il réfulte de tout cela que nous n'avons point d'autre confcience que celle qui nous eft infpirée par le tems, par l'exemple, par notre tempéramment, par nos réflexions.

L'homme n'eft né avec aucun principe, mais avec la faculté de les recevoir tous. Son tempéramment le rendra plus enclin à la cruauté ou à la douceur ; fon entendement lui fera comprendre un jour que le quarré de douze eft cent quarante - quatre, qu'il ne faut pas faire aux autres ce qu'il ne voudrait pas qu'on lui fît ; mais il ne comprendra pas de lui - même ces vérités dans fon enfance : il n'entendra pas la première, & il ne fentira pas la feconde.

Un petit fauvage qui aura faim, & à qui fon père aura donné un morceau d'un autre fauvage à manger, en demandera autant le lendemain, fans imaginer qu'il ne faut pas traiter fon prochain autrement qu'on ne voudrait être traité foi-même. Il fait machinalement, invinciblement tout le contraire de ce que cette éternelle vérité enfeigne.

La nature a pourvu à cette horreur ; elle a donné à l'homme la difpofition à la pitié & le pouvoir de comprendre la vérité. Ces deux préfens de DIEU font le fondement de la fociété civile. C'eft ce qui fait qu'il y a toûjours eu peu d'antropophages ; c'eft ce qui rend la vie un peu tolérable chez les nations civilifées. Les pères & les mères donnent à leurs enfans une éducation qui les rend bientôt fociables ; & cette éducation leur donne une confcience.

Une religion pure, une morale pure, infpirées de bonne heure, façonnent tellement la nature humaine, que depuis environ fept ans jufqu'à feize ou dix-fept, on ne fait pas une mauvaife action fans que la confcience en faffe un reproche. Enfuite viennent les violentes paffions qui combattent la confcience & qui l'étouffent quelquefois. Pendant le conflit les hommes tourmentés par cet orage, confultent en quelques occafions

d'autres hommes , comme dans leurs maladies ils confultent ceux qui ont l'air de fe
bien porter.

C'eſt ce qui a produit des caſuiſtes , c'eſt-
à-dire , des gens qui décident des cas de
conſcience. Un des plus fages caſuiſtes a été
Cicéron dans fon livre des *offices* , c'eſt-à dire ,
des devoirs de l'homme. Il examine les points
les plus délicats ; mais longtems avant lui
Zoroaſtre avait paru régler la conſcience par
le plus beau des préceptes : *Dans le doute ſi*
une action eſt bonne ou mauvaiſe , abſtien-toi.
Porte XXX.

SECTION SECONDE.

Conſcience. Si un juge doit juger ſelon la
conſcience ou ſelon les preuves.

Thomas d'Aquin, vous-êtes un grand faint,
un grand théologien ; & il n'y a point de
dominicain qui ait pour vous plus de vénération que moi. Mais vous avez décidé dans
votre fomme, qu'un juge doit donner fa voix
felon les allégations & les prétendues preuves contre un accuſé, dont l'innocence lui eſt
parfaitement connue. Vous prétendez que
les dépoſitions des témoins qui ne peuvent être
que fauſſes , les preuves réſultantes du procès
qui font impertinentes , doivent l'emporter
ſur le témoignage de fes yeux mêmes. Il a
vû commettre le crime par un autre ; &, felon

vous, il doit en conscience condamner l'accusé quand sa conscience lui dit que cet accusé est innocent.

Il faudrait donc, selon vous, que si le juge lui-même avait commis le crime dont il s'agit, sa conscience l'obligeât de condamner l'homme faussement accusé de ce même crime.

En conscience, grand saint, je crois que vous vous êtes trompé de la manière la plus absurde & la plus horrible : c'est dommage qu'en possédant si bien le droit canon, vous ayez si mal connu le droit naturel. Le premier devoir d'un magistrat est d'être juste avant d'être formaliste : si en vertu des preuves qui ne sont jamais que des probabilités, je condamnais un homme dont l'innocence me serait démontrée, je me croirais un sot & un assassin.

Heureusement tous les tribunaux de l'univers pensent autrement que vous. Je ne sais pas si *Farinacius* & *Grillandus* sont de votre avis. Quoi qu'il en soit, si vous rencontrez jamais *Cicéron*, *Ulpien Tribonien*, *Dumoulin*, le chancelier de *l'Hôpital*, le chancelier d'*Aguesseau*, demandez-leur bien pardon de l'erreur où vous êtes tombé.

SECTION TROISIÉME.

De la conscience trompeuse.

Ce qu'on a peut-être jamais dit de mieux sur cette question importante, se trouve dans le livre comique de *Triftam Shandy*, écrit par un curé nommé *Sterne*, le fecond *Rabelais* d'Angleterre ; il reffemble à ces petits fatires de l'antiquité qui renfermaient des effences précieufes.

Deux vieux capitaines à demi-paye, affiftés du docteur *Slop*, font les queftions les plus ridicules. Dans ces queftions, les théologiens de France ne font pas épargnés. On infifte particuliérement fur un mémoire préfenté à la Sorbonne par un chirurgien qui demande la permiffion de batifer les enfans dans le ventre de leurs mères, au moyen d'une canule qu'il introduira proprement dans l'uterus, fans bleffer la mère ni l'enfant.

Enfin, ils fe font lire par un caporal un ancien fermon fur la confcience, compofé par ce même curé *Sterne*.

Parmi plufieurs peintures, fupérieures à celles de *Rimbran* & aux crayons de *Calot*, il peint un honnête-homme du monde paf- fant fes jours dans les plaifirs de la table, du jeu & de la débauche, ne fefant rien que la bonne compagnie puiffe lui reprocher, & par conféquent ne fe reprochant rien. Sa con- fcience & fon honneur l'accompagnent aux fpectacles, au jeu, & furtout lorfqu'il paye libéralement la fille qu'il entretient. Il punit févérement quand il eft en charge les petits

larcins du commun peuple ; il vit gaîment , &
meurt fans le moindre remords.

Le docteur *Slop* interromt le lecteur pour
dire que cela eft impoffible dans l'églife anglicane , & ne peut arriver que chez des pa-
piftes.

Enfin , le curé *Sterne* cite l'exemple de *David* qui a , dit-il , tantôt une confcience délicate & éclairée , tantôt une confcience très
dure & très ténébreufe.

. Lorfqu'il peut tuer fon roi dans une caverne , il fe contente de lui couper un pan
de fa robe : voilà une confcience délicate. Il
paffe une année entière fans avoir le moindre
remords de fon adultère avec *Betzabée* & du
meurtre d'*Urie :* voilà la même confcience en-
durcie , & privée de lumière.

Tels font , dit-il , la plûpart des hommes.
Nous avouons à ce curé que les grands du
monde font très fouvent dans ce cas ; le tor-
rent des plaifirs & des affaires les entraîne ;
ils n'ont pas le tems d'avoir de la confcience,
cela eft bon pour le peuple ; encor n'en a-t-il
guères quand il s'agit de gagner de l'argent.
Il eft donc très bon de réveiller fouvent la
confcience des couturières & des rois par une
morale qui puiffe faire impreffion fur eux ;
mais pour faire cette impreffion , il faut mieux
parler qu'on ne parle aujourd'hui.

S E C T I O N Q U A T R I É M E.

Conscience : Liberté de conscience.

traduit de l'allemand.

(Nous n'adoptons pas tout ce paragraphe ; mais comme il y a quelques vérités , nous n'avons pas crû devoir l'omettre , & nous ne nous chargeons pas de justifier ce qui peut s'y trouver de peu mesuré & de trop dur.)

L'aumônier du prince de..... lequel prince est catholique romain, menaçait un anabatiste de le chasser des petits états du prince ; il lui disait qu'il n'y a que trois sectes autorisées dans l'Empire ; que pour lui anabatiste qui était d'une quatriéme , il n'était pas digne de vivre dans les terres de monseigneur : & enfin , la conversation s'échauffant , l'aumônier menaça l'anabatiste de le faire pendre. Tant pis pour son altesse, répondit l'anabatiste ; je suis un gros manufacturier ; j'employe deux cent ouvriers , je fais entrer deux cent mille écus par an dans ses états ; ma famille ira s'établir ailleurs ; monseigneur y perdra.

Et si monseigneur fait pendre tes deux cent ouvriers & ta famille ? reprit l'aumônier ; & s'il donne ta manufacture à de bons catholiques ?

Je l'en défie, dit le vieillard ; on ne donne pas une manufacture comme une métairie,

parce qu'on ne donne pas l'induſtrie : cela
ferait beaucoup plus fou que s'il feſait tuer
tous ſes chevaux, parce que l'un d'eux t'aura
jetté par terre , & que tu es un mauvais
écuyer.

L'intérêt de monſeigneur n'eſt pas que je
mange du pain ſans levain ou levé. Il eſt que
je procure à ſes ſujets de quoi manger , &
que j'augmente ſes revenus par mon travail.
Je ſuis honnète-homme ; & quand j'aurais le
malheur de n'ètre pas né tel, ma profeſſion
me forcerait à le dévenir ; car dans les entrepriſes de négoce , ce n'eſt pas comme dans
celles de cour & dans les tiennes : point de
ſuccès ſans probité. Que t'importe que j'aye
été batiſé dans l'âge qu'on appelle de raiſon,
tandis que tu l'as été ſans le ſavoir ? que t'importe que j'adore DIEU à la manière de mes
pères ? Si tu ſuivais tes belles maximes , & ſi
tu avais la force en main , tu irais donc d'un
bout de l'univers à l'autre , feſant pendre à
ton plaiſir le Grec qui ne croit pas que l'Eſprit procède du Père & du Fils ; tous les
Anglais , tous les Hollandais , Danois , Suédois , Islandais , Pruſſiens , Hanovriens,
Saxons , Holſtenois , Heſſois , Virtember-
geois , Bernois , Hambourgeois , Coſaques ,
Valaques , Grecs , Ruſſes , qui ne croyent pas
le pape infaillible ; tous les muſulmans qui
croyent un ſeul DIEU ; & les Indiens dont la
religion eſt plus ancienne que la juive ; & les

lettrés Chinois qui depuis quatre mille ans
fervent un DIEU unique fans fuperftition,
& fans fanatifme ! Voilà donc ce que tu ferais
fi tu étais le maître ! Affurément, dit le moine ; car je fuis dévoré du zèle de la maifon
du Seigneur. *Zelus domus fuæ comedit me.*

Ça, di-moi un peu, cher aumônier, re-
partit l'anabatifte, es-tu dominicain ou jéfuite, ou diable ? Je fuis jéfuite, dit l'autre.
Eh mon ami, fi tu n'es pas diable, pourquoi
dis-tu des chofes fi diaboliques ?

C'eft que le révérend père recteur m'a
ordonné de les dire.

Et qui a ordonné cette abomination au révérend père recteur ?

C'eft le provincial.

De qui le provincial a-t-il reçu cet ordre ?

De notre général ; & le tout pour plaire à
un plus grand feigneur que lui.

Dieux de la terre qui avec trois doigts avez
trouvé le fecret de vous rendre maîtres d'une
grande partie du genre-humain ; fi dans le
fond du cœur vous avouez que vos richeffes
& votre puiffance ne font point effentielles à
votre falut & au nôtre, jouïffez-en avec
modération. Nous ne voulons pas vous démi-
trer, vous déthiarer : mais ne nous écrafez
pas. Jouïffez & laiffez-nous paifibles ; démê-
lez vos intérêts avec les rois ; & laiffez-nous
nos manufactures.

CONSEIL-

CONSEILLER ou JUGE.

BARTOLOMÉ.

QUoi ! il n'y a que deux ans que vous étiez au collège, & vous voilà déja conseiller de la cour de Naples ?

GERONIMO.

Oui, c'est un arrangement de famille; il m'en a peu coûté.

BARTOLOMÉ.

Vous êtes donc devenu bien savant depuis que je ne vous ai vu ?

GERONIMO.

Je me suis quelquefois fait inscrire dans l'école de droit, où l'on m'apprenait que le droit naturel est commun aux hommes & aux bêtes, & que le droit des gens n'est que pour les gens. On me parlait de l'édit du préteur, & il n'y a plus de préteur ; des fonctions des édiles, & il n'y a plus d'édiles ; du pouvoir des maîtres sur les esclaves ; & il n'y a plus d'esclaves. Je ne sais presque rien des loix de Naples, & me voilà juge.

Quatriéme partie. F

BARTOLOMÉ.

Ne tremblez - vous pas d'être chargé de décider du fort des familles, & ne rougiffez-vous pas d'être fi ignorant?

GERONIMO.

Si j'étais favant, je rougirais peut-être davantage. J'entens dire aux favans que prefque toutes les loix fe contredifent, que ce qui eft jufte à Gayette eft injufte à Otrante, que dans la même jurifdiction on perd à la feconde chambre le même procès qu'on gagne à la troifiéme. J'ai toûjours dans l'efprit ce beau difcours d'un avocat Vénitien ; *Illuftriffimi fignori, l'anno paffato avete judicao cofi, e quefto anno nella medefima lite avete judicao tutto il contrario ; e fempre ben !*

Le peu que j'ai lu de nos loix m'a paru fouvent très embrouillé. Je crois que fi je les étudiais pendant quarante ans, je ferais embarraffé pendant quarante ans : cependant je les étudie ; mais je penfe qu'avec du bon fens & de l'équité, on peut être un très bon magiftrat, fans être profondément favant. Je ne connais point de meilleur juge que *Sancho Pança* : cependant il ne favait pas un mot du code de l'ifle Balataria. Je ne chercherai point à accorder enfemble *Cujas & Camille Defruertis*, ils ne font point mes légiflateurs. Je ne connais de loix que celles qui ont la fanction du fouverain. Quand elles feront claires, je les fuivrai à la lettre; quand elles feront obfcures, je fuivrai les lumières de ma raifon, qui font celles de ma confcience.

BARTOLOMÉ.

Vous me donnez envie d'être ignorant, tant vous raifonnez bien. Mais comment vous tirerez-vous des affaires d'état, de finance, & de commerce?

GERONIMO.

DIEU merci, nous ne nous en mêlons guères à Naples. Une fois le marquis de *Carpi* notre vice-roi voulut nous confulter fur les monnoies; nous parlames de *las grave* des Romains, & les banquiers fe moquèrent de nous. On nous affembla dans un tems de difette pour régler le prix du blé; nous fumes affemblés fix femaines, & on mourait de faim. On confulta enfin deux forts laboureurs, & deux bons marchands de blé, & il y eut dès le lendemain plus de pain au marché qu'on n'en voulait.

Chacun doit fe mêler de fon métier; le mien eft de juger les conteftations, & non pas d'en faire naître; mon fardeau eft affez grand.

C O N S E Q U E N C E.

QUelle eſt donc notre nature, & qu'eſt-ce que notre chétif eſprit? Quoi! l'on peut tirer les conſéquences les plus juſtes, les plus lumineuſes, & n'avoir pas le ſens commun? Cela n'eſt que trop vrai. Le fou d'Athènes qui croyait que tous les vaiſſeaux qui abordaient au Pirée lui appartenaient, pouvait calculer merveilleuſement combien valait le chargement de ces vaiſſeaux, & en combien de jours ils pouvaient arriver de Smyrne au Pirée.

Nous avons vu des imbécilles qui ont fait des calculs & des raiſonnemens bien plus étonnans. Ils n'étaient donc pas imbécilles? me dites-vous. Je vous demande pardon, ils l'étaient. Ils poſaient tout leur édifice ſur un principe abſurde; ils enfilaient réguliérement des chimères. Un homme peut marcher très bien & s'égarer, & alors mieux il marche & plus il s'égare.

Le *Fo* des Indiens eut pour père un éléphant qui daigna faire un enfant à une princeſſe Indienne, laquelle accoucha du Dieu *Fo* par le côté gauche. Cette princeſſe était la propre ſœur d'un empereur des Indes: donc

Fo était le neveu de l'empereur ; & les petits-
fils de l'éléphant & du monarque étaient cou-
fins iffus de germain ; donc felon les loix de
l'état la race de l'empereur étant éteinte , ce
font les defcendans de l'éléphant qui doivent
fuccéder. Le principe reçu , on ne peut mieux
conclure.

Il eft dit que l'éléphant divin était haut
de neuf pieds de roi. Tu préfumes avec raifon que la porte de fon écurie devait avoir
plus de neuf pieds , afin qu'il pût y entrer à
fon aife. Il mangeait cinquante livres de ris
par jour , vingt-cinq livres de fucre , & bu-
vait vingt-cinq livres d'eau. Tu trouves par
ton arithmétique qu'il avalait trente-fix
mille cinq cent livres pefant par année ; on
ne peut compter mieux. Mais ton éléphant
a-t-il exifté ? était-il beau-frère de l'empereur ? fa femme a-t-elle fait un enfant
par le côté gauche ? C'eft-là ce qu'il falait
examiner ; vingt auteurs qui vivaient à la
Cochinchine l'ont écrit l'un après l'autre ; tu
devais confronter ces vingt auteurs , pefer
leurs témoignages , confulter les anciennes
archives , voir s'il eft queftion de cet éléphant
dans les regiftres ; examiner fi ce n'eft point
une fable que des impofteurs ont eu intérêt
d'accréditer. Tu es parti d'un principe extra-
vagant pour en tirer des conclufions juftes.

C'eft moins la logique qui manque aux
hommes que la fource de la logique. Il ne

s'agit pas de dire, six vaiſſeaux qui m'appar-
tiennent ſont chacun de deux cent tonneaux,
le tonneau eſt de deux mille livres peſant;
donc j'ai douze cent mille livres de marchan-
diſes au port du Pirée. Le grand point eſt
de ſavoir ſi ces vaiſſeaux ſont à toi. Voilà le
principe dont ta fortune dépend; tu comp-
teras après. Voyez *Principe*.

Un ignorant, fanatique & conſéquent, eſt
ſouvent un homme à étouffer. Il aura lu que
Phinée tranſporté d'un ſaint zèle, ayant trouvé
un Juif couché avec une Madianite, les tua
tout deux, & fut imité par les lévites qui
maſſacrèrent tous les ménages moitié madianites, moitié juifs. Il ſait que ſon voiſin catholique couche avec ſa voiſine huguenote; il les
tuera tout deux ſans difficulté: on ne peut
agir plus conſéquemment. Quel eſt le remède
à cette maladie horrible de l'ame? C'eſt d'accoutumer de bonne heure les enfans à ne
rien admettre qui choque la raiſon, à ne
leur conter jamais d'hiſtoires de revenans,
de fantômes, de ſorciers, de poſſedés, de
prodiges ridicules. Une fille d'une imagination tendre & ſenſible, entend parler de poſſeſſions; elle tombe dans une maladie de
nerfs, elle a des convulſions, elle ſe croit poſ-
ſedée. J'en ai vu mourir une de la révolution
que ces abominables hiſtoires avaient faites
dans ſes organes. Voyez *Eſprit faux*, & *Fanatique*.

CONSPIRATIONS CONTRE LES PEUPLES, ou PROSCRIPTIONS.

IL y a des chofes qu'il faut fans ceffe mettre fous les yeux des hommes. Ayant retrouvé ce morceau qui intéreffe l'humanité entière, nous avons cru que c'était ici fa place, d'autant plus qu'il y a quelques additions.

CONSPIRATIONS OU PROSCRIPTIONS JUIVES.

L'hiftoire eft pleine de confpirations contre les tyrans ; mais nous ne parlerons ici que des confpirations des tyrans contre les peuples. Si l'on remonte à la plus haute antiquité reçue parmi nous , fi l'on ofe chercher les premiers exemples des profcriptions dans l'hiftoire des Juifs ; fi nous féparons ce qui peut appartenir aux paffions humaines , de ce que nous devons révérer dans les décrets éternels , fi nous ne confidérons que l'effet terrible d'une caufe divine , nous trouverons d'abord une profcription de vingt-trois mille Juifs après l'idolâtrie d'un veau d'or; une de vingt-quatre mille pour punir l'Ifraëlite qu'on avait furpris dans les bras d'une Madianite; une de quarante-deux mille hommes de la tribu d'Ephraïm , égorgés à un gué

F iiij

du Jourdain. C'était une vraie proscription ; car ceux de Galaad qui exerçaient la vengeance de *Jephté* contre les Ephraïmites , voulaient connaître & démêler leurs victimes en leur fefant prononcer l'un après l'autre le mot *fchi-bolet* au paffage de la rivière ; & ceux qui difaient *fibolet*, felon la prononciation éphraïmite , étaient reconnus & tués fur le champ. Mais il faut confidérer que cette tribu d'E-phraïm ayant ofé s'oppofer à *Jephté* , choifi par DIEU même pour être le chef de fon peuple , méritait fans doute un tel châtiment.

C'eft pour cette raifon que nous ne regardons point comme une injuftice l'extermination entière des peuples du Canaan ; ils s'é-taient , fans doute , attiré cette punition par leurs crimes ; ce fut le DIEU vengeur des crimes qui les profcrivit ; les Juifs n'étaient que les bourreaux.

CELLE DE MITHRIDATE.

De telles profcriptions commandées par la Divinité même, ne doivent pas fans doute être imitées par les hommes ; auffi le genre-humain ne vit point de pareils maffacres jufqu'à *Mithridate*. Rome ne lui avait pas encor déclaré la guerre, lorfqu'il ordonna qu'on affaffinât tous les Romains qui fe trouvaient dans l'Afie mineure. *Plutarque* fait monter le nombre des victimes à cent cinquante mille, *Appien* le réduit à quatre-vingt mille.

Plutarque n'est guères croyable, & *Appien* probablement exagère. Il n'est pas vraisemblable que tant de citoyens Romains demeurassent dans l'Asie mineure, où ils avaient alors très peu d'établissemens. Mais quand ce nombre serait réduit à la moitié, *Mithridate* n'en serait pas moins abominable. Tous les historiens conviennent que le massacre fut général, & que ni les femmes, ni les enfans ne furent épargnés.

CELLE DE SYLLA, DE MARIUS ET DES TRIUMVIRS.

Mais en viron dans ce tems-là même, *Sylla* & *Marius* exercèrent sur leurs compatriotes la même fureur qu'ils éprouvaient en Asie. *Marius* commença les proscriptions, & *Sylla* les surpassa. La raison humaine est confondue quand elle veut juger des Romains. On ne conçoit pas comment un peuple chez qui tout était à l'enchère, & dont la moitié égorgeait l'autre, put être dans ce tems-là même le vainqueur de tous les rois. Il y eut une horrible anarchie depuis les proscriptions de *Sylla* jusqu'à la bataille d'Actium, & ce fut pourtant alors que Rome conquit les Gaules, l'Espagne, l'Egypte, la Syrie, toute l'Asie mineure & la Grèce.

Comment expliquerons - nous ce nombre prodigieux de déclamations qui nous reſtent ſur la décadence de Rome, dans ces tems ſanguinaires & illuſtres ? Tout eſt perdu, diſent vingt auteurs Latins, *Rome tombe par ſes propres forces, le luxe a vengé l'univers.* Tout cela ne veut dire autre choſe, ſinon que la liberté publique n'exiſtait plus : mais la puiſſance ſubſiſtait ; elle était entre les mains de cinq ou ſix généraux d'armée, & le citoyen Romain qui avait juſques-là vaincu pour lui-même, ne combattait plus que pour quelques uſurpateurs.

La dernière proſcription fut celle d'*Antoine*, d'*Octave* & de *Lépide*, elle ne fut pas plus ſanguinaire que celle de *Sylla*.

Quelque horrible que fût le règne des *Caligula* & des *Nérons*, on ne voit point de proſcriptions ſous leur empire ; il n'y en eut point dans les guerres des *Galba*, des *Othons*, des *Vitellius*.

CELLE DES JUIFS SOUS TRAJAN.

Les Juifs ſeuls renouvellèrent ce crime ſous *Trajan*. Ce prince humain les traitait avec bonté. Il y en avait un très grand nombre dans l'Egypte & dans la province de Cyrène. La moitié de l'iſle de Chypre était peuplée de Juifs. Un nommé *André* qui ſe donna pour un meſſie, pour un libérateur des Juifs, ranima leur exécrable entouſiaſme qui paraiſ-ſait aſſoupi. Il leur perſuada qu'ils ſeraient agréables au Seigneur, & qu'ils rentreraient enfin victorieux dans Jéruſalem, s'ils exter-minaient tous les infidèles dans les lieux où ils avaient le plus de ſynagogues. Les Juifs ſéduits par cet homme maſſacrèrent, dit-on, plus de deux cent vingt mille perſonnes dans la Cyrenaïque & dans Chypre. *Dion & Eu-ſèbe* diſent que non-contens de les tuer, ils mangeaient leur chair, ſe feſaient une cein-ture de leurs inteſtins, & ſe frottaient le vi-ſage de leur ſang. Si cela eſt ainſi, ce fut, de toutes les conſpirations contre le genre-hu-main dans notre continent, la plus inhu-maine & la plus épouvantable, & elle dut l'ètre, puiſque la ſuperſtition en était le prin-cipe. Ils furent punis, mais moins qu'ils ne le méritaient, puiſqu'ils ſubſiſtent encore.

CELLE DE THÉODOSE, &c.

Je ne vois aucune conſpiration pareille dans l'hiſtoire du monde, juſqu'au tems de *Théo-doſe*, qui proſcrivit les habitans de Theſſalo-nique, non pas dans un mouvement de co-lère, comme des menteurs mercénaires l'écri-vent ſi ſouvent, mais après ſix mois des plus mûres réflexions. Il mit dans cette fureur méditée un artifice & une lâcheté qui la rendaient encor plus horrible. Les jeux publics furent annoncés par fon ordre, les habitans invités ; les courfes commencèrent au milieu de ces réjouïffances , fes foldats égorgèrent fept à huit mille habitans : quelques auteurs difent quinze mille. Cette profcription fut incomparablement plus fanguinaire & plus inhumaine que celle des triumvirs ; ils n'avaient compris que leurs ennemis dans leurs liftes, mais *Théodofe* ordonna que tout pérît fans diftinction. Les triumvirs fe contentèrent de taxer les veuves & les filles des profcrits, *Théodofe* fit maffacrer les femmes & les enfans, & cela dans la plus profonde paix, & lorfqu'il était au comble de fa puiffance. Il eft vrai qu'il expia ce crime ; il fut quelque tems fans aller à la meffe.

CELLE DE L'IMPÉRATRICE THÉODORA.

Une confpiration beaucoup plus fanglante encore que toutes les précédentes, fut celle d'une impératrice *Théodora* , au milieu du neuviéme fiécle. Cette femme fuperftitieufe & cruelle , veuve du cruel *Théophile* , & tutrice de l'infàme *Michel* , gouverna quelques années Conftantinople. Elle donna ordre qu'on tuât tous les manichéens dans fes états. *Fleury*, dans fon *Hiftoire eccléfiaftique* , avoue qu'il en périt environ cent mille. Il s'en fauva quarante mille qui fe réfugièrent dans les états

du calife, & qui devenus les plus implaca-
bles comme les plus juſtes ennemis de l'empire Grec, contribuèrent à ſa ruine. Rien ne
fut plus ſemblable à notre ſaint Barthelemi,
dans laquelle on voulut détruire les proteſ-
tans, & qui les rendit furieux.

CELLE DES CROISÉS CONTRE LES JUIFS.

Cette rage des conſpirations contre un peuple entier ſembla s'aſſoupir juſqu'au tems des
croiſades. Une horde de croiſés dans la première expédition de *Pierre* l'hermite, ayant
pris ſon chemin par l'Allemagne, fit vœu d'é-
gorger tous les Juifs qu'ils rencontrèraient ſur
leur route. Ils allèrent à Spire, à Vorms,
à Cologne, à Mayence, à Francfort ; ils fen-
dirent le ventre aux hommes, aux femmes,
aux enfans de la nation juive qui tombèrent
entre leurs mains, & cherchèrent dans leurs
entrailles l'or qu'on ſuppoſait que ces malheureux avaient avalé.

Cette action des croiſés reſſemblait parfaitement à celle des Juifs de Chypre & de Cyrène, & fut peut-être encore plus affreuſe,
parce que l'avarice ſe joignait au fanatiſme.
Les Juifs alors furent traités comme ils ſe vantent d'avoir traité autrefois des nations entières : mais ſelon la remarque de Suarez,
*ils avaient égorgé leurs voiſins par une piété
bien entendue, & les croiſés les maſſacrèrent*

par une piété mal entendue. Il y a au moins de la piété dans ces meurtres ; & cela est bien consolant.

CELLE DES CROISADES CONTRE LES ALBIGEOIS.

La conspiration contre les Albigeois fut de la même espèce, & eut une atrocité de plus ; c'est qu'elle fut contre des compatriotes, & qu'elle dura plus longtems. *Suarez* aurait dû regarder cette proscription comme la plus édifiante de toutes, puisque de saints inquisiteurs condamnèrent aux flammes tous les habitans de Béfiers, de Carcassonne, de Lavaur, & de cent bourgs considérables ; presque tous les citoyens furent brûlés en effet, ou pendus, ou égorgés.

LES VÊPRES SICILIENNES.

S'il est quelque nuance entre les grands crimes, peut-être la journée des vêpres siciliennes est la moins exécrable de toutes, quoiqu'elle le soit excessivement. L'opinion la plus probable, est que ce massacre ne fut point prémédité. Il est vrai que *Jean de Procida,* émissaire du roi d'Arragon, préparait dès-lors une révolution à Naples & en Sicile ; mais il paraît que ce fut un mouvement subit dans le peuple animé contre les Provençaux, qui

le déchaîna tout-d'un-coup, & qui fit couler
tant de fang. Le roi *Charles d'Anjou* frère de
St. Louïs s'était rendu odieux par le meurtre
de *Conradin* & du duc d'Autriche, deux jeunes héros & deux grands princes dignes de
fon eftime, qu'il fit condamner à mort comme des voleurs. Les Provençaux qui vexaient
la Sicile étaient déteftés. L'un d'eux fit violence à une femme le lendemain de pâques;
on s'attroupa, on s'émut, on fonna le tocfin,
on cria *meurent les tyrans*; tout ce qu'on rencontra de Provençaux fut maffacré; les innocens périrent avec les coupables.

LES TEMPLIERS.

Je mets fans difficulté au rang des conju-
rations contre une fociété entière le fupplice
des templiers. Cette barbarie fut d'autant plus
atroce qu'elle fut commife avec l'appareil de
la juftice. Ce n'était point une de ces fureurs
que la vengeance foudaine ou la néceffité de
fe défendre femble juftifier : c'était un projet
réfléchi d'exterminer tout un ordre trop fier
& trop riche. Je penfe bien que dans cet ordre il y avait de jeunes débauchés qui méritaient quelque correction ; mais je ne croirai
jamais qu'un grand - maître, & tant de chevaliers parmi lefquels on comptait des princes, tous vénérables par leur âge & par leurs
fervices, fuffent coupables des baffeffes ab-

furdes & inutiles dont on les accufait. Je ne croirai jamais qu'un ordre entier de religieux ait renoncé en Europe à la religion chrétienne, pour laquelle il combattait en Afie, en Afrique ; & pour laquelle même encor plufieurs d'entr'eux gémiffaient dans les fers des Turcs & des Arabes, aimant mieux mourir dans les cachots que de renier leur religion.

Enfin, je crois fans difficulté à plus de quatre-vingt chevaliers qui, en mourant, prennent DIEU à témoin de leur innocence. N'héfitons point à mettre leur profcription au rang des funeftes effets d'un tems d'ignorance & de barbarie.

MASSACRE DANS LE NOUVEAU MONDE.

Dans ce récenfement de tant d'horreurs, mettons furtout les douze millions d'hommes détruits dans le vafte continent du nouveau monde. Cette profcription eft à l'égard de toutes les autres ce que ferait l'incendie de la moitié de la terre à celui de quelques villages.

Jamais ce malheureux globe n'éprouva une dévaftation plus horrible & plus générale, & jamais crime ne fut mieux prouvé. *Las Cafas* évêque de Chiapa dans la nouvelle Efpagne, ayant parcouru pendant plus de trente années les ifles & la terre ferme découvertes, avant

qu'il

qu'il fût évèque ; & depuis qu'il eut cette dignité, témoin oculaire de ces trente années
de deftruction, vint enfin en Efpagne dans
fa vieilleffe, fe jetter aux pieds de *Charles-*
Quint & du prince *Philippe* fon fils, & fit
entendre fes plaintes qu'on n'avait pas écou-
tées jufqu'alors. Il préfenta fa requête au nom
d'un hémifphère entier : elle fut imprimée à
Valladolid. La caufe de plus de cinquante nations profcrites dont il ne fubfiftait que de
faibles reftes, fut folemnellement plaidée devant l'empereur. *Las Cafas* dit que ces peuples détruits étaient d'une efpèce douce, faible & innocente, incapable de nuire & de
réfifter, & que la plûpart ne connaiffaient
pas plus les vêtemens & les armes que nos
animaux domeftiques. J'ai parcouru, dit-il,
toutes les petites ifles Lucaies, & je n'y ai
trouvé que onze habitans, refte de plus de
cinq cent mille.

Il compte enfuite plus de deux millions
d'hommes détruits dans Cuba & dans Hif-
paniola, & enfin plus de dix millions dans
le continent. Il ne dit pas, j'ai ouï dire qu'on
a exercé ces énormités incroyables, il dit :
je les ai vues : j'ai vu cinq caciques brûlés
pour s'être enfuis avec leurs fujets ; j'ai vu
ces créatures innocentes maffacrées par milliers ;
enfin, de mon tems, on a détruit plus de douze
millions d'hommes dans l'Amérique.

Quatriéme partie. G

On ne lui contesta pas cette étrange dépopulation, quelque incroyable qu'elle paraisse. Le docteur *Sepulvéda* qui plaidait contre lui, s'attacha seulement à prouver que tous ces Indiens méritaient la mort, parce qu'ils étaient coupables du péché contre nature, & qu'ils étaient antropophages.

Je prends DIEU à témoin, répond le digne évêque *Las Casas*, que vous calomniez ces innocens après les avoir égorgés. Non, ce n'était pas parmi eux que régnait la pédérastie, & que l'horreur de manger de la chair humaine s'était introduite ; il se peut que dans quelques contrées de l'Amérique que je ne connais pas, comme au Brésil ou dans quelques isles, on ait pratiqué ces abominations de l'Europe ; mais ni à Cuba, ni à la Jamaïque, ni dans l'Hispaniola, ni dans aucune isle que j'ai parcourues, ni au Pérou, ni au Mexique où est mon évêché, je n'ai entendu jamais parler de ces crimes ; & j'en ai fait les enquêtes les plus exactes. C'est vous qui êtes plus cruels que les antropophages ; car je vous ai vu dresser des chiens énormes pour aller à la chasse des hommes, comme on va à celle des bêtes fauves. Je vous ai vus donner vos semblables à dévorer à vos chiens. J'ai entendu des Espagnols dire à leurs camarades, prête-moi une longe d'Indien pour le déjeuner de mes dogues, je t'en rendrai demain un quartier. C'eſt enfin chez vous ſeuls que j'ai vû de la chair humaine étalée dans vos boucheries, ſoit pour vos dogues, ſoit pour vous - mêmes. Tout cela, continue - t - il, eſt prouvé au procès, & je jure par le grand DIEU qui m'écoute, que rien n'eſt plus véritable.

Enfin, *Las Caſas* obtint de *Charles-Quint* des loix qui arrêtèrent le carnage réputé juſqu'alors légitime, attendu que c'était des chrétiens qui maſſacraient des infidèles.

CONSPIRATION CONTRE MÉRINDOL.

La proſcription juridique des habitans de Mérindol & de Cabrière, ſous *François I*, en 1546, n'eſt à la vérité qu'une étincelle en comparaiſon de cet incendie univerſel de la moitié de l'Amérique. Il périt dans ce petit pays environ cinq à ſix mille perſonnes des deux ſexes & de tout âge. Mais cinq mille citoyens ſurpaſſent en proportion dans un canton ſi petit, le nombre de douze millions dans la vaſte étendue des iſles de l'Amérique, dans le Mexique, & dans le Pérou. Ajoutez ſurtout que les déſaſtres de notre patrie nous touchent plus que ceux d'un autre hémiſphère.

Ce fut la ſeule proſcription revêtue des formes de la juſtice ordinaire; car les templiers furent condamnés par des commiſſaires que le

G ij

pape avait nommés, & c'est en cela que le massacre de Mérindol porte un caractère plus affreux que les autres. Le crime est plus grand quand il est commis par ceux qui sont établis pour réprimer les crimes & pour protéger l'innocence.

Un avocat - général du parlement d'Aix nommé *Guerin*, fut le premier auteur de cette boucherie. *C'était*, dit l'historien César Nostradamus, *un homme noir ainsi de corps que d'ame, autant froid orateur que persécuteur ardent & calomniateur effronté*. Il commença par dénoncer en 1540 dix - neuf personnes au hazard comme hérétiques. Il y avait alors un violent parti dans le parlement d'Aix, qu'on appellait les *brûleurs*. Le président d'*Oppède* était à la tête de ce parti. Les dix-neuf accusés furent condamnés à la mort sans être entendus, & dans ce nombre il se trouva quatre femmes & cinq enfans qui s'enfuirent dans des cavernes.

Il y avait alors, à la honte de la nation, un inquisiteur de la foi en Provence ; il se nommait frère *Jean de Rome*. Ce malheureux accompagné de satellites allait souvent dans Mérindol & dans les villages d'alentour ; il entrait inopinément & de nuit dans les maisons où il était averti qu'il y avait un peu d'argent ; il déclarait le père, la mère & les enfans hérétiques, leur donnait la question, prenait l'argent, & violait les filles. Vous trouverez une partie des crimes de ce scélérat dans le fameux plaidoyer d'*Aubri*, & vous remarquerez qu'il ne fut puni que par la prison.

Ce fut cet inquisiteur qui, n'ayant pu entrer chez les dix-neuf accusés, les avait fait dénoncer au parlement par l'avocat-général *Guerin*, quoiqu'il prétendît être le seul juge du crime d'hérésie. *Guerin* & lui soutinrent que dix-huit villages étaient infectés de cette peste. Les dix-neuf citoyens échappés devaient, selon eux, faire révolter tout le canton. Le président d'*Oppède*, trompé par une information frauduleuse de *Guerin*, demanda au roi des troupes pour appuyer la recherche & la punition des dix-neuf prétendus coupables. *François I*, trompé à son tour, accorda enfin les troupes. Le vice-légat d'Avignon y joignit quelques soldats. Enfin en 1544 d'*Oppède* & *Guerin* à leur tête mirent le feu à tous les villages; tout fut tué, & *Aubri* rapporte dans son plaidoyer, que plusieurs soldats assouvirent leur brutalité sur les femmes & sur les filles expirantes qui palpitaient encore. C'est ainsi qu'on servait la religion.

Quiconque a lu l'histoire, fait assez qu'on fit justice; que le parlement de Paris fit pendre l'avocat-général, & que le président d'*Oppède* échappa au supplice qu'il avait mérité. Cette grande cause fut plaidée pendant

G iij

cinquante audiences. On a encor les plai-
doyers, ils font curieux. D'*Oppède* & *Guerin*
alléguaient pour leur juftification tous les paffages de l'Ecriture, où il eft dit :

Frappez les habitans par le glaive, détrui-
fez tout jufqu'aux animaux. *a*)

Tuez le vieillard, l'homme, la femme, &
l'enfant à la mammelle. *b*)

Tuez l'homme, la femme, l'enfant fevré,
l'enfant qui tette, le bœuf, la brebis, le cha-
meau & l'âne. *c*)

Ils alléguaient encor les ordres & les exemples donnés par l'églife contre les hérétiques.
Ces exemples & ces ordres n'empêchèrent
pas que *Guerin* ne fût pendu. C'eft la feule
profcription de cette efpèce qui ait été punie
par les loix, après avoir été faite à l'abri de
ces loix mêmes.

CONSPIRATION DE LA ST. BARTHELEMI.

Il n'y eut que vingt-huit ans d'intervalle
entre les maffacres de Mérindol & la journée
de la St. Barthelemi. Cette journée fait encor
dreffer les cheveux à la tête de tous les Fran-

a) Deut chap. 13.
b) Jofué, chap. 16.
c) Premier liv. des Rois, chap. 15.

çais, excepté ceux d'un abbé qui a ofé imprimer en 1758 une efpèce d'apologie de cet événement exécrable. C'eft ainfi que quelques efprits bizares ont eu le caprice de faire l'apologie du diable. *Ce ne fut*, dit-il, *qu'une affaire de profcription*. Voilà une étrange excufe ! Il femble qu'une affaire de profcription foit une chofe d'ufage comme on dit, une affaire de barreau, une affaire d'intérèt, une affaire de calcul, une affaire d'églife.

Il faut que l'efprit humain foit bien fufceptible de tous les travers, pour qu'il fe trouve au bout de près de deux cent ans un homme qui de fang froid entreprend de juftifier ce que l'Europe entière abhorre. L'archevêque *Perefixe* prétend qu'il périt cent mille Français dans cette confpiration religieufe. Le duc de *Sully* n'en compte que foixante & dix mille. Mr. l'abbé abufe du martyrologe des calviniftes, lequel n'a pu tout compter, pour affirmer qu'il n'y eut que quinze mille victimes. Eh ! monfieur l'abbé ! ne ferait-ce rien que quinze mille perfonnes égorgées, en pleine paix, par leurs concitoyens !

Le nombre des morts ajoute, fans doute, beaucoup à la calamité d'une nation, mais rien à l'atrocité du crime. Vous prétendez, homme charitable, que la religion n'eut aucune part à ce petit mouvement populaire. Oubliez-vous le tableau que le pape *Grégoire XIII* fit

G iiij

placer dans le Vatican , & au bas duquel était
écrit , *Pontifex Colignii necem probat.* Oubliez-
vous fa proceffion folemnelle de l'églife St.
Pierre à l'églife St. Louïs , le *Te Deum* qu'il
fit chanter , les médailles qu'il fit frapper pour
perpétuer la mémoire de l'heureux carnage
de la St. Barthelemi. Vous n'avez peut-être
pas vu ces médailles ; j'en ai vu entre les
mains de Mr. l'abbé de *Rothelin.* Le pape *Grégoire* y eft repréfenté d'un côté , & de l'autre
c'eft un ange qui tient une croix dans la main
gauche & une épée dans la droite. En voilà-t-il
affez , je ne dis pas pour vous convaincre ,
mais pour vous confondre ?

CONSPIRATION D'IRLANDE.

La conjuration des Irlandais catholiques ,
contre les préteftans , fous *Charles I* , en 1641 ,
eft une fidelle imitation de la St. Barthelemi.
Des hiftoriens Anglais contemporains , tels
que le chancelier *Clarendon* & un chevalier
Jean Temple , affurent qu'il y eut cent cinquante mille hommes de maffacrés. Le parlement d'Angleterre dans fa déclaration du 25
Juillet 1643 , en compte quatre-vingt mille :
mais Mr. *Brooke* qui paraît très inftruit , crie
à l'injuftice dans un petit livre que j'ai entre
les mains. Il dit qu'on fe plaint à tort ; & il
femble prouver affez bien qu'il n'y eut que
quarante mille citoyens d'immolés à la re-

ligion, en y comprenant les femmes & les enfans.

CONSPIRATION DANS LES VALLÉES DU PIÉMONT.

J'omets ici un grand nombre de proscriptions particulières. Les petits défaftres ne fe comptent point dans les calamités générales ; mais je ne dois point paffer fous filence la proscription des habitans des vallées du Piémont en 1655.

C'eft une chofe affez remarquable dans l'hiftoire, que ces hommes prefque inconnus au refte du monde, ayent perféveré conftamment de tems immémorial dans des ufages qui avaient changé partout ailleurs. Il en eft de ces ufages comme de la langue : une infinité de termes antiques fe confervent dans des cantons éloignés, tandis que les capitales & les grandes villes varient dans leur langage de fiécle en fiécle.

Voilà pourquoi l'ancien roman que l'on parlait du tems de *Charlemagne*, fubfifte encor dans le jargon du pays de Vaux, qui a confervé le nom de *pays Roman*. On retrouve des veftiges de ce langage dans toutes les vallées des Alpes & des Pyrenées. Les peuples voifins de Turin qui habitaient les cavernes vaudoifes, gardèrent l'habillement, la langue, & presque tous les rites du tems de *Charlemagne.*

On sait assez que dans le huitiéme & dans le neuviéme siécle, la partie septentrionale de l'Occident ne connaissait point le culte des images ; & une bonne raison, c'est qu'il n'y avait ni peintre ni sculpteur : rien même n'était décidé encor sur certaines questions délicates, que l'ignorance ne permettait pas d'approfondir. Quand ces points de controverse furent arrêtés & réglés ailleurs, les habitans des vallées l'ignorèrent, & étant ignorés eux-mèmes des autres hommes, ils restèrent dans leur ancienne croyance ; mais enfin, ils furent mis au rang des hérétiques & poursuivis comme tels.

Dès l'année 1487, le pape *Innocent VIII* envoya dans le Piémont un légat nommé *Albertus de Capitoneis*, archidiacre de Crémone, prêcher une croisade contr'eux. La teneur de la bulle du pape est singulière. Il recommande aux inquisiteurs, à tous les ecclésiastiques, & à tous les moines, „ de „ prendre unanimement les armes contre les „ Vaudois, de les écraser comme des aspics, „ & de les exterminer saintement. " *In hæreticos armis insurgant, eosque velut aspides venenosos conculcent, & ad tam sanctam exterminationem adhibeant omnes conatus.*

La même bulle octroie à chaque fidèle le droit de „ s'emparer de tous les meubles & „ immeubles des hérétiques, fans forme de „ procès. " *Bona quæcumque mobilia, & immobilia quibufcumque licité occupandis, &c.*

Et par la même autorité elle déclara que tous les magistrats qui ne prêteront pas main-forte feront privés de leurs dignités : *Seculares honoribus, titulis, feudis, privilegiis privandi.*

Les Vaudois ayant été vivement perfécutés, en vertu de cette bulle, fe crurent des martyrs. Ainfi leur nombre augmenta prodigieufement. Enfin la bulle d'*Innocent VIII* fut mife en exécution à la lettre, en 1655. Le marquis de *Pianeffe* entra le 15 d'Avril dans ces vallées avec deux régimens, ayant des capucins à leur tête. On marcha de caverne en caverne, & tout ce qu'on rencontra fut maffacré. On pendait les femmes nues à des arbres, on les arrofait du fang de leurs enfans, & on empliffait leur matrice de poudre à laquelle on mettait le feu.

Il faut faire entrer, fans doute, dans ce trifte catalogue les maffacres des Cévennes & du Vivarais qui durèrent pendant dix ans, au commencement de ce fiécle. Ce fut en effet un mélange continuel de profcriptions & de guerres civiles. Les combats, les affaffinats,

& les mains des bourreaux ont fait périr près de cent mille de nos compatriotes, dont dix mille ont expiré fur la roue, ou par la corde, ou dans les flammes, fi on en croit tous les hiftoriens contemporains des deux partis.

Eft-ce l'hiftoire des ferpens & des tigres que je viens de faire ? non, c'eft celle des hommes. Les tigres & les ferpens ne traitent point ainfi leur efpèce. C'eft pourtant dans le fiécle de *Cicéron*, de *Pollion*, d'*Atticus*, de *Varius*, de *Tibulle*, de *Virgile*, d'*Horace*, qu'*Augufte* fit fes profcriptions. Les philofophes de *Thou* & *Montagne*, le chancelier de *l'Hôpital* vivaient du tems de la St. Barthelemi : & les maffacres des Cévennes font du fiécle le plus floriffant de la monarchie Françaife. Jamais les efprits ne furent plus cultivés, les talens en plus grand nombre, la politeffe plus générale. Quel contrafte, quel chaos, quelles horribles inconféquences compofent ce malheureux monde ! On parle des peftes, des tremblemens de terre, des embrafemens, des déluges, qui ont défolé le globe ; heureux, dit-on, ceux qui n'ont pas vécu dans le tems de ces bouleverfemens ! Difons plutôt heureux ceux qui n'ont pas vu les crimes que je retrace. Comment s'eft-il trouvé des barbares pour les ordonner, & tant d'autres barbares pour les exécuter ? Comment y a-t-il encor des

inquifiteurs & des familiers de l'inquifition ?

Un homme modéré, humain, né avec un
caractère doux, ne conçoit pas plus qu'il y
ait eu parmi les hommes des bêtes féroces
ainfi altérées de carnage, qu'il ne conçoit
des métamorphofes de tourterelles en vautours ; mais il comprend encor moins que
ces monftres ayent trouvé à point nommé
une multitude d'exécuteurs. Si des officiers
& des foldats courent au combat fur un ordre de leurs maîtres, cela eft dans l'ordre
de la nature ; mais que fans aucun examen
ils aillent affaffiner de fang froid un peuple
fans défenfe, c'eft ce qu'on n'oferait pas imaginer des furies mêmes de l'enfer. Ce tableau
foulève tellement le cœur de ceux qui fe pé-
nètrent de ce qu'ils lifent, que pour peu qu'on
foit enclin à la triftefe, on eft fâché d'être
né ; on eft indigné d'être homme.

La feule chofe qui puiffe confoler, c'eft
que de telles abominations n'ont été com-
mifes que de loin-à-loin ; n'en voilà qu'environ vingt exemples principaux dans l'efpace de près de quatre mille années. Je fais
que les guerres continuelles qui ont défolé
la terre font des fléaux encore plus deftruc-
teurs par leur nombre & par leur durée ;
mais enfin, comme je l'ai déja dit, le péril
étant égal des deux côtés dans la guerre,

ce tableau révolte bien moins que celui des profcriptions, qui ont toutes été faites avec lâcheté, puifqu'elles ont été faites fans danger, & que les *Sylla* & les *Auguftes* n'ont été au fond que des affaffins qui ont attendu des paffans au coin d'un bois, & qui ont profité des dépouilles.

La guerre paraît l'état naturel de l'homme. Toutes les fociétés connues ont été en guerre, horfmis les brames & les primitifs que nous appellons *quakres*. Mais il faut avouer que très peu de fociétés fe font rendues coupables de ces affaffinats publics appellés *profcriptions*. Il n'y en a aucun exemple dans la haute antiquité, excepté chez les Juifs. Le feul roi de l'Orient qui fe foit livré à ce crime eft *Mithridate* ; & depuis *Augufte* il n'y a eu de profcriptions dans notre hémifphère que chez les chrétiens qui occupent une très petite partie du globe. Si cette rage avait faifi fouvent le genre-humain, il n'y aurait plus d'hommes fur la terre, elle ne ferait habitée que par les animaux qui font fans contredit beaucoup moins méchans que nous. C'eft à la philofophie, qui fait aujourd'hui tant de progrès, d'adoucir les mœurs des hommes; c'eft à notre fiécle de réparer les crimes des fiécles paffés. Il eft certain que quand l'efprit de tolérance fera établi, on ne poura plus dire :

Ætas parentum pejor avis tulit
Nos nequiores , mox daturos
Progeniem vitiofiorem.

On dira plutôt , mais en meilleurs vers
que ceux-ci :

Nos ayeux ont été des monftres exécrables,
Nos pères ont été méchans ;
On voit aujourd'hui leurs enfans,
Etant plus éclairés devenir plus traitables.

Mais pour ofer dire que nous fommes
meilleurs que nos ancêtres , il faudrait que
nous trouvant dans les mêmes circonftances
qu'eux, nous nous abftinffions avec horreur
des cruautés dont ils ont été coupables ; &
il n'eft pas démontré que nous fuffions plus
humains en pareil cas. La philofophie ne pé-
nètre pas toûjours chez les grands qui ordon-
nent, & encore moins chez les hordes des
petits qui exécutent. Elle n'eft le partage que
des hommes placés dans la médiocrité, également éloignés de l'ambition qui opprime,
& de la baffe férocité qui eft à fes gages.

Il eft vrai qu'il n'eft plus de nos jours de
perfécutions générales. Mais on voit quelquefois de cruelles atrocités. La fociété, la
politeffe, la raifon infpirent des mœurs douces ; cependant quelques hommes ont cru que
la barbarie était un de leurs devoirs. On les

a vus abuser de leurs misérables emplois si souvent humiliés, jusqu'à se jouer de la vie de leurs semblables en colorant leur inhumanité du nom de justice ; ils ont été sanguinaires sans nécessité : ce qui n'est pas même le caractère des animaux carnassiers. Toute dureté qui n'est pas nécessaire est un outrage au genre-humain. Les cannibales se vengent, mais ils ne font pas expirer dans d'horribles supplices un compatriote qui n'a été qu'imprudent.

Puissent ces réflexions satisfaire les ames sensibles & adoucir les autres !

CONTRADICTION.

ON a déja montré ailleurs *a*) les contradictions de nos usages, de nos mœurs, de nos loix : on n'en a pas dit assez.

Tout a été fait, surtout dans notre Europe, comme l'habit d'*Arlequin* : son maître n'avait point de drap ; quand il falut l'habiller , il prit des vieux lambeaux de toutes cou-

a) On peut voir dans les *Mélanges d'histoire*, *de littérature & de philosophie* l'article *Contradiction* , qui traite différemment la même matière.

couleurs : *Arlequin* fut ridicule , mais il fut vêtu.

Où est le peuple dont les loix & les usages ne se contredisent pas ? Y a-t-il une contradiction plus frappante & en même tems plus respectable que le saint empire Romain ? en quoi est-il saint ? en quoi est-il empire ? en quoi est-il Romain ?

Les Allemands font une brave nation que ni les *Germanicus* , ni les *Trajans* ne purent jamais subjuguer entiérement. Tous les peuples Germains qui habitaient au-delà de l'Elbe , furent toûjours invincibles , quoique mal armés ; c'est en partie de ces tristes climats que sortirent les vengeurs du monde. Loin que l'Allemagne soit l'empire Romain , elle a servi à le détruire.

Cet empire était réfugié à Constantinople , quand un Allemand , un Austrasien alla d'Aix-la-chapelle à Rome , dépouiller pour jamais les *Césars* Grecs de ce qu'il leur restait en Italie. Il prit le nom de César , d'*imperator* ; mais ni lui ni ses successeurs n'osèrent jamais résider à Rome. Cette capitale ne peut ni se vanter , ni se plaindre que depuis *Augustule* dernier excrément de l'empire Romain , aucun César ait vécu & soit enterré dans ses murs.

Il est difficile que l'empire soit *saint* puis qu'il professe trois religions , dont deux sont déclarées impies , abominables , damnables &

Quatriéme partie. H

damnées , par la cour de Rome que toute la
cour impériale regarde comme souveraine fur
ces cas.

Il n'eſt pas certainement Romain , puis que
l'empereur n'a pas dans Rome une maiſon.

En Angleterre , on fert les rois à genoux.
La maxime conſtante eſt que le roi ne peut
jamais faire mal. *The king can do no wrong.*
Ses miniſtres feuls peuvent avoir tort ; il eſt
infaillible dans ſes actions comme le pape dans
ſes jugemens.   Telle eſt la loi fondamentale,
la loi ſalique d'Angleterre. Cependant le parlement juge ſon roi *Edouard II* vaincu &
fait priſonnier par ſa femme ; on déclare qu'il
a tous les torts du monde , & qu'il eſt déchu
de tous droits à la couronne. *Guillaume Truſ-
ſel* vient dans ſa priſon lui faire le compliment
ſuivant :

„ Moi , Guillaume Truffel , procureur du
„ parlement & de toute la nation Anglaiſe,
„ je révoque l'hommage à toi fait autrefois ;
„ je te défie & je te prive du pouvoir royal ,
„ & nous ne tiendrons plus à toi doreſ-
„ navant. *b*) "

Le parlement juge & condamne le roi *Richard II* fils du grand *Edouard III.* Trente
& un chefs d'accuſation ſont produits contre
lui , parmi leſquels on en trouve deux ſin-

b) *Rapin Thoiras* n'a pas traduit littéralement
cet acte.

guliers ; Qu'il avait emprunté de l'argent sans payer, & qu'il avait dit en préfence de témoins qu'il était le maître de la vie & des biens de fes fujets.

Le parlement dépofe *Henri VI* qui avait un très grand tort, mais d'une autre efpèce, celui d'être imbécille.

Le parlement déclare *Edouard IV* traître, confifque tous fes biens ; & enfuite le rétablit quand il eft heureux.

Pour *Richard III*, celui-là eut véritablement tort plus que tous les autres : c'était un *Néron*, mais un *Néron* courageux ; & le parlement ne déclara fes torts que quand il eut été tué.

La chambre repréfentant le peuple d'Angleterre, imputa plus de torts à *Charles I* qu'il n'en avait ; & le fit périr fur un échaffaut. Le parlement jugea que *Jacques II* avait de très grands torts, & furtout celui de s'être enfui. Il déclara la couronne vacante, c'eft-à-dire, il le dépofa.

Aujourd'hui *Junius* écrit au roi d'Angleterre que ce monarque a tort d'être bon & fage. Si ce ne font pas là des contradictions, je ne fais où l'on peut en trouver.

DES CONTRADICTIONS DANS QUELQUES RITES.

Après ces grandes contradictions politiques qui fe divifent en cent mille petites contradictions, il n'y en a point de plus forte que celle de quelques-uns de nos rites. Nous détestons le judaïsme ; il n'y a pas quinze ans qu'on brûlait encor les Juifs. Nous les regardons comme les affassins de notre DIEU, & nous nous affemblons tous les dimanches pour pfalmodier des cantiques juifs : si nous ne les récitons pas en hébreu, c'est que nous sommes des ignorans. Mais les quinze premiers évêques, prêtres, diacres & troupeau de Jérufalem, berceau de la religion chrétienne, récitèrent toûjours les pfaumes juifs dans l'idiome juif de la langue fyriaque ; & jufqu'au tems du calife *Omar*, presque tous les chrétiens depuis Tyr jufqu'a Alep priaient dans cet idiome juif. Aujourd'hui qui réciterait les pfaumes tels qu'ils ont été compofés, qui les chanterait dans la langue juive, ferait foupçonné d'être circoncis, & d'être juif : il ferait brûlé comme tel : il l'aurait été du moins il y a vingt ans, quoique JESUS-CHRIST ait été circoncis, quoique les apôtres & les difciples ayent été circoncis. Je mets à part tout le fonds de notre fainte religion, tout ce qui est un objet de foi, tout ce qu'il ne faut confidérer qu'avec une foumiffion craintive, je n'envifage que l'écorce, je ne touche qu'à l'ufage ; je demande s'il y en eut jamais un plus contradictoire ?

DES CONTRADICTIONS DANS LES AFFAIRES ET DANS LES HOMMES.

Si quelque société littéraire veut entreprendre le dictionnaire des contradictions, je souscris pour vingt volumes *in-folio*.

Le monde ne subsiste que de contradictions ; que faudrait-il pour les abolir ? Assembler les états du genre-humain. Mais de la manière dont les hommes sont faits, ce serait une nouvelle contradiction s'ils étaient d'accord. Assemblez tous les lapins de l'univers, il n'y aura pas deux avis différens parmi eux.

Je ne connais que deux sortes d'êtres immuables sur la terre, les géomètres & les animaux ; ils sont conduits par deux règles invariables, la démonstration & l'instinct : & encor les géomètres ont-ils eu quelques disputes, mais les animaux n'ont jamais varié.

DES CONTRADICTIONS DANS LES HOMMES ET DANS LES AFFAIRES.

Les contrastes, les jours & les ombres sous lesquels on représente dans l'histoire les hommes publics, ne font pas des contradictions, ce font des portraits fidèles de la nature humaine.

Tous les jours on condamne & on admire *Alexandre* le meurtrier de *Clitus*, mais le ven-

geur de la Grèce, le vainqueur des Perses &
le fondateur d'Alexandrie.

César le débauché qui vole le trésor public
de Rome pour afservir sa patrie, mais dont
la clémence égale la valeur, & dont l'efprit
égale le courage.

Mahomet impofteur, brigand, mais le feul
des légiflateurs qui ait eu du courage & qui
ait fondé un grand empire.

L'entoufiafte *Cromwell*, fourbe dans le fanatifme même, affaffin de fon roi en forme
juridique, mais auffi profond politique que
valeureux guerrier.

Mille contraftes fe préfentent fouvent en
foule, & ces contraftes font dans la nature ;
ils ne font pas plus étonnans qu'un beau jour
fuivi de la tempête.

DES CONTRADICTIONS APPAREN-
TES DANS LES LIVRES.

Il faut foigneufement diftinguer dans les
écrits, & furtout dans les livres facrés, les
contradictions apparentes & les réelles. Il eft
dit dans le Pentateuque que *Moïfe* était le plus
doux des hommes, & qu'il fit égorger vingt-
trois mille Hébreux qui avaient adoré le veau
d'or, & vingt-quatre mille qui avaient ou
époufé comme lui, ou fréquenté des femmes
Madianites. Mais de fages commentateurs ont

prouvé folidement que *Moïfe* était d'un natu-rel très doux, & qu'il n'avait fait qu'exécuter les vengeances de DIEU en fefant maffacrer ces quarante - fept mille Ifraëlites coupables.

Des critiques hardis ont cru appercevoir une contradiction dans le récit où il eft dit que *Moïfe* changea toutes les eaux de l'Egypte en fang , & que les magiciens de *Pharaon* firent enfuite le même prodige , fans que l'Exode mette aucun intervalle entre le mira-cle de *Moïfe* & l'opération magique des en-chanteurs.

Il paraît d'abord impoffible que ces magi-ciens changent en fang ce qui eft déja devenu fang ; mais cette difficulté eft levée, en fup-pofant que *Moïfe* avait laiffé les eaux repren-dre leur première nature, pour donner au pharaon le tems de rentrer en lui-même. Cette fuppofition eft d'autant plus plaufible, que fi le texte ne la favorife pas expreffément, il ne lui eft pas contraire.

Les mêmes incrédules demandent, com-ment tous les chevaux ayant été tués par la grêle dans la fixiéme playe, *Pharaon* put pourfuivre la nation juive avec de la cavalerie? Mais cette contradiction n'eft pas même appa-rente., puifque la grêle qui tua tous les che-vaux qui étaient aux champs, ne put tom-ber fur ceux qui étaient dans les écuries.

H iiij

Une des plus fortes contradictions qu'on ait cru trouver dans l'hiſtoire des Rois, eſt la diſette totale d'armes offenſives & défenſives chez les Juifs à l'avénement de *Saül*, comparée avec l'armée de trois cent trente mille combattans que *Saül* conduit contre les Ammonites qui aſſiégeaient Jabès en Galaad.

I. Rois ch. III. ℣. 22.

Il eſt rapporté en effet qu'alors, & même après cette bataille, il n'y avait pas une lance, pas une ſeule épée chez tout le peuple Hébreu ; que les Philiſtins empêchaient les Hébreux de forger des épées & des lances ; que les Hé-breux étaient obligés d'aller chez les Philiſtins pour faire éguiſer le ſoc de leurs charrues,

ch. XIII. ℣. 19. 20. & 21.

leurs hoyaux, leurs coignées, & leurs ſerpettes.

Cet aveu ſemble prouver que les Hébreux étaient en très petit nombre, & que les Phi-liſtins étaient une nation puiſſante, victorieuſe, qui tenait les Iſraëlites ſous le joug, & qui les traitait en eſclaves ; qu'enfin il n'était pas poſſible que *Saül* eût aſſemblé trois cent trente mille combattans, &c.

Le révérend père *Dom Calmet* dit, qu'il eſt croyable qu'*il y a un peu d'exagération dans*

Note de Dom Cal-met ſur le verſet 19.

ce qui eſt dit ici de Saül & de Jonathas. Mais ce ſavant homme oublie que les autres com-mentateurs attribuent les premières victoires de *Saül* & de *Jonathas* à un de ces miracles évidens que DIEU daigna faire si souvent en faveur de son peuple. *Jonathas* avec son seul écuyer tua d'abord vingt ennemis, & les Philistins étonnés tournèrent leurs armes les uns contre les autres. L'auteur du livre des Rois dit positivement, que ce fut comme un miracle de DIEU, *accidit quasi miraculum à* DEO. Il n'y a donc point là de contra- diction.

Ch. XIV. ℣. 15.

Les ennemis de la religion chrétienne, les *Celses*, les *Porphires*, les *Juliens*, ont épuisé la sagacité de leur esprit sur cette matière. Des auteurs juifs se sont prévalus de tous les avantages que leur donnait la supériorité de leurs connaissances dans la langue hé- braïque pour mettre au jour ces contradic- tions apparentes ; ils ont été suivis même par des chrétiens tels que mylord *Herbert*, *Volaston*, *Voolston*, *Tindal*, *Toland*, *Co- lins*, *Shaftersburi*, *Volston*, *Gordon*, *Boling- broke*, & plusieurs auteurs de divers pays. *Freret* secrétaire perpétuel de l'académie des belles-lettres de France, le savant *Le Clerc* même, *Simon* de l'oratoire, ont cru apperce- voir quelques contradictions qu'on pouvait attribuer aux copistes. Une foule d'autres critiques a voulu relever & réformer des contradictions qui leur ont paru inexplica- bles.

Analyſe
de la reli-
gion chré-
tienne ,
pag. 22.
attribuée
à *St. E-*
vremont.

On lit dans un livre dangereux fait avec
beaucoup d'art : „ *St. Matthieu* & *St. Luc*
„ donnent chacun une généalogie de JESUS-
„ CHRIST différentes ; & pour qu'on ne croye
„ pas que ce ſont de ces différences légères ,
„ qu'on peut attribuer à mépriſe on inadver-
„ tence , il eſt aiſé de s'en convaincre par
„ ſes yeux en liſant Matthieu au chap. I. &
„ Luc au chap. III. : on verra qu'il y a quin-
„ ze générations de plus dans l'une que dans
„ l'autre ; que depuis *David* elles ſe ſéparent
„ abſolument , qu'elles ſe réuniſſent à *Sala-*
„ *thiel* ; mais qu'après ſon fils elles ſe ſéparent
„ de nouveau , & ne ſe réuniſſent plus qu'à
„ *Joſeph.*

„ Dans la même généalogie *St. Matthieu*
„ tombe encor dans une contradiction mani-
„ feſte ; car il dit qu'*Oſias* était père de *Jona-*
„ *than :* & dans les Paralipomènes livre pre-
„ mier chap. III. ⅴ. 11 & 12. , on trouve trois
„ générations entre eux , ſavoir *Joas , Ama-*
„ *zias , Azarias ,* deſquels *Luc* ne parle pas
„ plus que *Matthieu.* De plus , cette généa-
„ logie ne fait rien à celle de JESUS , puiſque ,
„ ſelon notre loi , *Joſeph* n'avait eu aucun
„ commerce avec *Marie.* "

Pour répondre à cette objection faite depuis le tems d'*Origène* , & renouvellée de
ſiécle en ſiécle , il faut lire *Julius Africa-*
nus. Voici les deux généalogies conciliées

dans la table fuivante, telle qu'elle fe trouve dans la bibliothèque des auteurs eccléfiaftiques.

David.

Salomon & fes defcendans rapportés par *St. Matthieu.*		Natham & fes defcendans rapportés par *St. Luc.*

Eftha.

Mathan premier mari.		Melchi , ou plutôt *Mathat* fecond mari.

Jacob fils de Mathan premier mari.	Leur femme commune, dont on ne fait point le nom ; mariée premiérement à *Héli,* dont elle n'a point eu d'enfant , & enfuite à Jacob fon frère.	Héli.
Fils naturel de *Jofeph,* Jacob.		Fils d'*Héli* felon la loi.

Autre manière de concilier les deux généalogies par *St. Epiphane.*

Jacob Panther defcendu de *Salomon*, eft père de *Jofeph* & de *Cléophas.*

Jofeph a de fa première femme fix enfans, *Jacques , Jofué, Siméon , Juda , Marie* & *Salome.*

Il époufe enfuite la vierge *Marie* mère de JESUS, fille de *Joachim* & d'*Anne.*

Il y a plusieurs autres manières d'expliquer ces deux généalogies. Voyez l'ouvrage de Dom Calmet, intitulé, *Dissertation où l'on essaye de concilier St. Matthieu avec St. Luc sur la généalogie de* JESUS-CHRIST.

Les mêmes savans incrédules qui ne sont occupés qu'à comparer des dates, qu'à examiner les livres & les médailles, & qui perdent par leur science la simplicité de la foi, reprochent à *St. Luc* de contredire les autres évangiles, & de s'être trompé dans ce qu'il avance sur la naissance du Sauveur. Voici comme s'en explique témérairement l'auteur de l'*Analyse de la religion chrétienne.*

„ *St. Luc* dit que *Cirénius* avait le gouver-
„ nement de Syrie lorsqu'*Auguste* fit faire le
„ dénombrement de tout l'empire. On va voir
„ combien il se rencontre de faussetés éviden-
„ tes dans ce peu de mots. *Tacite & Suetone* les
„ plus exacts de tous les historiens, ne disent
„ pas un mot du prétendu dénombrement de
„ tout l'empire, qui assurément eût été un
„ événement bien singulier, puisqu'il n'y en
„ eut jamais sous aucun empereur ; du moins
„ aucun auteur ne rapporte qu'il y en ait
„ eu. 2°. *Cirénius* ne vint dans la Syrie que
„ dix ans après le tems marqué par *Luc;*
„ elle était alors gouvernée par *Quintilius*
„ *Varus*, comme *Tertullien* le rapporte,
„ & comme il est confirmé par les mé-
„ dailles. "

On avouera qu'en effet il n'y eut jamais
de dénombrement de tout l'empire Romain,
& qu'il n'y eut qu'un cens des citoyens Romains, selon l'usage. Il se peut que des copistes ayent écrit *dénombrement* pour *cens*.
A l'égard de *Cirénius* que les copistes ont transf-
crit *Cirinus*, il est certain qu'il n'était pas
gouverneur de la Syrie dans le tems de la
naissance de notre Sauveur, & que c'était
alors *Quintilius Varus*; mais il est très naturel que *Quintilius Varus* ait envoyé en Judée
ce même *Cirénius* qui lui succéda dix ans après
dans le gouvernement de la Syrie. On ne
doit pas dissimuler que cette explication laisse
encor quelques difficultés.

Premiérement, le cens fait sous *Auguste* ne
se rapporte point au tems de la naissance de
JESUS-CHRIST.

Secondement, les Juifs n'étaient point compris dans ce cens. *Joseph* & son épouse n'é-
taient point citoyens Romains. *Marie* ne devait donc point, dit-on, partir de Nazareth
qui est à l'extrémité de la Judée, à quelques
milles du mont Tabor, au milieu du désert,
pour aller accoucher à Bethléem qui est à
quatre-vingt milles de Nazareth.

Mais il se peut très aisément que *Cirinus* ou
Cirénius étant venu à Jérusalem de la part
de *Quintilius Varus* pour imposer un tribut
par tête, *Joseph* & *Marie* eussent reçu l'ordre

du magiſtrat de Bethléem de venir ſe préſen-
ter pour payer le tribut dans le bourg de Bethléem lieu de leur naiſſance ; il n'y a rien là
qui ſoit contradictóire.

Les critiques peuvent tâcher d'infirmer
cette ſolution , en repréſentant que c'était
Hérode ſeul qui impoſait les tributs ; que
les Romains ne levaient rien alors ſur la Judée ; qu'*Auguſte* laiſſait *Hérode* maître abſolu
chez lui , moiennant le tribut que cet Iduméen
payait à l'empire. Mais on peut dans un beſoin s'arranger avec un prince tributaire , &
lui envoyer un intendant , pour établir de
concert avec lui la nouvelle taxe.

Nous ne dirons point ici comme tant d'autres , que les copiſtes ont commis beaucoup
de fautes , & qu'il y en a plus de dix mille
dans la verſion que nous avons. Nous aimons
mieux dire avec les docteurs & les plus éclairés , que les Evangiles nous ont été donnés
pour nous enſeigner à vivre ſaintement , &
non pas à critiquer ſavamment.

Ces prétendues contradictions firent un
effet bien terrible ſur le déplorable *Jean Mélier*
curé d'Étrepigni & de But en Champagne ;
cet homme , vertueux à la vérité , & très
charitable , mais ſombre & mélancolique ,
n'ayant guères d'autres livres que la Bible &
quelques pères , les lut avec une attention
qui lui devint fatale ; il ne fut pas aſſez docile,

lui qui devait enfeigner la docilité à fon troupeau. Il vit les contradictions apparentes, &
ferma les yeux fur la conciliation : enfin fa
triftefle s'augmentant dans la folitude , il eut
le malheur de prendre en horreur la fainte
religion qu'il devait prècher & aimer ; & n'é-
coutant plus que fa raifon féduite, il abjura le
chriftianifme par un teftament olographe, dont
il laiffa trois copies à fa mort arrivée en 1732.
L'extrait de ce teftament a été imprimé plufieurs fois , & c'eft un fcandale bien cruel. Un
curé qui demande pardon à DIEU & à fes
paroiffiens, en mourant, de leur avoir enfeigné
des dogmes chrétiens ! un curé charitable qui
a le chriftianifme en exécration, parce que
plufieurs chrétiens font méchans, que le fafte
de Rome le révolte , & que les difficultés des
faints livres l'irritent ! un curé qui parle du
chriftianifme comme *Porphire* & *Epictete* ! &
cela lorfqu'il eft prèt de paraître devant DIEU ?
quel coup funefte pour lui & pour ceux que
fon exemple peut égarer !

C'eft ainfi que le malheureux prédicant *Antoine* , trompé par les contradictions apparentes
qu'il crut voir entre la nouvelle loi & l'ancienne , entre l'olivier franc & l'olivier fauvage, eut le malheur de quitter la religion
chrétienne pour la religion juive, & plus hardi
que *Jean Mêlier* , il aima mieux mourir que
fe rétracter.

On voit par le teftament de *Jean Mêlier*, que c'étaient furtout les contrariétés apparentes des évangiles, qui avaient bouleverfé l'efprit de ce malheureux pafteur qu'on ne peut regarder qu'avec compaffion. *Mêlier* eft profondément frappé des deux généalogies qui femblent fe combattre ; il n'en avait pas vu la conciliation ; il fe foulève ; il fe dépite, en voyant que *St. Matthieu* fait aller le père, la mère & l'enfant en Egypte, après avoir reçu l'hommage des trois mages ou rois d'Orient, & pendant que le vieil *Hérode* craignant d'être détrôné par un enfant qui vient de naître à Bethléem, fait égorger tous les enfans du pays, pour prévenir cette révolution. Il eft étonné que ni *St. Luc*, ni *St. Jean*, ni *St. Marc* ne parlent de ce maffacre. Il eft confondu quand il voit que *St. Luc* fait refter *St. Jofeph*, la bienheureufe vierge *Marie*, & JESUS notre Sauveur à Bethléem, après quoi ils fe retirèrent à Nazareth. Il devait voir que la fainte famille pouvait aller d'abord en Egypte & quelque tems après à Nazareth fa patrie.

Si *St. Matthieu* feul parle des trois mages & de l'étoile qui les conduifit du fond de l'Orient à Bethléem, & du maffacre des enfans ; fi les autres évangeliftes n'en parlent pas, ils ne contredifent point *St. Matthieu* ; le filence n'eft point une contradiction.

Si les trois premiers évangeliftes, *St. Matthieu*, *St. Marc* & *St. Luc* ne font vivre
JESUS

JESUS-CHRIST que trois mois depuis fon batême en Galilée jufqu'à fon fupplice à Jérufalem ; & fi *St. Jean* le fait vivre trois ans & trois mois, il eft aifé de rapprocher *St. Jean* des trois autres évangeliftes , puifqu'il ne dit point expreffément que JESUS-CHRIST prêcha en Galilée pendant trois ans & trois mois, & qu'on l'infère feulement de fes récits. Falait-il renoncer à fa religion fur de fimples inductions , fur de fimples raifons de controverfe , fur des difficultés de chronologie ?

Il eft impoffible , dit *Mèlier* , d'accorder *St. Matthieu* & *St. Luc* , quand le premier dit que JESUS en fortant du défert alla à Câpharnaum , & le fecond qu'il alla à Nazareth.

St. Jean dit que ce fut *André* qui s'attacha le premier à JESUS-CHRIST , les trois autres évangeliftes difent que ce fut *Simon Pierre.*

Il prétend encor qu'ils fe contredifent fur le jour où JESUS célébra fa pàque , fur l'heure de fon fupplice , fur le lieu , fur le tems de fon apparition , de fa réfurrection. Il eft perfuadé que des livres qui fe contredifent , ne peuvent ètre infpirés par le St. Efprit ; mais il n'eft pas de foi que le St. Efprit ait infpiré toutes les fillabes ; il ne conduifit pas la main de tous les copiftes , il laiffa agir les caufes fecondes : c'était bien affez qu'il daignât nous révéler les principaux myftères , & qu'il inftituàt dans la fuite des tems une églife pour

Quatriéme partie. I

les expliquer. Toutes ces contradictions reprochées fi souvent aux Evangiles avec une fi grande amertume, font mifes au grand jour par les fages commentateurs; loin de fe nuire, elles s'expliquent l'une par l'autre, elles fe prètent un mutuel fecours dans les concordances, & dans l'harmonie des quatre Evangiles.

CONTRASTE.

Contrafte; oppofition de figures, de fituations, de fortune, de mœurs, &c. Une bergère ingénue fait un beau contrafte dans un tableau avec une princeffe orgueilleufe. Le rôle de l'impofteur & celui d'Arifte font un contrafte admirable dans le *Tartuffe.*

Le petit peut contrafter avec le grand dans la peinture, mais on ne peut dire qu'il lui eft contraire. Les oppofitions de couleurs contraftent, mais auffi il y a des couleurs contraires les unes aux autres, c'eft-à-dire, qui font un mauvais effet parce qu'elles choquent les yeux lorfqu'elles font rapprochées.

Contradictoire ne peut fe dire que dans la dialectique. Il eft contradictoire qu'une chofe foit & ne foit pas, qu'elle foit en plufieurs lieux à la fois, qu'elle foit d'un tel nombre, d'une telle grandeur, & qu'elle n'en foit pas. Cette opinion , ce difcours , cet arrêt font contradictoires.

Les diverfes fortunes de *Charles XII* ont été contraires , mais non pas contradictoires ; elles forment dans l'hiftoire un beau contrafte.

C'eft un grand contrafte, & ce font deux chofes bien contraires ; mais il n'eft point contradictoire que le pape ait été adoré à Rome & brûlé à Londres le même jour, & que pendant qu'on l'appellait *vice-Dieu* en Italie, il ait été reprefenté en cochon dans les rues de Mofcou , pour l'amufement de *Pierre le grand.*

Mahomet mis à la droite de DIEU dans la moitié du globe, & damné dans l'autre, eft le plus grand des contraftes.

Voyagez loin de votre pays , tout fera contrafte pour vous.

Le blanc qui le premier vit un nègre fut bien étonné ; mais le premier raifonneur qui dit que ce nègre venait d'une paire blanche, m'étonne bien davantage ; fon opinion eft contraire à la mienne. Un peintre qui reprefente des blancs, des nègres & des olivatres , peut faire de beaux contraftes.

CONVULSIONS.

ON danſa vers l'an 1724 ſur le cimetière de St. Médard ; il s'y fit beaucoup de miracles : en voici un rapporté dans une chanſon de Mad. la ducheſſe du *Maine ;*

> Un décroteur à la royale
> Du talon gauche eſtropié,
> Obtint pour grace ſpéciale
> D'être boiteux de l'autre pié.

Les convulſions miraculeuſes , comme on fait , continuèrent juſqu'à ce qu'on eût mis une garde au cimetière.

> De par le roi , défenſe à DIEU
> De plus fréquenter en ce lieu.

Les jéſuites , comme on le fait encor, ne pouvant plus faire de tels miracles depuis que leur *Xavier* avait épuiſé les graces de la compagnie à reſſuſciter neuf morts de compte fait, s'aviſèrent , pour balancer le crédit des janſéniſtes , de faire graver une eſtampe de JESUS-CHRIST habillé en jéſuite. Un plaiſant du parti janſéniſte , comme on le ſait encore, mit au bas de l'eſtampe :

Admirez l'artifice extrême
De ces moines ingénieux ;
Il vous ont habillé comme eux,
Mon DIEU, de peur qu'on ne vous aime.

Les janséniftes pour mieux prouver que jamais JESUS-CHRIST n'avait pu prendre l'habit de jéfuite, remplirent Paris de convulfions, & attirèrent le monde à leur préau. Le confeiller au parlement, *Carré de Montgeron*, alla préfenter au roi un recueil *in-4°*. de tous ces miracles, atteftés par mille témoins ; il fut mis, comme de raifon, dans un château, où l'on tâcha de rétablir fon cerveau par le régime ; mais la vérité l'emporte toûjours fur les perfécutions ; les miracles fe perpétuèrent trente ans de fuite, fans difcontinuer. On fefait venir chez foi fœur *Rofe*, fœur *Illuminée*, fœur *Promife*, fœur *Confite* ; elles fe fefaient fouetter, fans qu'il y parût le lendemain ; on leur donnait des coups de buches fur leur eftomac bien cuiraffé, bien rembourré, fans leur faire de mal ; on les couchait devant un grand feu, le vifage frotté de pommade, fans qu'elles brûlaffent ; enfin, comme tous les arts fe perfectionnent, on a fini par leur enfoncer des épées dans les chairs, & par les crucifier. Un fameux maître d'école même a eu auffi l'avantage d'être mis en croix : tout cela pour convaincre le monde qu'une certaine bulle était ri-

I iij

dicule, ce qu'on aurait pu prouver fans tant de frais. Cependant, & jéfuites & janféniftes, fe réunirent tous contre l'*Efprit des loix*, & contre.... & contre.... & contre.... & contre.... Et nous ofons après cela nous moquer des Lapons, des Samoyèdes & des Negres, ainfi que nous l'avons dit tant de fois !

DES COQUILLES ET DES
SYSTÊMES BATIS SUR DES
COQUILLES.

IL eft arrivé aux coquilles la même chofe qu'aux anguilles ; elles ont fait éclore des fyftèmes nouveaux. On trouve dans quelques endroits de ce globe des amas de coquillages, on voit dans quelques autres des huîtres pétrifiées : de-là on a conclu que malgré les loix de la gravitation & celles des fluides, & malgré la profondeur du lit de l'Océan, la mer avait couvert toute la terre il y a quelques millions d'années.

La mer ayant inondé ainfi fucceffivement la terre, a formé les montagnes par fes courans, par fes marées ; & quoique fon flux ne s'élève qu'à la hauteur de quinze pieds dans

ſes plus grandes intumeſcences ſur nos côtes,
elle a produit des roches hautes de dix - huit
mille pieds.

Si la mer a été partout, il y a eu un tems
où le monde n'était peuplé que de poiſſons.
Peu - à - peu les nageoires ſont devenues des
bras, la queue fourchue s'étant allongée a
formé des cuiſſes & des jambes ; enfin les
poiſſons ſont devenus des hommes, & toût
cela s'eſt fait en conſéquence des coquilles
qu'on a déterrées. Ces ſyſtèmes valent bien
l'horreur du vuide, les formes ſubſtantielles,
la matière globuleuſe, ſubtile, cannelée, ſtriée,
la négation de l'exiſtence des corps, la ba-
guette divinatoire de *Jacques Aimard*, l'harmonie préétablie, & le mouvement perpétuel.

Il y a, dit - on, des débris immenſes de
coquilles auprès de Maſtricht. Je ne m'y op-
poſe pas, quoique je n'y en aye vu qu'une
très petite quantité. La mer a fait d'horribles
ravages dans ces quartiers - là ; elle a englouti
la moitié de la Friſe, elle a couvert des terrains autrefois fertiles, elle en a abandonné
d'autres. C'eſt une vérité reconnue, pèrſonne
ne conteſte les changemens arrivés ſur la ſurface du globe dans une longue ſuite de ſiécles. Il ſe peut phyſiquement, & ſans oſer
contredire nos livres ſacrés, qu'un tremblement de terre ait fait diſparaître l'iſle Atlan-
tide neuf mille ans avant *Platon*, comme il

le rapporte, quoique fes mémoires ne foient pas fûrs. Mais tout cela ne prouve pas que la mer ait produit le mont Caucafe, les Pyrenées & les Alpes.

On prétend qu'*il y a des fragmens de coquillages à Montmartre & à Courtagnon auprès de Rheims*. On en rencontre prefque partout ; mais non pas fur la cime des montagnes, comme le fuppofe le fyftême de *Maillet*.

Il n'y en a pas une feule fur la chaîne des hautes montagnes depuis la Sierra Morena jufqu'à la dernière cime de l'Apennin. J'en ai fait chercher fur le mont St. Godard, fur le St. Bernard, dans les montagnes de la Tarentaife, on n'en a pas découvert.

Un feul phyficien m'a écrit qu'il a trouvé une écaille d'huître pétrifiée vers le mont Cenis. Je dois le croire, & je fuis très étonné qu'on n'y en ait pas vu des centaines. Les lacs voifins nourriffent de groffes moules dont l'écaille reffemble parfaitement aux huîtres ; on les appelle même *petites huîtres* dans plus d'un canton.

Eft-ce d'ailleurs une idée tout-à-fait romanefque de faire réflexion à la foule innombrable de pélerins qui partaient à pied de St. Jacques en Galice, & de toutes les provinces pour aller à Rome par le mont Cenis chargés de coquilles à leurs bonnets ? Il en venait de Syrie, d'Egypte, de Grèce, comme de Po-

logne & d'Autriche. Le nombre des romi-
pètes a été mille fois plus confidérable que
celui des hagi qui ont vifité la Mecque &
Médine, parce que les chemins de Rome font
plus faciles, & qu'on n'était pas forcé d'aller
par caravanes. En un mot, une huître près
du mont Cenis ne prouve pas que l'océan
Indien ait enveloppé toutes les terres de notre
hémifphère.

On rencontre quelquefois en fouillant la
terre des pétrifications étrangères, comme on
rencontre dans l'Autriche des médailles frap-
pées à Rome. Mais pour une pétrification
étrangère il y en a mille de nos climats.

Quelqu'un a dit qu'il aimerait autant croire le marbre compofé de plumes d'autruches
que de croire le porphire compofé de pointes
d'ourfin. Ce quelqu'un là avait grande raifon, fi je ne me trompe.

On découvrit, ou l'on crut découvrir il
y a quelques années, les offemens d'un renne
& d'un hippopotame près d'Etampes, & de là
on conclut que le Nil & la Laponie avaient
été autrefois fur le chemin de Paris à Orléans.
Mais on aurait dû plutôt foupçonner qu'un
curieux avait eu autrefois dans fon cabinet le
fquelette d'un renne & celui d'un hippopotame. Cent exemples pareils invitent à examiner longtems avant que de croire.

AMAS DE COQUILLES.

Mille endroits font remplis de mille débris
de teftacées, de cruftacées, de pétrifications.
Mais remarquons encor une fois, que ce
n'eft prefque jamais ni fur la croupe, ni dans
les flancs de cette continuité de montagnes
dont la furface du globe eft traverfée ; c'eft
à quelques lieues de ces grands corps , c'eft
au milieu des terres , c'eft dans des cavernes,
dans des lieux où il eft très vraifemblable
qu'il y avait de petits lacs qui ont difparu , de
petites rivières dont le cours eft changé , des
ruiffeaux confidérables dont la fource eft tarie.
Vous y voyez des débris de tortues , d'écre-
viffes , de moules , de colimaçons , de petits
cruftacées de rivière , de petites huitres femblables à celles de Lorraine. Mais de véritables corps marins , c'eft ce que vous ne voyez
jamais. S'il y en avait , pourquoi n'y aurait-
on jamais vu d'os de chiens marins , de re-
quins , de baleines ?

Vous prétendez que la mer a laiffé dans
nos terres des marques d'un très long féjour.
Le monument le plus fûr ferait affurément
quelques amas de marfouins au milieu de l'Allemagne. Car vous en voyez des milliers fe
jouer fur la furface de la mer Germanique
dans un tems ferein. Quand vous les aurez
découverts & que je les aurai vûs à Nurem-
berg & à Francfort , je vous croirai : mais en

attendant permettez-moi de ranger la plûpart de ces suppositions avec celle du vaisseau pétrifié trouvé dans le canton de Berne à cent pieds sous terre, tandis qu'un de ses ancres était sur le mont St. Bernard.

J'ai vu quelquefois des débris de moules & de colimaçons qu'on prenait pour des coquilles de mer.

Si on songeait seulement que dans une année pluvieuse il y a plus de limaçons dans dix lieuës de pays que d'hommes sur la terre, on pourait se dispenser de chercher ailleurs l'origine de ces fragmens de coquillages dont le bord du Rhône & ceux d'autres rivières sont tapissés dans l'espace de plusieurs milles. Il y a beaucoup de ces limaçons dont le diamètre est de plus d'un pouce. Leur multitude détruit quelquefois les vignes & les arbres fruitiers. Les fragmens de leurs coques endurcies sont partout. Pourquoi donc imaginer que des coquillages des Indes sont venus s'amonceler dans nos climats quand nous en avons chez nous par millions? Tous ces petits fragmens de coquilles dont on fait tant de bruit pour accréditer un système, sont pour la plûpart si informes, si usés, si méconnaissables, qu'on pourait également parier que ce sont des débris d'écrevisses ou de crocodiles, ou des ongles d'autres animaux. Si on trouve une coquille bien conservée dans le cabinet d'un curieux, on ne fait d'où elle vient ; & je doute qu'elle puiffe fervir de fondement à un fyftème de l'univers.

Je ne nie pas, encor une fois, qu'on ne rencontre à cent milles de la mer quelques huîtres pétrifiées, des conques, des univalves, des productions qui reffemblent parfaitement aux productione marines ; mais eft-on bien fûr que le fol de la terre ne peut enfanter ces foffiles ? La formation des agathes arborifées ou herborifées, ne doit-elle pas nous faire fufpendre notre jugement ? Un arbre n'a point produit l'agathe qui repréfente parfaitement un arbre ; la mer peut auffi n'avoir point produit ces coquilles foffiles qui reffemblent à des habitations de petits animaux marins. L'expérience fuivante en peut rendre témoignage.

OBSERVATION IMPORTANTE SUR LA FORMATION DES PIERRES ET DES COQUILLAGES.

Monfieur *Le Royer* de la Sauvagère, ingénieur en chef, & de l'académie des belles-lettres de la Rochelle, feigneur de la terre de Places en Touraine auprès de Chinon, attefte qu'auprès de fon château une partie du fol s'eft métamorphofée deux fois en un lit de pierre tendre dans l'efpace de quatre-vingt ans. Il a été témoin lui-même de ce chan-

gement. Tous fes vaffaux, & tous fes voifins l'ont vu. Il a bâti avec cette pierre qui
eſt devenue très dure étant employée. La
petite carrière dont on l'a tirée recommence à
ſe former de nouveau. Il y renaît des coquilles qui d'abord ne ſe diſtinguent qu'avec un
microſcope, & qui croiſſent avec la pierre.
Ces coquilles ſont de différentes eſpèces; il
y a des oſtracites, des griphites qui ne ſe
trouvent dans aucune de nos mers; des ca-
mes, des télines, des cœurs dont les ger-
mes ſe développent inſenſiblement, & s'étendent juſqu'à ſix lignes d'épaiſſeur.

N'y a-t-il pas là dequoi étonner du
moins ceux qui affirment que tous les coquillages qu'on rencontre dans quelques endroits de la terre y ont été dépoſés par la
mer ?

Si on ajoute à tout ce que nous avons
déja dit, ce phénomène de la terre de Places,
ſi d'un autre côté on conſidère que le fleuve
de Gambie & la rivière de Biſſao ſont remplis d'huîtres, que pluſieurs lacs en ont four-
ni autrefois, & en ont encore, ne fera-t-on
pas porté à ſuſpendre ſon jugement ? notre
ſiécle commence à bien obſerver; il appartiendra aux ſiécles ſuivans de décider, mais
probablement on fera un jour affez ſavant
pour ne décider pas.

DE LA GROTTE DES FÉES.

Les grottes où se forment les stalactites &
les stalagmites sont communes. Il y en a
dans presque toutes les provinces. Celle du
Chablais est peut-être la moins connue des
physiciens, & qui mérite le plus de l'être.
Elle est située dans des rochers affreux au
milieu d'une forêt d'épines, à deux petites
lieuës de Ripaille, dans la paroisse de Féter-
ne. Ce sont trois grottes en voûte l'une sur
l'autre, taillées à pic par la nature dans un
roc inabordable. On n'y peut monter que
par une échelle, & il faut s'élancer ensuite
dans ces cavités en se tenant à des branches
d'arbres. Cet endroit est appellé par les gens
du lieu *les grottes des Fées*. Chacune a dans
son fond un bassin dont l'eau passe pour avoir
la même vertu que celle de Ste. Reine. L'eau
qui distile dans la supérieure à travers le rocher, y a formé dans la voûte la figure d'une
poule qui couve des poussins. Auprès de cette
poule est une autre concrétion qui ressemble
parfaitement à un morceau de lard avec sa
couenne, de la longueur de près de trois pieds.

Dans le bassin de cette même grotte où l'on
se baigne, on trouve des figures de pralines
telles qu'on les vend chez des confiseurs,
& à côté la forme d'un rouet ou tour à fi-
ler avec la quenouille. Les femmes des en-
virons prétendent avoir vu dans l'enfonce-

ment une femme pétrifiée , au deſſous du
rouet. Mais les obſervateurs n'ont point vu
en dernier lieu cette femme. Peut-être les
concrétions ſtalactites avaient deſſiné autrefois une figure informe de femme ; & c'eſt
ce qui fit nommer cette caverne *la grotte des
Fées*. Il fut un tems qu'on n'oſait en approcher ; mais depuis que la figure de la femme
a diſparu , on eſt devenu moins timide.

Maintenant , qu'un philoſophe à ſyſtème
raiſonne ſur ce jeu de la nature , ne pourait-
il pas dire ; voilà des pétrifications véritables !
Cette grotte était habitée , ſans doute , autrefois par une femme ; elle filait au rouet, ſon
lard était pendu au plancher, elle avait auprès d'elle ſa poule avec ſes pouſſins ; elle
mangeait des pralines , lorſqu'elle fut chan-
gée en rocher elle & ſes poulets, & ſon lard,
& ſon rouet, & ſa quenouille, & ſes pralines ; comme *Edith* femme de *Loth* fut chan-
gée en ſtatue de ſel. L'antiquité fourmille de
ces exemples.

Il ſerait bien plus raiſonnable de dire, cette
femme fut pétrifiée , que de dire, ces petites coquilles viennent de la mer des Indes ;
cette écaille fut laiſſée ici par la mer il y a
cinquante mille ſiécles ; ces gloſſopètres ſont
des langues de marſouins qui s'aſſemblèrent
un jour ſur cette colline pour n'y laiſſer que
leurs goziers ; ces pierres en ſpirale renfer-

maient autrefois le poiſſon *Nautilus* que perſonne n'a jamais vu.

DU FALLUN DE TOURAINE ET DE SES COQUILLES.

On regarde enfin le fallun de Touraine comme le monument le plus inconteſtable de ce ſéjour de l'Océan ſur notre continent dans une multitude prodigieuſe de ſiécles ; & la raiſon, c'eſt qu'on prétend que cette mine eſt compoſée de coquilles pulvériſées.

Certainement ſi à trente - ſix lieuës de la mer il était d'immenſes bancs de coquillages marins, s'ils étaient poſés à plat par couches régulières, il ſerait démontré que ces bancs ont été le rivage de la mer : & il eſt d'ailleurs très vraiſemblable que des terrains bas & plats ont été tour - à - tour couverts & dégagés des eaux juſqu'à trente & quarante lieuës ; c'eſt l'opinion de toute l'antiquité. Une mémoire confuſe s'en eſt conſervée, & c'eſt ce qui a donné lieu à tant de fables.

> *Nil equidem durare diu ſub imagine eadem*
> *Crediderim. Sic ad ferrum veniſtis ab auro*
> *Secula. Sic toties verſa eſt fortuna locorum.*
> *Vidi ego quod fuerat quondam ſolidiſſima tellus*
> *Eſſe fretum. Vidi factas ex æquore terras :*
> *Et procul a pelago conchæ jacuere marinæ :*

Eo

Et vetus inventa est in montibus anchora summis. a)
Quodque fuit campus, vallem decursus aquarum
Fecit: & eluvie mons est deductus in æquor:
Eque paludosa siccis humus aret arenis:
Quæque sitim tulerant, stagnata paludibus hument.

C'est ainsi que *Pythagore* s'explique dans *Ovide*. Voici une imitation de ces vers qui en donnera l'idée.

Le tems qui donne à tous le mouvement & l'être ;
Produit, accroit, détruit, fait mourir, fait renaître,
Change tout dans les cieux, sur la terre & dans l'air.
L'âge d'or à son tour suivra l'âge de fer.
Flore embellit des champs l'aridité sauvage.
La mer change son lit, son flux & son rivage.
Le limon qui nous porte est né du sein des eaux.
Où croissent les moissons, voguèrent les vaisseaux.
La main lente du tems applanit les montagnes ;
Il creuse les vallons, il étend les campagnes ;
Tandis que l'Eternel, le souverain des tems
Demeure inébranlable en ces grands changemens.

Mais pourquoi cet Océan n'a-t-il formé aucune montagne sur tant de côtes plattes livrées à ses marées ? Et pourquoi s'il a déposé des amas prodigieux de coquilles en Touraine,

a) Cela ressemble un peu à l'ancre de vaisseau qu'on prétendait avoir trouvé sur le grand St. Bernard ; aussi s'est-on bien gardé d'insérer cette chimère dans la traduction.

Quatriéme partie.   K

n'a-t-il pas laiffé les mèmes monumens dans les autres provinces à la même diftance?

D'un côté je vois plufieurs lieuës de rivages au niveau de la mer dans la baffe Normandie: Je traverfe la Picardie, la Flandre, la Hollande, la baffe Allemagne, la Poméranie, la Pruffe, la Pologne, la Ruffie, une grande partie de la Tartarie, fans qu'une feule haute montagne, fefant partie de la grande chaîne, fe préfente à mes yeux. Je puis franchir ainfi l'efpace de deux mille lieuës dans un terrain affez uni, à quelques collines près. Si la mer répandue originairement fur notre continent avait fait les montagnes, comment n'en a-t-elle pas fait une feule dans cette vafte étendue?

De l'autre côté ces prétendus bancs de coquilles à trente à quarante lieuës de la mer, méritent le plus férieux examen. J'ai fait venir de cette province dont je fuis éloigné de cent cinquante lieuës, une caiffe de ce fallun. Le fond de cette minière eft évidemment une efpèce de terre calcaire & marneufe, mêlée de talc, laquelle a quelques lieuës de longueur fur environ une & demie de largeur. Les morceaux purs de cette terre pierreufe font un peu falés au goût. Les laboureurs l'employènt pour féconder leurs terres, & il eft très vraifemblable que fon fel les fertilife: on en fait autant dans mon voifinage avec du gipfe. Si ce n'était qu'un amas de coquilles, je ne vois pas qu'il pût fumer la terre. J'aurais beau jetter dans mon champ toutes les coques def-fechées des limaçons & des moules de ma province, ce ferait comme fi j'avais femé fur des pierres.

Quoique je fois fûr de peu de chofes, je puis affirmer que je mourrais de faim, fi je n'avais pour vivre qu'un champ de vieilles coquilles caffées. *b*)

En un mot, il eft certain, autant que mes yeux peuvent avoir de certitude, que cette marne eft une efpèce de terre, & non pas un affemblage d'animaux marins qui feraient au nombre de plus de cent mille milliards de milliards. Je ne fais pourquoi l'académicien qui le premier après *Paliffi* fit connaître cette fin-gularité de la nature, a pu dire, *Ce ne font que de petits fragmens de coquilles très recon-naiffables pour en être des fragmens ; car ils ont leurs cannelures très bien marquées, feule-ment ils ont perdu leur luifant & leur vernis.*

Il eft reconnu que dans cette mine de pierre calcaire & de talc on n'a jamais vu une feule écaille d'huître, mais qu'il y en a quelques-

b) Tout ce que ces coquillages pourraient opérer, ce ferait de divifer une terre trop compacte. On en fait autant avec du gravier. Des coquilles fraiches & pilées pouraient fervir par leur huile : mais des co-quillages deffechés ne font bons à rien.

K ij

unes de moules, parce que cette mine eft entourée d'étangs. Cela feul décide la queftion contre *Bernard Paliffi*, & détruit tout le merveilleux que *Reaumur* & fes imitateurs ont voulu y mettre.

Si quelques petits fragmens de coquilles mêlés à la terre marneufe, étaient réellement des coquilles de mer, il faudrait avouer qu'elles font dans cette fallunière depuis des tems reculés qui épouvantent l'imagination, & que c'eft un des plus anciens monumens des révolutions de notre globe. Mais auffi, comment une production enfouie quinze pieds en terre pendant tant de fiécles, peut-elle avoir l'air fi nouveau ? Comment y a-t-on trouvé la coquille d'un limaçon toute fraiche ? Pourquoi la mer n'aurait-elle confié ces coquilles tourangeotes qu'à ce feul petit morceau de terre & non ailleurs ? N'eft-il pas de la plus extrême vraifemblance que ce fallun qu'on avait pris pour un refervoir de petits poiffons, n'eft précifément qu'une mine de pierre calcaire d'une médiocre étendue ?

D'ailleurs l'expérience de Mr. de *la Sauvagére* qui a vu des coquillages fe former dans une pierre tendre, & qui en rend témoignage avec fes voifins, ne doit-elle pas au moins nous infpirer quelques doutes ?

Enfin, fi ce fallun a été produit à la longue dans la mer, elle eft donc venue à prés de quarante lieuës dans un pays plat, & elle n'y a point formé de montagnes. Il n'eſt donc nullement probable que les montagnes ſoient des productions de l'Océan. De ce que la mer ſerait venue à quarante lieuës, s'enſuivrait-il qu'elle aurait été partout ?

IDÉES DE PALISSI SUR LES CO-QUILLES PRÉTENDUES.

Avant que *Bernard Paliſſi* eût prononcé que cette mine de marne de trois lieuës d'é-tendue n'était qu'un amas de coquilles, les agriculteurs étaient dans l'uſage de ſe ſervir de cet engrais, & ne ſoupçonnaient pas que ce fuſſent uniquement des coquilles qu'ils employaſſent. N'avaient-ils pas des yeux ? Pourquoi ne crut-on pas *Paliſſi* ſur ſa parole ? Ce *Paliſſi* d'ailleurs était un peu viſionnaire. Il fit imprimer le livre intitulé : *Le moyen de dévenir riche & la manière véritable par la-quelle tous les hommes de France pourront ap-prendre à multiplier & à augmenter leur tréſor & poſſeſſions, par maître Bernard Paliſſi in-venteur des ruſtiques figulines du roi.* Il tint à Paris une école, où il fit afficher qu'il ren-drait l'argent à ceux qui lui prouveraient la fauſſeté de ſes opinions. En un mot, *Paliſſi* crut avoir trouvé la pierre philoſophale. Son grand œuvre décrédita ſes coquilles juſqu'au tems où elles furent remiſes en honneur par

un académicien célèbre qui enrichit les découvertes des *Swammerdam*, des *Leuvenhoeck*,
par l'ordre dans lequel il les plaça, & qui
voulut rendre de grands services à la physique. L'expérience, comme on l'a déja dit, est
trompeuse ; il faut donc examiner encor ce
fallun. Il est certain qu'il pique la langue par
une légère âcreté, c'est un effet que des coquilles ne produiront pas. Il est indubitable
que le fallun est une terre calcaire & marneuse.
Il est indubitable aussi qu'elle renferme quelques coquilles de moules à dix à quinze pieds
de profondeur. L'auteur estimable de l'*Histoire
naturelle*, aussi profond dans ses vues qu'at-
trayant par son stile, dit expressément : *Je
prétends que les coquilles sont l'intermède que
la nature employe pour former la plûpart des
pierres. Je prétends que les crayes, les marnes,
& les pierres à chaux ne sont composées que de
poussière & de détrimens de coquilles.*

On peut aller trop loin, quelque habile
physicien que l'on soit. J'avoue que j'ai examiné pendant douze ans de suite la pierre à
chaux que j'ai employée, & que ni moi, ni
aucun des assistans n'y avons apperçu le moindre vestige de coquilles.

A-t-on donc besoin de toutes ces suppositions pour prouver les révolutions que notre globe a essuyées dans des tems prodigieu-
sement reculés ? Quand la mer n'aurait abandonné & couvert tour-à-tour les terrains

bas de ſes rivages que le long de deux mille
lieuës ſur quarante de large dans les terres ,
ce ſerait un changement ſur la ſurface du globe de quatre - vingt mille lieues quarrées.

Les éruptions des volcans , les tremblemens , les affaiſſemens des terrains doivent
avoir bouleverſé une aſſez grande quantité de
la ſurface du globe ; des lacs , des rivières ont
diſparu , des villes ont été englouties ; des iſles
ſe ſont formées ; des terres ont été ſéparées :
les mers intérieures ont pu opérer des révolutions beaucoup plus conſidérables. N'en
voilà - t - il pas aſſez ? Si l'imagination aime
à ſe repréſenter ces grandes viciſſitudes de la
nature , elle doit être contente.

DU SYSTÊME DE MAILLET, QUI DE L'INS-PECTION DES COQUILLES CONCLUT QUE LES POISSONS SONT LES PREMIERS PÈRES DES HOMMES.

Maillet , dont nous avons déja parlé , crut
s'appercevoir au grand Caire que notre continent n'avait été qu'une mer dans l'éternité
paſſée ; il vit des coquilles ; & voici comme il
raiſonna : Ces coquilles prouvent que la mer a
été pendant des milliers de ſiécles à Memphis ;
donc les Egyptiens & les ſinges viennent in-
conteſtablement des poiſſons marins.

Les anciens habitans des bords de l'Euphrate ne s'éloignaient pas beaucoup de cette

idée, quand ils débitèrent que le fameux poiſſon *Oannès* ſortait tous les jours du fleuve
pour les venir catéchiſer ſur le rivage. *Der-*
céto qui eſt la même que *Vénus*, avait une
queue de poiſſon. La *Vénus* d'*Héſiode* nâquit
de l'écume de la mer.

C'eſt peut-être ſuivant cette coſmogonie
qu'*Homère* dit que l'Océan eſt le père de toutes choſes; mais par ce mot d'*Océan*, il n'entend, dit-on, que le Nil & non notre mer
Océane qu'il ne connaiſſait pas.

Thalès apprit aux Grecs que l'eau eſt le
premier principe de la nature. Ses raiſons ſont,
que la ſemence de tous les animaux eſt aqueu-
ſe, qu'il faut de l'humidité à toutes les plan-
tes, & qu'enfin les étoiles ſont nourries des
exhalaiſons humides de notre globe. Cette
dernière raiſon eſt merveilleuſe : & il eſt plaiſant qu'on parle encor de *Thalès* & qu'on
veuille ſavoir ce qu'*Athénée* & *Plutarque* en
penſaient.

Cette nourriture des étoiles n'aurait pas
réuſſi dans notre tems ; & malgré les ſermons
du poiſſon *Oannès*, les argumens de *Thalès*,
les imaginations de *Maillet*, il y a peu de gens
aujourd'hui qui croyent deſcendre d'un turbot
ou d'une morue, malgré l'extrême paſſion
qu'on a depuis peu pour les généalogies.
Pour étayer ce ſyſtème il falait abſolument
que toutes les eſpèces & tous les élémens

fe changeaffent les uns en les autres. Les *Métamorphofes* d'*Ovide* devenaient le meilleur livre de phyfique qu'on ait jamais écrit.

C O R P S.

COrps & matière, c'eft ici même chofe, quoiqu'il n'y ait pas de fynonime à la rigueur. Il y a eu des gens qui par ce mot *corps* ont auffi entendu efprit. Ils ont dit, efprit fignifie originairement *foufle*, il n'y a qu'un corps qui puiffe foufler ; donc efprit & corps pouraient bien au fonds être la même chofe. C'eft dans ce fens que *La Fontaine* di-fait au célèbre duc de *la Rochefoucault* :

J'entends les efprits corps, & paîtris de matière.

C'eft dans le même fens qu'il dit à Madame de *la Sablière*,

Je fubtiliferais un morceau de matière,
Quinteffence d'atôme extrait de la lumière ;
Je ne fais quoi plus vif & plus fubtil encor.

Perfonne ne s'avifa de harceler le bon *La Fontaine*, & de lui faire un procès fur ces expreffions. Si un pauvre philofophe & même un poëte en difait autant aujourd'hui, que de gens pour fe faire de fète, que de folliculaires

pour vendre douze fous leurs extraits, que
de fripons uniquement dans le deffein de
faire du mal au philofophe, au péripatéticien,
au difciple de *Gaffendi* , à l'écolier de *Locke*
& des premiers pères, au damné !

De même que nous ne favons ce que c'eft
qu'un efprit , nous ignorons ce que c'eft
qu'un corps : nous voyons quelques propriétés ; mais quel eft ce fujet en qui ces propriétés réfident ? Il n'y a que des corps, difaient
Démocrite & *Epicure* ; il n'y a point de corps,
difaient les difciples de *Zénon* d'Elée.

L'évêque de Cloine , *Berklay* , eft le dernier,
qui par cent fophifmes captieux a prétendu
prouver que les corps n'exiftent pas. Ils n'ont,
dit - il , ni couleurs , ni odeurs , ni chaleur ;
ces modalités font dans vos fenfations , & non
dans les objets. Il pouvait s'épargner la peine
de prouver cette vérité ; elle était affez connuë,
mais de là il paffe à l'étenduë, à la folidité
qui font des effences du corps , & il croit
prouver qu'il n'y a pas d'étenduë dans une
piéce de drap verd , parce que ce drap n'eft
pas verd en effet ; cette fenfation du verd
n'eft qu'en vous ; donc cette fenfation de l'é-
tenduë n'eft auffi qu'en vous. Et après avoir
ainfi détruit l'étenduë, il conclut que la folidité qui y eft attachée tombe d'elle - même ;
& qu'ainfi il n'y a rien au monde que nos
idées. De forte que , felon ce docteur , dix

mille hommes tués par dix mille coups de canon, ne font dans le fonds que dix mille appréhenfions de notre entendement ; & quand un homme fait un enfant à fa femme, ce n'eft qu'une idée qui fe loge dans une autre idée, dont il naîtra une troifiéme idée.

Il ne tenait qu'à Mr. l'évêque de Cloine de ne point tomber dans l'excès de ce ridicule. Il croit montrer qu'il n'y a point d'étenduë, parce qu'un corps lui a paru avec fa lunette quatre fois plus gros qu'il ne l'était à fes yeux, & quatre fois plus petit à l'aide d'un autre verre. De-là il conclut qu'un corps ne pouvant à la fois avoir quatre pieds, feize pieds, & un feul pied d'étenduë, cette étenduë n'exifte pas ; donc il n'y a rien. Il n'avait qu'à prendre une mefure, & dire. De quelque étenduë qu'un corps me paraiffe, il eft étendu de tant de ces mefures.

Il lui était bien aifé de voir qu'il n'en eft pas de l'étenduë & de la folidité comme des fons, des couleurs, des faveurs, des odeurs, &c. Il eft clair que ce font en nous des fentimens excités par la configuration des parties ; mais l'étenduë n'eft point un fentiment. Que ce bois allumé s'éteigne, je n'ai plus chaud ; que cet air ne foit plus frappé, je n'entends plus ; que cette rofe fe fane, je n'ai plus d'odorat pour elle ; mais ce bois, cet air, cette rofe, font étendus fans moi. Le paradoxe de *Berklay* ne vaut pas la peine d'être réfuté.

C'est ainsi que les *Zénons* d'Elée, les *Parménides* argumentaient autrefois ; & ces gens-là avaient beaucoup d'esprit : ils vous prouvaient qu'une tortue doit aller aussi vîte qu'*Achille* ; qu'il n'y a point de mouvement : ils agitaient cent autres questions aussi utiles. La plûpart des Grecs jouèrent des gobelets avec la philosophie, & transmirent leurs tréteaux à nos scolastiques. *Bayle* lui-même a été quelquefois de la bande ; il a brodé des toiles d'araignées comme un autre ; il argumente à l'article *Zénon* contre l'étenduë divisible de la matière & la contiguité des corps ; il dit tout ce qui ne serait pas permis de dire à un géomètre de six mois.

Il est bon de savoir ce qui avait entrainé l'évêque *Berklay* dans ce paradoxe. J'eus, il y a longtems, quelques conversations avec lui ; il me dit que l'origine de son opinion venait de ce qu'on ne peut concevoir ce que c'est que ce sujet qui reçoit l'étenduë. Et en effet, il triomphe dans son livre, quand il demande à *Hilas* ce que c'est que ce sujet, ce *substratum*, cette substance ; C'est le corps étendu, répond *Hilas* ; alors l'évêque, sous le nom de *Philonoüs*, se moque de lui ; & le pauvre *Hilas* voyant qu'il a dit que l'étenduë est le sujet de l'étenduë, & qu'il a dit une sotise, demeure tout confus & avoüe qu'il n'y comprend rien,

qu'il n'y a point de corps , que le monde ma-
tériel n'exifte pas , qu'il n'y a qu'un monde
intellectuel.

Philonoüs devait dire feulement à *Hilas* ,
Nous ne favons rien fur le fonds de ce fujet ,
de cette fubftance étenduë , folide , divifible ,
mobile , figurée , &c. ; je ne la connais pas plus
que le fujet penfant , fentant & voulant ; mais
ce fujet n'en exifte pas moins , puifqu'il a des
propriétés effentielles dont il ne peut être dé-
pouillé.

Nous fommes tous comme la plûpart des
dames de Paris ; elles font grande chère fans
favoir ce qui entre dans les ragoûts ; de même
nous jouïffons des corps , fans favoir ce qui
les compofe. De quoi eft fait le corps ? De
parties , & ces parties fe réfolvent en d'autres
parties. Que font ces dernières parties ? Toûjours des corps ; vous divifez fans ceffe , &
vous n'avancez jamais.

Enfin , un fubtil philofophe remarquant
qu'un tableau eft fait d'ingrédiens , dont aucun n'eft un tableau , & une maifon de ma-
tériaux dont aucun n'eft une maifon , imagina que les corps font bâtis d'une infinité de
petits êtres qui ne font pas corps ; & cela
s'appellе *des monades*. Ce fyftème ne laiffe pas
d'avoir fon bon ; & s'il était révélé , je le croirais très poffible ; tous ces petits êtres feraient
des points mathématiques , des efpèces d'a-
mes qui n'attendraient qu'un habit pour fe

mettre dedans : ce ferait une métempficofe continuelle. Ce fyftème en vaut bien un autre ; je l'aime bien autant que la déclinaifon des atômes, les formes fubftantielles, la grace verfatile, & les vampires.

C O U T U M E.

IL y a cent quarante-quatre coutumes en France qui ont force de loi ; ces loix font prefque toutes différentes. Un homme qui voyage dans ce pays change de loi prefque autant de fois qu'il change de chevaux de pofte. La plûpart de ces coutumes ne commencèrent à être rédigées par écrit que du tems de *Charles VII* ; la grande raifon, c'eft qu'auparavant très peu de gens favaient écrire. On écrivit donc une partie d'une partie de la coutume du Ponthieu ; mais ce grand ouvrage ne fut achevé par les Picards que fous *Charles VIII*. Il n'y en eut que feize de rédigées du tems de *Louïs XII*. Enfin, aujourd'hui la iurifprudence s'eft tellement perfectionnée, qu'il n'y a guères de coutume qui n'ait plufieurs commentateurs ; & tous, comme on croit bien, d'un avis différent. Il y en a déja vingt-fix fur la coutume de Paris. Les juges ne favent auquel entendre ; mais pour les mettre à leur aife, on vient de faire la coutume de Paris en vers. C'est ainsi qu'autrefois la prêtresse de Delphe rendait ses oracles.

Les mesures sont aussi différentes que les coutumes ; de sorte que ce qui est vrai dans le fauxbourg de Montmartre , devient faux dans l'abbaye de St. Denis. DIEU aye pitié de nous !

DES CRIMES ou DÉLITS
DE TEMS ET DE LIEU.

UN Romain tue malheureusement en Egypte un chat consacré ; & le peuple en fureur punit ce sacrilège en déchirant le Romain en piéces. Si on avait mené ce Romain au tribunal, & si les juges avaient eu le sens commun , ils l'auraient condamné à demander pardon aux Egyptiens & aux chats, à payer une forte amende soit en argent, soit en souris. Ils lui auraient dit qu'il faut respecter les sotises du peuple quand on n'est pas assez fort pour les corriger.

Le vénérable chef de la justice lui aurait parlé à - peu - près ainsi : Chaque pays a ses impertinences légales , & ses délits de tems & de lieu. Si dans votre Rome devenue souveraine de l'Europe, de l'Afrique , & de l'Asie

mineure , vous alliez tuer un poulet facré
dans le tems qu'on lui donne du grain pour
favoir au jufte la volonté des Dieux, vous
feriez févérement puni. Nous croyons que
vous n'avez tué notre chat que par mégarde.
La cour vous admonefte. Allez en paix ; foyez
plus circonfpeĉt.

C'eft une chofe très indifférente d'avoir
une ftatue dans fon veftibule. Mais fi lorfqu'*Oĉtave* furnommé *Augufte* était maître abfolu , un Romain eût placé chez lui une ftatue de *Brutus* , il eût été puni comme fédi-
tieux. Si un citoyen avait , fous un empereur régnant, la ftatue du compétiteur à l'empire, c'était , difait-on , un crime de lèze-
majefté, de haute trahifon.

Un Anglais, ne fachant que faire, s'en va à
Rome ; il rencontre le prince *Charles-Edouard*
chez un cardinal; il en eft fort content. De retour chez lui , il boit dans un cabaret à la
fanté du prince *Charles-Edouard.* Le voilà accufé de *haute* trahifon. Mais qui a t-il trahi
hautement , lorfqu'il a dit, en buvant, qu'il
fouhaitait que ce prince fe portât bien ? S'il a
conjuré pour le mettre fur le trône, alors
il eft coupable envers la nation : mais jufques-
là on ne voit pas que dans l'exaĉte juftice
le parlement puiffe exiger de lui autre chofe
que de boire quatre coups à la fanté de la
mai.

maifon de *Hanovre*, s'il en a bu deux à la
fanté de la maifon de *Stuart*.

DES CRIMES DE TEMS ET DE LIEU QU'ON DOIT IGNORER.

On fait combien il faut refpécter Notre-
Dame de Lorette, quand on eft dans la marche d'Ancône. Trois jeunes gens y arrivent;
ils font de mauvaifes plaifanteries fur la maifon de Notre-Dame qui a voyagé par l'air,
qui eft venue en Dalmatie, qui a changé
deux ou trois fois de place, & qui enfin ne
s'eft trouvée commodément qu'à Lorette. Nos
trois étourdis chantent à fouper une chanfon
faite autrefois par quelque huguenot contre
la tranflation de la *fanta cafa* de Jérufalem
au fond du golphe Adriatique. Un fanatique
eft inftruit par hazard de ce qui s'eft paffé à
leur foupé; il fait des perquifitions; il cherche
des témoins; il engage un monfignor à lâcher un monitoire. Ce monitoire allarme les
confciences. Chacun tremble de ne pas parler.
Tourières, bedeaux, cabaretiers, laquais, fer-
vantes ont bien entendu tout ce qu'on n'a
point dit, ont vu tout ce qu'on n'a point fait;
c'eft un vacarme, un fcandale épouvantable
dans toute la marche d'Ancône. Déja l'on
dit à une demi-lieuë de Lorette que ces enfans
ont tué Notre-Dame; à une lieuë plus loin
on affure qu'ils ont jetté la *fanta cafa* dans

Quatriéme partie. L

la mer. Enfin, ils font condamnés. La fentence porte que d'abord on leur coupera la
main, qu'enfuite on leur arrachera la langue,
qu'après cela on les mettra à la torture pour
favoir d'eux (au moins par fignes) combien
il y avait de couplets à la chanfon ; & qu'enfin ils feront brûlés à petit feu.

Un avocat de Milan, qui dans ce tems fe
trouvait à Lorette, demanda au principal juge
à quoi donc il aurait condamné ces enfans
s'ils avaient violé leur mère, & s'ils l'avaient
enfuite égorgée pour la manger ? Oh oh!
répondit le juge, il y a bien de la différence ;
violer, affaffiner & manger fon père & fa
mère n'eft qu'un délit contre les hommes.

Pour que fept perfonnes fe donnent léga-
lement l'amufement d'en faire périr une huitiéme en public à coups de barre de fer fur
un théâtre ; pour qu'ils jouïffent du plaifir
fecret & mal démèlé dans leur cœur, de voir
comment cet homme fouffrira fon fupplice, &
d'en parler enfuite à table avec leurs femmes &
leurs voifins ; pour que des exécuteurs qui font
gaiement ce métier, comptent d'avance l'argent qu'ils vont gagner ; pour que le public
courre à ce fpectacle comme à la foire &c. ; il
faut que le crime mérite évidemment ce fupplice du confentement de toutes les nations
policées, & qu'il foit néceffaire au bien de la
fociété : car il s'agit ici de l'humanité entière.

Il faut furtout que l'acte du délit foit démontré comme une propofition de géométrie.

Si contre cent probabilités que l'accufé eft coupable , il y en a une feule qu'il eft innocent , cette feule peut balancer toutes les autres.

QUESTION SI DEUX TÉMOINS SUFFISENT POUR FAIRE PENDRE UN HOMME ?

On s'eft imaginé longtems , & le proverbe en eft refté, qu'il fuffit de deux témoins pour faire pendre un homme en fûreté de confcience. Encor une équivoque ! Les équivoques gouvernent donc le monde ? Il eft dit dans St. Matthieu, (ainfi que nous l'avons déja remarqué) *Il fuffira de deux ou trois témoins pour réconcilier deux amis brouillés ;* & d'après ce texte , au point de ftatuer que c'eft une loi divine de tuer un citoyen fur la dépofition uniforme de deux témoins qui peuvent être des fcélérats ! Une foule de témoins uniformes ne peut conftater une chofe improbable niée par l'accufé ; on l'a déja dit. Que faut-il donc faire en ce cas ? Attendre , remettre le jugement à cent ans, comme fefaient les Athéniens.

Rapportons ici un exemple frappant de ce qui vient de fe paffer fous nos yeux à Lyon. Une femme ne voit pas revenir fa fille chez elle vers les onze heures du foir ; elle court partout ; elle foupçonne fa voifine d'avoir caché fa fille ; elle la redemande ; elle l'accufe de l'avoir proftituée. Quelques femaines après, des pêcheurs trouvent dans le Rhône à Condrieux une fille noyée & toute en pourriture. La femme dont nous avons parlé croit que c'eft fa fille. Elle eft perfuadée par les ennemis de fa voifine qu'on a deshonoré fa fille chez cette voifine même , qu'on l'a étranglée, qu'on l'a jettée dans le Rhône. Elle le dit, elle le crie, la populace le répète. Il fe trouve bientôt des gens qui favent parfaitement les moindres détails de ce crime. Toute la ville eft en rumeur ; toutes les bouches crient vengeance. Il n'y a rien jufques-là que d'affez commun dans une populace fans jugement. Mais voici le rare, le prodigieux. Le propre fils de cette voifine, un enfant de cinq ans & demi accufe fa mère d'avoir fait violer fous fes yeux cette malheureufe fille retrouvée dans le Rhône, de l'avoir fait tenir par cinq hommes pendant que le fixiéme jouïffait d'elle. Il a entendu les paroles que prononçait la violée ; il peint fes attitudes ; il a vu fa mère & ces fcélérats étrangler cette infortunée immédiatement après la confommation. Il a vu fa mère & les affaffins la jetter dans un puits, l'en retirer, l'enveopper dans un drap ; il a vu ces monftres la porter en triomphe dans les places publiques, danser autour du cadavre & le jetter enfin dans le Rhône. Les juges font obligés de mettre aux fers tous les prétendus complices ; des témoins déposent contre eux. L'enfant est d'abord entendu, & il soutient avec la naïveté de son âge tout ce qu'il a dit d'eux & de sa mère. Comment imaginer que cet enfant n'ait pas dit la pure vérité ? Le crime n'est pas vraisemblable ; mais il l'est encor moins qu'à cinq ans & demi on calomnie ainsi sa mère ; qu'un enfant répète avec uniformité toutes les circonstances d'un crime abominable & inouï, s'il n'en a pas été le témoin oculaire, s'il n'en a point été vivement frappé, si la force de la vérité ne les arrache à sa bouche.

Tout le peuple s'attend à repaître ses yeux du supplice des accusés.

Quelle est la fin de cet étrange procès criminel ? Il n'y avait pas un mot de vrai dans l'accusation. Point de fille violée, point de jeunes gens assemblés chez la femme accusée, point de meurtre, pas la moindre avanture, pas le moindre bruit. L'enfant avait été suborné, & par qui ? chose étrange, mais vraie ! par deux autres enfans qui étaient fils des accusateurs. Il avait été sur le point de faire brûler sa mère pour avoir des confitures.

Tous les chefs d'accusation réunis étaient impossibles. Le présidial de Lyon sage & éclairé, après avoir déféré à la fureur publique au point de rechercher les preuves les plus furabondantes pour & contre les accufés, les abfout pleinement & d'une voix unanime.

Peut-être autrefois aurait-on fait rouer & brûler tous ces accufés innocens, à l'aide d'un monitoire, pour avoir le plaifir de faire ce qu'on appelle *une juftice*, qui eft la tragédie de la canaille.

C R I M I N E L,

PROCÈS CRIMINEL.

ON a puni fouvent par la mort des actions très innocentes ; c'eft ainfi qu'en Angleterre *Richard III* & *Edouard IV* firent condamner par des juges ceux qu'ils foupçonnaient de ne leur être pas attachés. Ce ne font pas là des procès criminels, ce font des affaffinats commis par des meurtriers privilégiés. Le dernier degré de la perverfité eft de faire fervir les loix à l'injuftice.

On a dit que les Athéniens puniffaient de mort tout étranger qui entrait dans l'églife, c'eft-à-dire, dans l'affemblée du peuple. Mais fi cet étranger n'était qu'un curieux, rien n'était plus barbare que de le faire mourir. Il eft dit dans l'*Efprit des loix* qu'on ufait de cette rigueur, *parce que cet homme ufurpait les droits de la souveraineté.* Mais un Français qui entre à Londres dans la chambre des communes pour entendre ce qu'on y dit , ne prétend point faire le souverain. On le reçoit avec bonté. Si quelque membre de mauvaise humeur demande le *Clear the house* , éclaircissez la chambre , mon voyageur l'éclaircit en s'en allant ; il n'est point pendu. Il est croyable que si les Athéniens ont porté cette loi passagère , c'était dans un tems où l'on craignait qu'un étranger ne fût un espion , & non parce qu'il s'arrogeait les droits de souverain. Chaque Athénien opinait dans sa tribu ; tous ceux de la tribu se connaissaient ; un étranger n'aurait pu aller porter sa fève.

Nous ne parlons ici que des vrais procès criminels. Chez les Romains tout procès criminel était public. Le citoyen accusé des plus énormes crimes avait un avocat qui plaidait en sa présence , qui fesait même des interrogations à la partie adverse , qui discutait tout devant ses juges. On produisait à portes ouvertes tous les témoins pour ou contre , rien n'était secret. *Cicéron* plaida pour *Milon* qui avait assassiné *Clodius* en plein jour à la vue de mille citoyens. Le même *Cicéron* prit en main la cause de *Roscius Amérinus* accusé de parricide. Un seul juge n'interrogeait pas en secret des témoins , qui sont d'ordinaire des gens de la lie du peuple , auxquels on fait dire ce qu'on veut.

Un citoyen Romain n'était pas appliqué à la torture fur l'ordre arbitraire d'un autre citoyen Romain qu'un contract eût revêtu de ce droit cruel. On ne fefait pas cet horrible outrage à la nature humaine dans la perfonne de ceux qui étaient regardés comme les premiers des hommes, mais feulement dans celle des efclaves regardés à peine comme des hommes. Il eût mieux valu ne point employer la torture contre les efclaves mêmes. (Voyez *Torture.*)

L'inftruction d'un procès criminel fe reffentait à Rome de la magnanimité & de la franchife de la nation.

Il en eft ainfi à-peu-près à Londres. Le fecours d'un avocat n'y eft refufé à perfonne en aucun cas ; tout le monde eft jugé par fes pairs. Tout citoyen peut de trente-fix bourgeois jurés en récufer douze fans caufe, douze en alléguant des raifons, & par conféquent choifir lui-même les douze autres pour fes juges. Ces juges ne peuvent aller ni en deçà, ni en delà de la loi ; nulle peine n'eft arbitraire, nul jugement ne peut être exécuté que l'on n'en ait rendu compte au roi qui peut & qui doit faire grace à ceux qui en font dignes, & à qui la loi ne la peut faire ; ce cas arrive affez fouvent. Un homme violemment outragé aura tué l'offenfeur dans un mouvement de colère pardonnable ; il eft condamné par la rigueur de la loi, & fauvé par la miféricorde qui doit être le partage du fouverain.

Remarquons bien attentivement que dans ce pays où les loix font auffi favorables à l'accufé que terribles pour le coupable, non-feulement un emprifonnement fait fur la dénonciation fauffe d'un accufateur eft puni par les plus grandes réparations & les plus fortes amendes ; mais que fi un emprifonnement illégal a été ordonné par un miniftre d'état à l'ombre de l'autorité royale, le miniftre eft condamné à payer deux guinées par heure pour tout le tems que le citoyen a demeuré en prifon.

PROCÉDURE CRIMINELLE CHEZ CERTAINES NATIONS.

Il y a des pays où la jurifprudence criminelle fut fondée fur le droit canon, & même fur les procédures de l'inquifition, quoique ce nom y foit détefté depuis longtems. Le peuple dans ces pays eft demeuré encor dans une efpèce d'efclavage. Un citoyen pourfuivi par l'homme du roi eft d'abord plongé dans un cachot ; ce qui eft déja un véritable fupplice pour un homme qui peut être innocent. Un feul juge, avec fon greffier, entend fecrétement chaque témoin affigné l'un après l'autre.

Comparons seulement ici en quelques points la procédure criminelle des Romains avec celle d'un pays de l'Occident qui fut autrefois une province romaine.

Chez les Romains les témoins étaient entendus publiquement en présence de l'accusé, qui pouvait leur répondre, les interroger lui-même, ou leur mettre en tête un avocat. Cette procédure était noble & franche ; elle respirait la magnanimité romaine.

En France, en plusieurs endroits de l'Allemagne, tout se fait secrétement. Cette pratique établie sous *François I*, fut autorisée par les commissaires qui rédigèrent l'ordonnance de *Louïs XIV* en 1670: une méprise seule en fut la cause.

On s'était imaginé en lisant le code *de Testibus*, que ces mots : *testes intrare judicii secretum*, signifiaient que les témoins étaient interrogés en secret. Mais *secretum* signifie ici le cabinet du juge. *Intrare secretum*, pour dire, parler secrétement, ne serait pas latin. Ce fut un solécisme qui fit cette partie de notre jurisprudence.

Les déposans font pour l'ordinaire des gens de la lie du peuple, & à qui le juge enfermé avec eux peut faire dire tout ce qu'il voudra. Ces témoins sont entendus une seconde fois toûjours en secret, ce qui s'appelle *recollement* ; & si après le recollement ils se rétractent dans leurs dépofitions, ou s'ils les changent dans des circonftances effentielles, ils font punis comme faux témoins. De forte que lorfqu'un homme d'un efprit fimple, & ne fachant pas s'exprimer, mais ayant le cœur droit, & fe fouvenant qu'il en a dit trop ou trop peu, qu'il a mal entendu le juge, ou que le juge l'a mal entendu, révoque par efprit de juftice ce qu'il a dit par imprudence, il eft puni comme un fcélérat : ainfi il eft forcé fouvent de foutenir un faux témoignage par la feule crainte d'être traité en faux témoin.

L'accufé en fuyant, s'expofe à être condamné, foit que le crime ait été prouvé, foit qu'il ne l'ait pas été. Quelques jurifconfultes, à la vérité, ont affuré que le contumace ne devait pas être condamné, fi le crime n'était pas clairement prouvé. Mais d'autres jurifconfultes, moins éclairés & peut-être plus fuivis, ont eu une opinion contraire ; ils ont ofé dire que la fuite de l'accufé était une preuve du crime ; que le mépris qu'il marquait pour la juftice, en refufant de comparaître, méritait le même châtiment que s'il était convaincu. Ainfi fuivant la fecte des jurifconfultes que le juge aura embraffée, l'innocent fera abfous ou condamné.

C'eft un grand abus dans la jurifprudence, que l'on prenne fouvent pour loi les rêveries

& les erreurs , quelquefois cruelles , d'hommes fans aveu qui ont donné leurs fentimens pour des loix.

Sous le règne de *Louïs XIV* on a fait en France deux ordonnances , qui font uniformes dans tout le royaume. Dans la première, qui a pour objet la procédure civile , il eft défendu aux juges de condamner , en matière civile , par défaut , quand la demande n'eft pas prouvée ; mais dans la feconde , qui règle la procédure criminelle , il n'eft point dit que, faute de preuves , l'accufé fera renvoyé. Chofe étrange ! La loi dit qu'un homme , à qui l'on demande quelque argent , ne fera condamné par défaut qu'au cas que la dette foit avérée ; mais s'il s'agit de la vie , c'eft une controverfe au barreau , de favoir fi l'on doit condamner le contumace , quand le crime n'eft pas prouvé ; & la loi ne réfout pas la difficulté.

EXEMPLE TIRÉ DE LA CONDAMNATION D'UNE FAMILLE ENTIÈRE.

Voici ce qui arriva à cette famille infortunée dans le tems que des confréries infenfées de prétendus pénitens , le corps enveloppé dans une robe blanche , & le vifage mafqué, avaient élevé dans une des principales églifes de Touloufe un catafalque fuperbe à un jeune proteftant homicide de

lui - même , qu'ils prétendaient avoir été affaffiné par fon père & fa mère pour avoir
abjuré la religion réformée ; dans ce tems
même où toute la famille de ce proteftant ré-
véré en martyr , était dans les fers, & que
tout un peuple enyvré d'une fuperftition également folle & barbare, attendait avec une
dévote impatience le plaifir de voir expirer fur
la roue ou dans les flammes cinq ou fix perfonnes de la probité la plus reconnue.

Dans ce tems funefte, dis - je, il y avait auprès de Caftres un honnète homme de cette
même religion proteftante , nommé *Sirven*,
exerçant dans cette province la profeffion de
feudifte. Ce père de famille avait trois filles.
Une femme qui gouvernait la maifon de l'é-
vèque de Caftres, lui propofe de lui amener
la feconde fille de *Sirven* nommée *Elizabeth*,
pour la faire catholique apoftolique & romaine : elle l'amène en effet : l'évèque la fait enfermer chez les jéfuiteffes qu'on nomme *les
dames régentes* , ou *les dames noires*. Ces dames lui enfeignent ce qu'elles favent ; elles
lui trouvèrent la tète un peu dure, & lui
impofèrent des pénitences rigoureufes pour
lui inculquer des vérités qu'on pouvait lui
apprendre avec douceur ; elle devint folle ; les
dames noires la chaffent ; elle retourne chez
fes parens ; fa mère en la fefant changer de
chemife trouve tout fon corps couvert de

meurtriffures : la folie augmente, elle fe change en fureur mélancolique ; elle s'échappe un
jour de la maifon , tandis que le père était à
quelques milles de là occupé publiquement
de fes fonctions dans le château d'un feigneur
voifin. Enfin vingt jours après l'évafion d'*E-
lizabeth* , des enfans la trouvent noyée dans
un puits , le 4 Janvier 1761.

C'était précifément le tems où l'on fe préparait à rouer *Calas* dans Touloufe. Le mot
de *parricide* , & qui pis eft de *huguenot* , vo-
lait de bouche en bouche dans toute la province. On ne douta pas que *Sirven* , fa femme & fes deux filles n'euffent noyé la troifiéme par principe de religion. C'était une
opinion univerfelle que la religion proteftante
ordonne pofitivement aux pères & aux mères
de tuer leurs enfans, s'ils veulent être catholiques. Cette opinion avait jetté de fi profondes racines dans les têtes mêmes des
magiftrats , entraînés malheureufement alors
par la clameur publique , que le confeil &
l'églife de Genève furent obligés de démentir
cette fatale erreur, & d'envoyer au parlement
de Touloufe une atteftation juridique , que
non - feulement les proteftans ne tuent point
leurs enfans, mais qu'on les laiffe maîtres de
tous leurs biens quand ils quittent leur fecte
pour une autre. On fait que *Calas* fut roué
malgré cette atteftation.

Un nommé *Landes* juge de village, affifté de quelques gradués auffi favans que lui, s'empreffa de faire toutes les difpofitions pour bien fuivre l'exemple qu'on venait de donner dans Touloufe. Un médecin de village, auffi éclairé que les juges, ne manqua pas d'affurer à l'infpection du corps, au bout de vingt jours, que cette fille avait été étranglée & jettée enfuite dans le puits. Sur cette dépofition le juge décrète de prife de corps le père, la mère & les deux filles.

La famille juftement effrayée par la cataftrophe des *Calas* & par les confeils de fes amis, prend incontinent la fuite ; ils marchent au milieu des neiges pendant un hyver rigoureux ; & de montagnes en montagnes ils arrivent jufqu'à celles des Suiffes. Celle des deux filles, qui était mariée & groffe, accouche avant terme parmi les glaces.

La première nouvelle que cette famille apprend quand elle eft en lieu de fûreté, c'eft que le père & la mère font condamnés à être pendus ; les deux filles à demeurer fous la potence pendant l'exécution de leur mère, & à être reconduites par le bourreau hors du territoire, fous peine d'être pendues fi elles reviennent. C'eft ainfi qu'on inftruit *la contumace.*

Ce jugement était également abfurde & abominable. Si le père, de concert avec fa femme,

avait étranglé fa fille , il falait le rouer comme *Calas* ; & brûler la mère , au moins après
qu'elle aurait été étranglée ; parce que ce
n'eſt pas encor l'uſage de rouer les femmes
dans le pays de ce juge. Se contenter de pendre en pareille occaſion , c'était avouer que
le crime n'était pas avéré , & que dans le
doute la corde était un parti mitoyen qu'on
prenait faute d'ètre inſtruit. Cette ſentence
bleſſait également la loi & la raiſon.

La mère mourut de déſeſpoir ; & toute la
famille , dont le bien était confiſqué , allait
mourir de miſère , ſi elle n'avait pas trouvé
des ſecours.

On s'arrête ici pour demander s'il y a quelque loi & quelque raiſon qui puiſſe juſtifier
une telle ſentence ? On peut dire au juge:
Quelle rage vous a porté à condamner à la
mort un père & une mère ? C'eſt qu'ils ſe
ſont enfuis, répond le juge. Eh miſérable !
voulais-tu qu'ils reſtaſſent pour aſſouvir ton
imbécille fureur ? Qu'importe qu'ils paraiſ-
ſent devant toi chargés de fers pour te répondre , ou qu'ils lèvent les mains au ciel
contre toi loin de ta face ! Ne peux-tu pas
voir ſans eux la vérité qui doit te frapper ?
Ne peux-tu pas voir que le père était à une
lieue de ſa fille au milieu de vingt perſonnes , quand cette malheureuſe fille s'échappa
des bras de ſa mère ? Peux-tu ignorer que
toute

toute la famille l'a cherchée pendant vingt jours & vingt nuits ? Tu ne réponds à cela que ces mots, *contumace*, *contumace*. Quoi ! parce qu'un homme eſt abſent, il faut qu'on le condamne à être pendu, quand ſon innocence eſt évidente ! C'eſt la juriſprudence d'un ſot & d'un monſtre. Et la vie, les biens, l'honneur des citoyens dépendront de ce code d'Iroquois !

La famille *Sirven* traîna ſon malheur loin de ſa patrie pendant plus de huit années. Enfin, la ſuperſtition ſanguinaire qui deshonorait le Languedoc, ayant été un peu adoucie, & les eſprits étant devenus plus éclairés, ceux qui avaient conſolé les *Sirven* pendant leur exil, leur conſeillèrent de venir demander juſtice au parlement de Toulouſe même, lorſque le ſang des *Calas* ne fumait plus, & que pluſieurs ſe repentaient de l'avoir répandu. Les *Sirven* furent juſtifiés.

Erudimini qui judicatis terram.

CRITIQUE.

L'Article *Critique* fait par Mr. de *Marmontel* dans l'Encyclopédie, eſt ſi bon qu'il ne ſerait pas pardonnable d'en donner ici un nouveau, ſi on n'y traitait pas une matière

Quatrième partie.   **M**

toute différente ſous le même titre. Nous entendons ici cette critique née de l'envie, auſſi
ancienne que le genre-humain. Il y a environ trois mille ans qu'*Héſiode* a dit, le potier porte envie au potier, le forgeron au
forgeron, le muſicien au muſicien.

Le duc de *Sulli* dans ſes mémoires, trouve le
cardinal d'*Oſſat*, & le ſecrétaire d'état *Villeroi*,
de mauvais miniſtres ; *Louvois* feſait ce qu'il
pouvait pour ne pas eſtimer le grand *Colbert* ;
mais ils n'imprimaient rien l'un contre l'autre : c'eſt une ſotiſe qui n'eſt d'ordinaire attachée qu'à la littérature, à la chicane, & à
la théologie. C'eſt dommage que les œcono-
mies politiques & royales ſoient tachées quelquefois de ce défaut.

La Motte Houdart était un homme de mérite en plus d'un genre ; il a fait de très belles
ſtances.

Quelquefois au feu qui la charme.
Reſiſte une jeune beauté,
Et contre elle-même elle s'arme
D'une pénible fermeté.
Hélas ! cette contrainte extrême
La prive du vice qu'elle aime,
Pour fuïr la honte qu'elle hait.
Sa ſévérité n'eſt que faſte,
Et l'honneur de paſſer pour chaſte
La réſout à l'être en effet.

En vain ce sévère stoïque
Sous mille défauts abattu,
Se vante d'une ame héroïque
Toute voüée à là vertu;
Ce n'est point la vertu qu'il aime,
Mais mon cœur yvre de lui-même
Voudrait usurper les autels;
Et par sa sagesse frivole
Il ne veut que parer l'idole
Qu'il offre au culte des mortels.

Les champs de Pharsale & d'Arbelle
Ont vu triompher deux vainqueurs,
L'un & l'autre digne modèle
Que se proposent les grands cœurs.
Mais le succès a fait leur gloire;
Et si le sceau de la victoire
N'eût consacré ces demi-dieux,
Alexandre aux yeux du vulgaire,
N'aurait été qu'un téméraire,
Et César qu'un séditieux.

Cet auteur, dis-je, était un sage qui prêta
plus d'une fois le charme des vers à la philosophie. S'il avait toûjours écrit de pareilles
stances, il serait le premier des poëtes lyri-
ques; cependant c'est alors qu'il donnait ces
beaux morceaux, que l'un de ses contemporains l'appellait

Certain oison, gibier de basse-cour.

M ij

Il dit de *La Motte* en un autre endroit ;

De ses discours l'ennuïeuse beauté.

Il dit dans un autre :

. . . . . . *Je n'y vois qu'un défaut,*
C'est que l'auteur les devait faire en prose.
Ces odes-là sentent bien le Quinaut.

Il le poursuit partout ; il lui reproche partout
la sécheresse, & le défaut d'harmonie.

Seriez-vous curieux de voir les odes que
fit quelques années après ce même censeur qui
jugeait *La Motte* en maître, & qui le décriait
en ennemi ? Lisez.

Cette influence souveraine
N'est pour lui qu'une illustre chaîne
Qui l'attache au bonheur d'autrui ;
Tous les brillans qui l'embellissent,
Tous les talens qui l'annoblissent
Sont en lui, mais non pas à lui.

Il n'est rien que le tems n'absorbe, ne dévore ;
Et les faits qu'on ignore
Sont bien peu différens des faits non avenus.

La bonté qui brille en elle
De ses charmes les plus doux,
Est une image de celle
Qu'elle voit briller en vous.
Et par vous seule enrichie,
Sa politesse affranchie

Des moindres obfcurités,
Eft la lueur réfléchie
De vos fublimes clartés.

———

Ils ont vu par ta bonne foi
De leurs peuples troublés d'effroi
La crainte heureufement déçüe,
Et déracinée à jamais
La haine fi fouvent reçüe
En furvivance de la paix.

———

Dévoile à ma vüe empreffée
Ces déités d'adoption,
Synonymes de la penfée,
Symboles de l'abftraction.

———

N'eft-ce pas une fortune,
Quand d'une charge commune
Deux moitiés portent le faix?
Que la moindre le réclame,
Et que du bonheur de l'ame,
Le corps feul faffe les frais?

Il ne falait pas, fans doute, donner de fi
déteftables ouvrages pour modèles à celui
qu'on critiquait avec tant d'amertume; il eût
mieux valu laiffer jouïr en paix fon adverfaire

de son mérite , & conserver celui qu'on avait.
Mais que voulez-vous ? le *genus irritabile
vatum* , est malade de la même bile qui le tour-
mentait autrefois. Le public pardonne ces pau-
vretés aux gens à talent , parce que le public
ne songe qu'à s'amuser.

On est accoutumé chez toutes les nations ,
aux mauvaises critiques de tous les ouvrages qui ont du succès. Le *Cid* trouva son
Scudéri ; & *Corneille* fut longtems après vexé
par l'abbé d'*Aubignac* prédicateur du roi , soi-
disant législateur du théâtre , & auteur de la
plus ridicule tragédie , toute conforme aux
règles qu'il avait données. Il n'y a sortes d'injures qu'il ne dise à l'auteur de *Cinna* & des
Horaces. L'abbé d'*Aubignac* prédicateur du
roi , aurait bien dû prêcher contre d'*Aubignac*.

On a vu chez les nations modernes qui
cultivent les lettres , des gens qui se sont établis critiques de profession , comme on a créé
des languayeurs de porcs , pour examiner si
ces animaux qu'on amène au marché ne sont
pas malades. Les languayeurs de la littérature
ne trouvent aucun auteur bien sain ; ils rendent compte deux ou trois fois par mois de
toutes les maladies régnantes , des mauvais
vers faits dans la capitale & dans les provinces , des romans insipides dont l'Europe est
inondée, des systèmes de physique nouveaux,

des secrets pour faire mourir les punaises. Ils gagnent quelque argent à ce métier, surtout quand ils disent du mal des bons ouvrages, & du bien des mauvais. On peut les comparer aux crapauds qui passent pour sucer le venin de la terre, & pour le communiquer à ceux qui les touchent. Il y eut un nommé *Denni*, qui fit ce métier pendant soixante ans à Londre, — & qui ne laissa pas d'y gagner sa vie. L'auteur qui a cru être un nouvel *Arétin* & s'enrichir en Italie par sa *frusta lettéraria*, n'y a pas fait fortune.

L'ex-jésuite *Guiot Desfontaines* qui embrassa cette profession au sortir de Bissètre, y amassa quelque argent. C'est lui qui lorsque le lieutenant de police le menaçait de le renvoyer à Bissètre, & lui demandait pourquoi il s'occupait d'un travail si odieux, répondit, *il faut que je vive*. Il attaquait les hommes les plus estimables à tort & à travers sans avoir seulement lu, ni pu lire les ouvrages de mathématiques & de physique dont il rendait compte.

Il prit un jour l'*Alcifron* de Berklay évêque de Cloine pour un livre contre la religion. Voici comme il s'exprime.

„ J'en ai trop dit pour vous faire mépriser
„ un livre qui dégrade également l'esprit &
„ la probité de l'auteur ; c'est un tissu de so-
„ phismes libertins forgés à plaisir pour dé-
„ truire les principes de la religion, de la po-
„ litique & de la morale. “

Dans un autre endroit il prend le mot anglais *kake*, qui signifie *gâteau* en anglais, pour
le géant *Cacus*. Il dit à propos de la tragédie de la *Mort de César*, que *Brutus était un
fanatique barbare*, *un quakre*. Il ignorait que
les quakres sont les plus pacifiques des hommes, & ne versent jamais le sang. C'est avec ce
fonds de science qu'il cherchait à rendre ridicules les deux écrivains les plus estimables de
leur tems, *Fontenelle & La Motte*.

Il fut remplacé dans cette charge de *Zoïle*
subalterne par un autre ex-jésuite nommé
Fréron, dont le nom seul est devenu un
opprobre. On nous fit lire, il n'y a pas longtems, une de ses feuilles dont il infecte la
basse littérature. *Le tems de Mahomet II*, dit-il,
est le tems de l'entrée des Arabes en Europe.
Quelle foule de bévues en peu de paroles!

Quiconque a reçu une éducation tolérable, sait que les Arabes assiégèrent Constantinople sous le calife *Moavia* dès notre sep-
tième siécle., qu'ils conquirent l'Espagne dans
l'année de notre ère 713, & bientôt après
une partie de la France, environ sept cent ans
avant *Mahomet II*.

Ce *Mahomet II* fils d'*Amurath II*, n'était
point Arabe, mais Turc.

Il s'en falait beaucoup qu'il fût le premier
prince Turc qui eût passé en Europe; *Or-
can* plus de cent ans avant lui avait subju-

gué la Thrace, la Bulgarie & une partie de la Grèce.

On voit que ce folliculaire parlait à tort & à travers des choses les plus aisées à savoir, & dont il ne savait rien. Cependant, il insultait l'académie, les plus honnêtes gens, les meilleurs ouvrages, avec une insolence égale à son absurdité ; mais son excuse était celle de Guiot Desfontaines, *Il faut que je vive.* C'est aussi l'excuse de tous les malfaiteurs dont on fait justice.

On ne doit pas donner le nom de *critiques* à ces gens-là. Ce mot vient de *krites*, *juge*, *estimateur*, *arbitre*. Critique, signifie *bon juge.* Il faut être un *Quintilien* pour oser juger les ouvrages d'autrui ; il faut du moins écrire comme *Bayle* écrivit sa *République des lettres* ; il a eu quelques imitateurs, mais en petit nombre. Les journaux de Trevoux ont été décriés par leur partialité poussée jusqu'au ridicule, & pour leur mauvais goût.

Quelquefois les journaux se négligent, ou le public s'en dégoûte par pure lassitude, ou les auteurs ne fournissent pas des matières assez agréables ; alors les journaux, pour réveiller le public, ont recours à un peu de satyre. C'est ce qui a fait dire à *La Fontaine* :

Tout faiseur de journal doit tribut au malin.

Mais il vaut mieux ne payer son tribut qu'à la raison & à l'équité.

Il y a d'autres critiques qui attendent qu'un bon ouvrage paraisse pour faire vite un livre contre lui. Plus le libelliste attaque un homme accrédité, plus il est sûr de gagner quelque argent; il vit quelques mois de la réputation de son adversaire. Tel était un nommé *Faidit* qui tantôt écrivait contre *Bossuet*, tantôt contre *Tillemont*, tantôt contre *Fénélon*. Tel a été un polisson qui s'intitule *Pierre de Chiniac de la Bastide Duclaux*, *avocat au parlement*. Cicéron avait trois noms comme lui. Puis viennent les critiques contre *Pierre de Chiniac*, puis les réponses de *Pierre de Chiniac* à ses critiques. Ces beaux livres sont accompagnés de brochures sans nombre, dans lesquelles les auteurs font le public juge entre eux & leurs adversaires; mais le juge qui n'a jamais entendu parler de leur procès, est fort en peine de prononcer. L'un veut qu'on s'en rapporte à sa dissertation insérée dans le journal littéraire, l'autre à ses éclaircissemens donnés dans le mercure. Celui-ci crie qu'il a donné une version exacte d'une demi-ligne de *Zoroastre*, & qu'on ne l'a pas plus entendu qu'il n'entend le persan. Il duplique à la contre-critique qu'on a faite de sa critique d'un passage de *Chaufepié*.

Enfin, il n'y a pas un seul de ces critiques qui ne se croye juge de l'univers, & écouté de l'univers.

Eh l'ami, qui te savait là!

C R O I R E.

NOus avons vu à l'article *Certitude* qu'on doit être souvent très incertain quand on est certain, & qu'on peut manquer de bon sens quand on juge suivant ce qu'on appelle *le sens commun.* Mais qu'appellez-vous *croire?*

Voici un Turc qui me dit, ,, Je crois que ,, l'ange *Gabriel* descendait souvent de l'em- ,, pirée pour apporter à *Mahomet* des feuil- ,, lets de l'Alcoran, écrits en lettres d'or sur ,, du velin bleu. "

Eh bien, *Moustapha,* sur quoi ta tête raze croit-elle cette chose incroyable?

,, Sur ce que j'ai les plus grandes probabi- ,, lités qu'on ne m'a point trompé dans le ,, récit de ces prodiges improbables; sur ce ,, qu'*Abubehre* le beau-père, *Ali* le gendre, ,, *Aïsha* ou *Aïssé* la fille, *Omar, Otman,* cer- ,, tifièrent la vérité du fait en présence de ,, cinquante mille hommes, recueillirent tous ,, les feuillets, les lurent devant les fidèles, ,, & attestèrent qu'il n'y avait pas un mot de ,, changé.

,, Sur ce que nous n'avons jamais eu qu'un ,, Alcoran qui n'a jamais été contredit par ,, un autre Alcoran. Sur ce que DIEU n'a ,, jamais permis qu'on ait fait la moindre ,, altération dans ce livre.

„ Sur ce que les préceptes & les dogmes
„ font la perfection de la raifon. Le dogme
„ confifte dans l'unité d'un DIEU pour le-
„ quel il faut vivre & mourir ; dans l'im-
„ mortalité de l'ame ; dans les récompenfes
„ éternelles des juftes , & la punition des
„ méchans , & dans la miffion de notre grand
„ prophète *Mahomet* , prouvée par des vic-
„ toires.

„ Les préceptes font d'être jufte & vail-
„ lant, de faire l'aumône aux pauvres , de
„ nous abftenir de, cette énorme quantité
„ de femmes que les princes Orientaux &
„ furtout les roitelets juifs époufaient fans
„ fcrupule. De renoncer au bon vin d'En-
„ gaddi & de Tadmor , que ces yvrognes
„ d'Hébreux ont tant vantés dans leurs li-
„ vres ; de prier DIEU cinq fois par jour, &c.

„ Cette fublime religion a été confirmée
„ par le plus beau & le plus conftant des
„ miracles , & le plus avéré dans l'hiftoire
„ du monde ; c'eft que *Mahomet* perfécuté
„ par les groffiers & abfurdes magiftrats fco-
„ laftiques qui le décretèrent de prife de
„ corps, *Mahomet* obligé de quitter fa pa-
„ trie n'y revint qu'en victorieux ; qu'il fit de
„ fes juges imbécilles & fanguinaires l'efca-
„ beau de fes pieds ; qu'il combattit toute fa
„ vie les combats du Seigneur ; qu'avec un
„ petit nombre il triompha toûjours du grand
„ nombre ; que lui & fes fucceffeurs con-

„ vertirent la moitié de la terre , & que DIEU
„ aidant nous convertirons un jour l'autre
„ moitié. "

Rien n'eſt plus éblouïſſant. Cependant
Mouſtapha en croyant ſi fermement , ſent toûjours quelques petits nuages de doute s'élever
dans ſon ame , quand on lui fait quelques
difficultés ſur les viſites de l'ange *Gabriel*,
ſur le ſura ou le chapitre apporté du ciel ,
pour déclarer que le grand prophète n'eſt point
cocu ; ſur la jument *Borak* qui le tranſporte
en une nuit de la Mecque à Jéruſalem. *Mouſtapha* bégaye , il fait de très mauvaiſes réponſes , il en rougit ; & cependant non - ſeulement il dit qu'il croit , mais il veut auſſi
vous engager à croire. Vous preſſez *Mouſtapha* , il reſte la bouche béante , les yeux égarés , & va ſe laver en l'honneur d'*Alla* . en
commençant ſon ablution par le coude , & en
finiſſant par le doigt index.

Mouſtapha eſt - il en effet perſuadé , convaincu de tout ce qu'il nous a dit ? eſt - il
parfaitement ſûr que *Mahomet* fut envoyé de
DIEU , comme il eſt ſûr que la ville de Stam-
boul exiſte , comme il eſt ſûr que l'impératrice
Catherine II a fait aborder une flotte du fond
de la mer hyperborée dans le Péloponèſe , choſe
auſſi étonnante que le voyage de la Mecque
à Jéruſalem en une nuit ; & que cette flotte

a détruit celle des Ottomans auprès des Dar-
danelles ?

Le fonds de *Mouftapha* eft qu'il croit ce
qu'il ne croit pas. Il s'eft accoutumé à prononcer comme fon mòlla , certaines paroles
qu'il prend pour des idées. Croire, c'eft très
fouvent. douter.

Sur quoi crois-tu cela ? dit *Harpagon.* Je
le crois fur ce que je le crois , répond maître
Jacques. La plûpart des hommes pouraient
répondre de même.

Croyez-moi pleinement , mon cher lecteur ; il ne faut pas croire de leger.

Mais que dirons-nous de ceux qui veulent
perfuader aux autres ce qu'ils ne croyent
point ? Et que dirons-nous des monftres qui
perfécutent leurs confrères dans l'humble &
raifonnable doctrine du doute & de la défiance
de foi-même ?

CROMWELL.

Olivier *Cromwell* fut regardé avec admiration par les puritains & les indépen-
dans d'Angleterre ; il eft encor leur héros.
Mais *Richard Cromwell* fon fils eft mon
homme.

Le premier eft un fanatique qui ferait fiflé
aujourd'hui dans la chambre des communes ,

s'il y prononçait une seule des intelligibles absurdités qu'il débitait avec tant de confiance devant d'autres fanatiques, qui l'écoutaient la bouche béante, & les yeux égarés au nom du Seigneur. S'il disait qu'il faut chercher le Seigneur, & combattre les combats du Seigneur ; s'il introduisait le jargon juif dans le parlement d'Angleterre à la honte éternelle de l'esprit humain, il serait bien plus prêt d'être conduit à Bedlam que d'être choisi pour commander des armées.

Il était brave sans doute ; les loups le sont aussi : il y a même des singes aussi furieux que des tigres. De fanatique il devint politique habile, c'est-à-dire, que de loup il devint renard, monta par la fourberie des premiers degrés où l'entousiasme enragé du tems l'avait placé, jusqu'au faîte de la grandeur ; & le fourbe marcha sur les têtes des fanatiques prosternés. Il régna, mais il vécut dans les horreurs de l'inquiétude. Il n'eut ni des jours sereins, ni des nuits tranquilles. Les consolations de l'amitié & de la société n'approchèrent jamais de lui ; il mourut avant le tems, plus digne, sans doute, du dernier supplice que le roi qu'il fit conduire d'une fenêtre de son palais même à l'échaffaut.

Richard Cromwell, au contraire, né avec un esprit doux & sage, refuse de garder la couronne de son père aux dépens du sang de trois ou quatre factieux qu'il pouvait sacrifier à fon ambition. Il aime mieux être réduit à la vie privée que d'être un affaffin tout puiffant. Il quitte le protectorat fans regret pour vivre en citoyen. Libre & tranquille à la campagne, il y joüit de la fanté ; il y poffède fon ame en paix pendant quatre-vingt-dix années, aimé de fes voifins, dont il eft l'arbitre & le père.

Lecteurs, prononcez. Si vous aviez à choifir entre le deftin du père & celui du fils, lequel prendriez-vous ?

C U.

ON répétera ici ce qu'on a déja dit ailleurs, & ce qu'il faut répéter toûjours, jufqu'au tems où les Français fe feront corrigés ; c'eft qu'il eft indigne d'une langue auffi polie & auffi univerfelle que la leur, d'employer fi fouvent un mot deshonnète & ridicule pour fignifier des chofes communes, qu'on pourait exprimer autrement fans le moindre embarras.

Pourquoi nommer *cu-d'âne* & *cu-de-cheval* des orties de mer ? Pourquoi donner le nom de *cu-blanc* à l'ænante, & de *cu-rouge* à l'épeiche ? Cette épeiche eft une efpèce de pi-vert, & l'ænante une efpèce de moineau cendré. Il y a un oifeau qu'on nomme *fétu-en-cu*, ou *paille-en-cu*. On avait cent manières

de

de le défigner d'une expreffion beaucoup plus
précife. N'eft-il pas impertinent d'appeller
cu-de-vaiſſeau le fond de la poupe ?

Plufieurs auteurs nomment encor *à-cu* un
petit mouillage, un ancrage, une grève, un
fable, une anfe où les barques fe mettent à
l'abri des corfaires. *Il y a un petit à-cu à Palo
comme à Ste. Marintée.* (Voyage d'Italie.)

On fe fert continuellement du mot *cu de-
lampe* pour exprimer un fleuron, un petit
cartouche, un pendantif, un encorbellement,
une bafe de pyramide, un placard, une
vignette.

Un graveur fe fera imaginé que cet orne-
ment reſſemble à la bafe d'une lampe ; il l'aura
nommé *cu-de-lampe* pour avoir plus tôt fait ;
& les acheteurs auront répété ce mot après
lui. C'eſt ainſi que les langues fe forment. Ce
font les artifans qui ont nommé leurs ouvrages & leurs inſtrumens.

Certainement il n'y avait nulle néceſſité de
donner le nom de *cu-de-four* aux voûtes
fphériques, d'autant plus que ces voûtes
n'ont rien de celle d'un four qui eſt toûjours furbaiſſée.

Le fond d'un artichaud eſt formé & creufé
en ligne courbe, & le nom de *cu* ne lui convient en aucune manière. Les chevaux ont
quelquefois une tache verdatre dans les yeux,
on l'appelle *cu-de-verre.* Une autre maladie

Quatrième partie.   N

des chevaux, qui eft une efpèce d'éréfipèle, eft appellée le *cu-de-poule*. Le haut d'un chapeau eft un *cu-de-chapeau*. Il y a des boutons à compartimens qu'on appelle *boutons-à-cu-de-dé*.

Comment a-t-on pu donner le nom de *cu-de-fac* à l'*angiportus* des Romains ? Les Italiens ont pris le nom d'*angiporto*, pour fignifier *ftrada fenza ufcita*. On lui donnait autrefois chez nous le nom d'*impaffe*, qui eft expreffif & fonore. C'eft une groffiéreté énorme que le mot de *cu-de-fac* ait prévalu.

Le terme de *culage* a été aboli. Pourquoi tous ceux que nous venons d'indiquer, ne le font-ils pas ? Ce terme infâme de *culage* fignifiait le droit que s'étaient donnés plufieurs feigneurs dans les tems de la tyrannie féodale, d'avoir à leur choix les prémices de tous les mariages dans l'étendue de leurs terres. On fubftitua enfuite le mot de *cuiffage* à celui de *culage*. Le tems feul peut corriger toutes les façons vicieufes de parler. Voyez *Cuiffage*.

Il eft trifte qu'en fait de langue, comme en d'autres ufages plus importans, ce foit la populace qui dirige les premiers d'une nation.

CUISSAGE ou CULAGE,
DROIT DE PRÉLIBATION,
DE MARQUETTE, &c.

*D*Ion *Cassius* ce flatteur d'*Auguste*, ce détracteur de *Cicéron*, (parce que *Cicéron*
avait défendu la cause de la liberté) cet écrivain sec & diffus, ce gazetier des bruits po-
pulaires ; ce *Dion Cassius* rapporte que des
sénateurs opinèrent pour récompenser *César*
de tout le mal qu'il avait fait à la république, de lui donner le droit de coucher à l'â-
ge de cinquante - sept ans avec toutes les
dames qu'il daignerait honorer de ses faveurs.
Et il se trouve encor parmi nous des gens
assez bons pour croire cette ineptie. L'auteur
même de l'*Esprit de loix* la prend pour une
vérité ; & en parle comme d'un decret qui
aurait passé dans le sénat romain sans l'extrème modestie du dictateur, qui se sentit peu
propre à remplir les vœux du sénat. Mais si
les empereurs Romains n'eurent pas ce droit
par un sénatus consulte appuyé d'un plébis-
cite, il est très vraisemblable qu'ils l'obtinrent
par la courtoisie des dames. Les *Marc-Aurèles*, les *Juliens* n'usèrent point de ce droit ;
mais tous les autres l'étendirent autant qu'ils
le purent.

N ij

Il eſt étonnant que dans l'Europe chrétienne on ait fait très longtems une eſpèce de
loi féodale , & que du moins on ait regardé
comme un droit coutumier , l'uſage d'avoir
le pucelage de ſa vaſſalle. La première nuit des
noces de la fille au villain appartenait ſans
contredit au ſeigneur.

Ce droit s'établit comme celui de marcher
avec un oiſeau ſur le poing , & de ſe faire
encenſer à la meſſe. Les ſeigneurs, il eſt vrai,
ne ſtatuèrent pas que les femmes de leurs
villains leur appartiendraient , ils ſe bornè-
rent aux filles ; la raiſon en eſt plauſible. Les
filles ſont honteuſes, il faut un peu de tems
pour les apprivoiſer. La majeſté des loix les
ſubjugue tout d'un coup ; les jeunes fiancées
donnaient donc ſans réſiſtance la première
nuit de leurs noces au ſeigneur châtelain,
ou au baron , quand il les jugeait dignes de
cet honneur.

On prétend que cette juriſprudence commença en Ecoſſe ; je le croirais volontiers : les
ſeigneurs Ecoſſais avaient un pouvoir encor
plus abſolu ſur leurs clans , que les barons
Allemands & Français ſur leurs ſujets.

Il eſt indubitable que des abbés , des évêques s'attribuèrent cette prérogative en qualité de ſeigneurs temporels : & il n'y a pas
bien longtems que des prélats ſe ſont déſiſté
de cet ancien privilège pour des redevances

en argent, auxquelles ils avaient autant de
droit qu'aux pucelages des filles.

Mais remarquons bien que cet excès de tyrannie ne fut jamais approuvé par aucune
loi publique. Si un feigneur ou un prélat
avait affigné pardevant un tribunal réglé
une fille fiancée à un de fes vaffaux, pour
venir lui payer fa redevance, il eût perdu,
fans doute fa caufe avec dépends.

Saififfons cette occafion d'affurer qu'il n'y
a jamais eu de peuple un peu civilifé qui ait
établi des loix formelles contre les mœurs ;
je ne crois pas qu'il y en ait un feul exemple. Des abus s'établiffent, on les tolère ; ils
paffent en coutume ; les voyageurs les prennent pour des loix fondamentales. Ils ont vu,
difent - ils, dans l'Afie de faints mahométans
bien craffeux marcher tout nuds, & de bonnes dévotes venir leur baifer ce qui ne mérite pas de l'être ; mais je les défie de trouver dans l'Alcoran une permiffion à des gueux
de courir tout nuds & de faire baifer leur
vilenie par des dames.

On me citera pour me confondre le *Phal-*
lum que les Egyptiens portaient en proceffion, & l'idole *Jaganat* des Indiens. Je répondrai que cela n'eft pas plus contre les
mœurs que de s'aller faire couper le prépuce
en cérémonie à l'âge de huit ans. On a porté

dans quelques - unes de nos villes le faint prépuce en proceffion ; on le garde encor dans
quelques facrifties , fans que cette facétie ait
caufé le moindre trouble dans les familles. Je
puis encor affurer qu'aucun concile , aucun
arrêt de parlement n'a jamais ordonné qu'on
fêterait le faint prépuce.

J'appelle *loi contre les mœurs* une loi publique , qui me prive de mon bien , qui m'ôte
ma femme pour la donner à un autre ; & je dis
que la chofe eft impoffible.

Quelques voyageurs prétendent qu'en Laponie des maris font venus leur offrir leurs
femmes par politeffe ; c'eft une plus grande
politeffe à moi de les croire. Mais je leur fou-
tiens qu'ils n'ont jamais trouvé cette loi dans
le code de la Laponie ; de même que vous
ne trouverez ni dans les conftitutions de l'Allemagne , ni dans les ordonnancés des rois de
France , ni dans les regiftres du parlement
d'Angleterre , aucune loi pofitive qui adjuge
le droit de cuiffage aux barons.

Des loix abfurdes , ridicules , barbares,
vous en trouverez partout ; des loix contre
les mœurs nulle part.

LE CURÉ DE CAMPAGNE.

SECTION PREMIÈRE.

UN curé, que dis-je, un curé? un iman même, un talapoin, un brame doit avoir honnêtement de quoi vivre. Le prêtre en tout pays doit être nourri de l'autel, puisqu'il fert la république. Qu'un fanatique fripon ne s'avife pas de dire ici que je mets au niveau un curé & un brame, que j'affocie la vérité avec l'impofture. Je ne compare que les fervices rendus à la fociété ; je ne compare que la peine & le falaire.

Je dis que quiconque exerce une fonction pénible doit être bien payé de fes concitoyens ; je ne dis pas qu'il doive regorger de richeffes, fouper comme *Lucullus*, être infolent comme *Clodius*. Je plains le fort d'un curé de campagne obligé de difputer une gerbe de blé à fon malheureux paroiffien, de plaider contre lui, d'exiger la dixme des lentilles, & des pois, d'être haï, & de haïr, de confumer fa miférable vie dans des querelles continuelles, qui aviliffent l'ame autant qu'elles l'aigriffent.

Je plains encore davantage le curé à portion congrue, à qui des moines, nommés *gros décimateurs*, ofent donner un falaire de qua-

N iiij

rante ducats, pour aller faire, pendant toute l'année, à deux ou trois milles de fa maifon, le jour, la nuit, au foleil, à la pluïe, dans les neiges, au milieu des glaces, les fonctions les plus défagréables, & fouvent les plus inutiles. Cependant l'abbé, gros décimateur, boit fon vin de Volney, de Baune, de Chambertin, de Silleri, mange fes perdrix, & fes faifans, dort fur le duvet avec fa voifine, & fait bâtir un palais. La difproportion eft trop grande.

On imagina du tems de *Charlemagne* que le clergé, outre fes terres, devait pofféder la dixme des terres d'autrui : & cette dixme eft au moins le quart en comptant les frais de culture. Pour affurer ce payement, on ftipula qu'il était de droit divin. Et comment était-il de droit divin ? DIEU était-il defcendu fur la terre pour donner le quart de mon bien à l'abbé du Mont-Caffin, à l'abbé de St. Denis, à l'abbé de Foulde ? non pas, que je fache. Mais on trouva qu'autrefois dans le défert d'Ethan, d'Oreb, de Cadés-Barné, on avait donné aux lévites quarante-huit villes, & la dixme de tout ce que la terre produifait.

Eh bien, gros décimateurs, allez à Cadés-Barné ; habitez les quarante-huit villes qui font dans ce défert inhabitable ; prenez la dixme des cailloux que la terre y produit ; & grand bien vous faffe.

Dans un pays chrétien de douze cent mille lieuës quarrées, dans tout le Nord, dans la moitié de l'Allemagne, dans la Hollande, dans la Suiffe, on paye le clergé de l'argent du tréfor royal. Les tribunaux n'y retentiffent point des procès mûs entre les feigneurs & les curés, entre le gros & le petit décimateur, entre le pafteur demandeur, & l'ouaille intimée, en conféquence du troifiéme concile de Latran dont l'ouaille n'a jamais entendu parler.

Les prêtres Egyptiens, dit-on, ne prenaient point la dixme. Non; mais on nous affure qu'ils avaient le tiers de toute l'Egypte en propre. O miracle! ó chofe du moins difficile à croire! ils avaient le tiers du pays, & ils n'eurent pas bientôt les deux autres!

Ne croyez pas, mon cher lecteur, que les Juifs, qui étaient un peuple de col roide, ne fe foient jamais plaints de l'impôt de la dixme.

Donnez-vous la peine de lire le Talmud de Babilone; & fi vous n'entendez pas le caldaïque, lifez la traduction faite par *Gilbert Gaumin*, avec les notes, le tout imprimé par les foins de *Fabricius*. Vous y verrez l'avanture d'une pauvre veuve avec le grand-prêtre *Aaron*, & comment le malheur de cette veuve fut la caufe de la querelle entre *Dathan*, *Coré* & *Abiron* d'un côté, & *Aaron* de l'autre.

Pag. 165.
N°. 297.

„ Une veuve n'avait qu'une feule brebis,
„ elle voulut la tondre : *Aaron* vient qui
„ prend la laine pour lui ; elle m'appartient,
„ dit-il, felon la loi, *Tu donneras les pré-*
„ *mices de la laine* à D I E U. La veuve im-
„ plore en pleurant la protection de *Coré.*
„ *Coré* va trouver *Aaron.* Ses prières font
„ inutiles ; *Aaron* répond que par la loi la
„ laine eft à lui. *Coré* donne quelque argent
„ à la femme & s'en retourne plein d'in-
„ dignation.

„ Quelque tems après la brebis fait un
„ agneau, *Aaron* revient & s'empare de l'a-
„ gneau. La veuve vient encor pleurer au-
„ près de *Coré* qui veut en vain fléchir *Aaron.*
„ Le grand-prêtre lui répond, il eft écrit
„ dans la loi, *Tout mâle premier né de ton*
„ *troupeau appartiendra à ton* D I E U ; il
„ mangea l'agneau, & *Coré* s'en alla en
„ fureur.

„ La veuve au défefpoir tue fa brebis.
„ *Aaron* arrive encor, il en prend l'épaule
„ & le véntre ; *Coré* vient encor fe plain-
„ dre. *Aaron* lui répond, il eft écrit, *Tu*
„ *donneras le ventre & l'épaule aux prê-*
„ *tres.*

„ La veuve ne pouvant plus contenir fa
„ douleur, dit *anathême* à fa brebis. *Aaron*
„ alors dit à la veuve, il eft écrit, *Tout ce*
„ *qui fera anathême dans Ifraël fera à toi,*
„ & il emporta la brebis toute entière. „

Ce qui n'eſt pas ſi plaiſant, mais qui eſt fort ſingulier, c'eſt que dans un procès entre le clergé de Rheims & les bourgeois, cet exemple tiré du Talmud fut cité par l'avocat des citoyens. *Gaumin* aſſure qu'il en fut témoin. Cependant, on peut lui répondre que les décimateurs ne prennent pas tout au peuple; les commis des fermes ne le ſouffriraient pas. Chacun partage, comme il eſt bien juſte.

Au reſte, nous penſons que ni *Aaron*, ni aucun de nos curés ne ſe ſont appropriés les brebis & les agneaux des veuves de notre pauvre pays.

Nous ne pouvons mieux finir cet article honnête du *Curé de campagne* que par ce dialogue, dont une partie a déja été imprimée.

SECTION SECONDE.

DIALOGUE.

ARISTON.

Eh bien, mon cher Téotime, vous allez donc être curé de campagne?

TEOTIME.

Oui; on me donne une petite paroiſſe, & je l'aime mieux qu'une grande. Je n'ai qu'une portion limitée d'intelligence & d'activité; je ne pourais certainement pas diriger ſoixante & dix mille ames, attendu que je n'en ai qu'une ; un grand troupeau m'effraye, mais je pourai faire quelque bien à un petit. J'ai étudié affez de jurifprudence pour empêcher, autant que je le pourai , mes pauvres paroiſ-ſiens de ſe ruiner en procès. Je ſais affez de connaiffance de l'agriculture pour leur don-ner quelquefois des conſeils utiles. Le ſeigneur du lieu & ſa femme ſont d'honnètes gens qui ne ſont point dévots , & qui m'aideront à faire du bien. Je me flatte que je vivrai affez heureux , & qu'on ne ſera pas malheureux avec moi.

A R I S T O N.

N'ètes-vous pas fâché de n'avoir point de femme ? ce ſerait une grande conſolation ; il ſerait doux après avoir prôné, chanté, confeffé , communié , batiſé , enterré , conſo-lé des malades, appaiſé des querelles , con-ſumé votre journée au ſervice du prochain, de trouver dans votre logis une femme douce, agréable & honnète , qui aurait ſoin de votre linge & de votre perſonne , qui vous égaye-rait dans la ſanté, qui vous ſoignerait dans la maladie, qui vous ferait de jolis enfans, dont la bonne éducation ſerait utile à l'état. Je vous plains vous qui ſervez les hommes, d'être privé d'une conſolation ſi néceffaire aux hommes.

T E O T I M E.

L'égliſe grecque a grand ſoin d'encourager

les curés au mariage ; l'églife anglicane & les proteftans ont la même fageffe ; l'églife lati-ne a une fageffe contraire ; il faut m'y fou-mettre. Peut - être aujourd'hui que l'efprit philofophique a fait tant de progrès, un con-cile ferait des loix plus favorables à l'huma-nité. Mais en attendant, je dois me confor-mer aux loix préfentes ; il en côute beau-coup, je le fais, mais tant de gens qui valaient mieux que moi s'y font foumis , que je ne dois pas murmurer

A R I S T O N.

Vous êtes favant , & vous avez une élo-quence fage ; comment comptez-vous prêcher devant des gens de campagne ?

T E O T I M E.

Comme je prècherais devant les rois ; je parlerai toûjours de morale, & jamais de con-troverfe ; DIEU me préferve d'approfondir la grace concomitante , la grace efficace , à la-quelle on réfifte , la fuffifante qui ne fuffit pas ; d'examiner fi les anges qui mangèrent avec *Abraham* & avec *Loth* avaient un corps, ou s'ils firent femblant de manger ; il y a mille chofes que mon auditoire n'entendrait pas, ni moi non plus. Je tâcherai de faire des gens de bien , & de l'être , mais je ne ferai point de théologiens , & je le ferai le moins que je pourai.

ARISTON.

O le bon curé ! Je veux acheter une maiſon de campagne dans votre paroiſſe. Dites-moi, je vous prie, comment vous en uſerez dans la confeſſion ?

TEOTIME.

La confeſſion eſt une choſe excellente, un frein aux crimes, inventé dans l'antiquité la plus reculée ; on ſe confeſſait dans la célébration de tous les anciens myſtères ; nous avons imité & ſanctifié cette ſage pratique ; elle eſt très bonne pour engager les cœurs ulcérés de haine à pardonner, & pour faire rendre par les petits voleurs ce qu'ils peuvent avoir dérobé à leur prochain. Elle a quelques inconvéniens. Il y a beaucoup de confeſſeurs indiſcrets, ſurtout parmi les moines, qui apprennent quelquefois plus de ſotiſes aux filles que tous les garçons d'un village ne pouraient leur en faire. Point de détails dans la confeſſion ; ce n'eſt point un interrogatoire juridique, c'eſt l'aveu de ſes fautes qu'un pécheur fait à l'Etre - ſuprême entre les mains d'une autre pécheur qui va s'accuſer à ſon tour. Cet aveu ſalutaire n'eſt point fait pour contenter la curioſité d'un homme.

ARISTON.

Et des excommunications, en uſerez-vous ?

TEOTIME.

Non ; il y a des rituels où l'on excommunie les fauterelles, les forciers & les comédiens. Je n'interdirai point l'entrée de l'église aux fauterelles, attendu qu'elles n'y vont jamais. Je n'excommunierai point les forciers, parce qu'il n'y a point de forciers : & à l'égard des comédiens, comme ils font penfionnés par le roi, & autorifés par le magiftrat, je me garderai bien de les diffamer. Je vous avouerai même comme à mon ami, que j'ai du goût pour la comédie, quand elle ne choque point les mœurs. J'aime paffionnément le *Mifantrope*, & toutes les tragédies où il y a des mœurs. Le feigneur de mon village fait jouer dans fon château quelques-unes de ces piéces, par de jeunes perfonnes qui ont du talent : ces repréfentations infpirent la vertu par l'attrait du plaifir ; elles forment le goût, elles apprennent à bien parler & à bien prononcer. Je ne vois rien là que de très innocent, & même de très utile ; je compte bien affifter quelquefois à ces fpectacles pour mon inftruction, mais dans une loge grillée, pour ne point fcandalifer les faibles.

ARISTON.

Plus vous me découvrez vos fentimens, & plus j'ai envie de devenir votre paroiffien. Il y a un point bien important qui m'em-

barraffe. Comment ferez-vous pour empêcher les payfans de s'enyvrer les jours de
fêtes ? c'eft là leur grande manière de les célébrer. Vous voyez les uns accablés d'un poifon liquide, la tète penchée vers les genoux,
les mains pendantes, ne voyant point, n'en-
tendant rien, réduits à un état fort au deffous
de celui des brutes, reconduits chez eux en
chancelant par leurs femmes éplorées, incapables de travail le lendemain, fouvent malades & abrutis pour le refte de leur vie. Vous
en voyez d'autres devenus furieux par le vin,
exciter des querelles fanglantes, frapper &
être frappés, & quelquefois finir par le meurtre ces fcènes affreufes, qui font la honte
de l'efpèce humaine. Il le faut avouer, l'état
perd plus de fujets par les fêtes que par les
batailles ; comment pourez-vous diminuer
dans votre paroiffe un abus fi exécrable ?

TEOTIME.

Mon parti eft pris ; je leur permettrai, je
les prefferai même de cultiver leurs champs
les jours de fêtes après le fervice divin que
je ferai de très bonne heure. C'eft l'oifiveté
de la férie qui les conduit au cabaret. Les
jours ouvrables ne font point les jours de la
débauche & du meurtre. Le travail modéré
contribue à la fanté du corps eft à celle de
l'ame : de plus, ce travail eft néceffaire à l'état.
Suppofons cinq millions d'hommes qui font

par

par jour pour dix fous d'ouvrage l'un portant l'autre, & ce compte eſt bien modéré ; vous rendez ces cinq millions d'hommes inutiles trente jours de l'année. C'eſt donc trente fois cinq millions de piéces de dix fous que l'état perd en main d'œuvre. Or certainement, DIEU n'a jamais ordonné, ni cette perte, ni l'yvrognerie.

A R I S T O N.

Ainſi vous concilierez la prière & le travail ; DIEU ordonne l'un & l'autre. Vous ſervirez DIEU & le prochain ; mais dans les diſputes eccléſiaſtiques, quel parti prendrez-vous ?

T E O T I M E.

Aucun. On ne diſpute jamais ſur la vertu, parce qu'elle vient de DIEU : on ſe querelle ſur des opinions qui viennent des hommes.

A R I S T O N.

Oh le bon curé ! le bon curé !

C U R I O S I T É.

SUave mari magno turbantibus æquora ventis,
E terra magnum alterius ſpeĉtare laborem ;
Non quia vexari quemquam eſt jucunda voluptas,
Sed quibus ipſe malis careas, quia cernere ſuave eſt ;

Quatriéme partie.   O

Suave etiam belli certamina magna tueri
Per campos instructa tuâ sine parte pericli ;
Sed nil dulcius est , bene quam munita tenere
Edita doctrinâ sapientum templa serenâ ,
Despicere undè queas alios , passimque videre
Errare atque viam palantes quærere vitæ
Certare ingenio , contendere nobilitate ,
Noctes atque dies niti præstante labore
Ad summas emergere opes rerumque potiri.
O miseras hominum mentes ! ô pectora cæca !

On voit avec plaisir dans le sein du repos,
Des mortels malheureux lutter contre les flots;
On aime à voir de loin deux terribles armées
Dans les champs de la mort au combat animées ;
Non que le mal d'autrui soit un plaisir si doux ;
Mais son danger nous plait quand il est loin de nous.
Heureux qui retiré dans le temple des sages
Voit en paix sous ses pieds se former les orages ,
Qui rit en contemplant les mortels insensés
De leur joug volontaire esclaves empressés ,
Inquiets , incertains du chemin qu'il faut suivre ;
Sans penser , sans jouïr , ignorans l'art de vivre,
Dans l'agitation consumant leurs beaux jours,
Poursuivant la fortune , & rempant dans les cours.
O vanité de l'homme ! ô faiblesse! ô misère!

Pardon , *Lucrèce* , je soupçonne que vous
vous trompez ici en morale comme vous vous

trompez toûjours en phyſique. C'eſt, à mon
avis, la curioſité ſeule qui fait courir ſur le
rivage pour voir un vaiſſeau que la tempête
va ſubmerger. Cela m'eſt arrivé; & je vous
jure que mon plaiſir mêlé d'inquiétude & de
mal-aiſe, n'était point du tout le fruit de ma
réflexion; il ne venait point d'une comparaiſon ſecrette entre ma ſécurité & le danger de
ces infortunés; j'étais curieux & ſenſible.

A la bataille de Fontenoi les petits garçons
& les petites filles montaient ſur les arbres
d'alentour pour voir tuer du monde.

Les dames ſe firent apporter des ſiéges ſur
un baſtion de la ville de Liége, pour jouïr du
ſpectacle à la bataille de Rocou.

Quand j'ai dit, *heureux qui voit en paix ſe
former les orages*, mon bonheur était d'être
tranquille & de chercher le vrai; & non pas
de voir ſouffrir des êtres penſans perſécutés
pour l'avoir cherché, opprimés par des fanatiques, ou par des hypocrites.

Si l'on pouvait ſuppoſer un ange volant ſur
ſix belles aîles du haut de l'empirée, s'en allant regarder par un ſoupirail de l'enfer les
tourmens & les contorſions des damnés, &
ſe réjouïſſant de ne rien ſentir de leurs inconcevables douleurs, cet ange tiendrait beaucoup du caractère de *Belzébuth*.

Je ne connais point la nature des anges
parce que je ne ſuis qu'homme; il n'y a que

les théologiens qui la connaiſſent. Mais en qualité d'homme, je penſe par ma propre expérience & par celle de tous les badauts mes confrères, qu'on ne court à aucun ſpectacle de quelque
genre qu'il puiſſe être, que par pure curioſité.

Cela me ſemble ſi vrai, que le ſpectacle a
beau être admirable, on s'en laſſe à la fin. Le
public de Paris ne va plus guères au *Tartuffe*
qui eſt le chef-d'œuvre des chefs-d'œuvre de
Molière ; pourquoi ? c'eſt qu'il y eſt allé ſouvent ; c'eſt qu'il le ſait par cœur. Il en eſt
ainſi d'*Andromaque*.

Perrin *Dandin* a bien malheureuſement
raiſon quand il propoſe à la jeune *Iſabelle* de
la mener voir comment on donne la queſtion ; cela fait, dit-il, paſſer une heure ou
deux. Si cette anticipation du dernier ſupplice, plus cruelle ſouvent que le ſupplice
même, était un ſpectacle public, toute la
ville de Toulouſe aurait volé en foule pour
contempler le vénérable *Calas* ſouffrant à deux
repriſes ces tourmens abominables ſur les
concluſions du procureur-général. Pénitens
blancs, pénitens gris & noirs, femmes, filles, maîtres des jeux floraux, étudians, laquais, ſervantes, filles de joie, docteurs en
droit-canon, tout ſe ſerait preſſé. On ſe ſerait
étouffé à Paris pour voir paſſer dans un tom-
bereau le malheureux général *Lalli* avec un
bâillon de ſix doigts dans la bouche.

Mais fi ces tragédies de Cannibales qu'on repréfente quelquefois chez la plus frivole des nations & la plus ignorante en général, dans les principes de la jurifprudence & de l'équité ; fi les fpectacles donnés par quelques tigres à des finges, comme ceux de la St. Barthelemi & fes diminutifs, fe renouvellaient tous les jours ; on déferterait bientôt un tel pays ; on le fuirait avec horreur ; on abandonnerait fans retour la terre infernale où ces barbaries feraient fréquentes.

Quand les petits garçons & les petites filles déplument leurs moineaux, c'eft purement par efprit de curiofité, comme lorfqu'elles mettent en piéces les jupes de leurs poupées. C'eft cette paffion feule qui conduit tant de monde aux exécutions publiques, comme nous l'avons vu. *Etrange empreffement de voir des miférables !* a dit l'auteur d'une tragédie.

Je me fouviens, qu'étant à Paris lorfqu'on fit fouffrir à *Damiens* une mort des plus recherchées & des plus affreufes qu'on puiffe imaginer, toutes les fenètres qui donnaient fur la place furent louées chérement par les dames ; aucune d'elles affurément ne fefait la réflexion confolante qu'on ne la tenaillerait point aux mammelles, qu'on ne verferait point du plomb fondu & de la poix réfine bouillante dans fes playes, & que quatre chevaux ne tireraient point fes membres difloqués & fan-

O iij

glans. Un des bourreaux jugea plus fainement que *Lucrèce* ; car lorsqu'un des académiciens de Paris voulut entrer dans l'enceinte pour examiner la chofe de plus près, & qu'il fut repouffé par les archers ; *laiffez entrer , Monfieur*, dit-il, *c'eft un amateur*. C'eft-à-dire, c'eft un curieux ; ce n'eft pas par méchanceté qu'il vient ici, ce n'eft pas par un retour fur foi-même, pour goûter le plaifir de n'être pas écartelé : c'eft uniquement par curiofité comme on va voir des expériences de phyfique.

La curiofité eft naturelle à l'homme, aux finges & aux petits chiens. Menez avec vous un petit chien dans votre carroffe , il mettra continuellement fes pattes à la portière pour voir ce qui fe paffe. Un finge fouille partout, il a l'air de tout confidérer. Pour l'homme, vous favez comme il eft fait ; Rome, Londre, Paris, paffent leur tems à demander ce qu'il y a de nouveau.

D A V I D.

NOus devons révérer *David* comme un prophète , comme un roi, comme un ancêtre du faint époux de *Marie* , comme un homme qui a mérité la miféricorde de DIEU par fa pénitence.

Je dirai hardiment que l'article *David* qui fuſcita tant d'ennemis à *Bayle*, premier auteur d'un dictionnaire de faits & de raiſonnemens, ne méritait pas le bruit étrange que l'on fit alors. Ce n'était pas *David* qu'on voulait défendre, c'était *Bayle* qu'on voulait perdre. Quelques prédicans de Hollande ſes ennemis mortels, furent aveuglés par leur haine, au point de le reprendre d'avoir donné des louanges à des papes qu'il en croyait dignes, & d'avoir réfuté les calomnies débitées contre eux.

Cette ridicule & honteuſe injuſtice fut ſignée de douze théologiens le 20 Décembre 1698, dans le même conſiſtoire où ils feignaient de prendre la défenſe du roi *David*. Comment oſaient-ils manifeſter hautement une paſſion lâche que le reſte des hommes s'efforce toûjours de cacher ? Ce n'était pas ſeulement le comble de l'injuſtice & du mépris de toutes les ſciences ; c'était le comble du ridicule que de défendre à un hiſtorien d'être impartial, & à un philoſophe d'être raiſonnable. Un homme ſeul n'oſerait être inſolent & injuſte à ce point : mais dix ou douze perſonnes raſſemblées avec quelque eſpèce d'autorité, ſont capables des injuſtices les plus abſurdes. C'eſt qu'elles ſont ſoutenues les unes par les autres, & qu'aucune n'eſt chargée en ſon propre nom de la honte de la compagnie.

O iiij

Une grande preuve que cette condamnation de *Bayle* fut perfonnelle, eft ce qui arriva
en 1761 à Mr. *Hutte* membre du parlement
d'Angleterre. Les docteurs *Chandler* & *Pal-*
mer avaient prononcé l'oraifon funèbre du roi
George II, & l'avaient, dans leurs difcours,
comparé au roi *David*, felon l'ufage de la
plûpart des prédicateurs qui croyent flatter
les rois.

Mr. *Hutte* ne regarda point cette comparaifon comme une louange ; il publia la fameufe differtation *The Man after God's own*
heart. Dans cet écrit il veut faire voir que
George II, roi beaucoup plus puiffant que
David, n'étant pas tombé dans les fautes du
melk Juif, & n'ayant pu par conféquent
faire la même pénitence, ne pouvait lui être
comparé.

Il fuit pas-à-pas les livres des Rois. Il examine toute la conduite de *David* beaucoup
plus févérement que *Bayle* ; & il fonde fon
opinion fur ce que le St. Efprit ne donne aucune louange aux actions qu'on peut reprocher à *David*. L'auteur Anglais juge le roi de
Judée uniquement fur les notions que nous
avons aujourd'hui du jufte & de l'injufte.

Il ne peut approuver que *David* raffemble
une bande de voleurs au nombre de quatre
cent, qu'il fe faffe armer par le grand-prêtre
Abimelec de l'épée de *Goliat*, & qu'il en re-

çoive les pains confacrés. Livre I. des Rois,
chap. XXI & XXII.

Qu'il defcende chez l'agriculteur *Nabal*
pour mettre chez lui tout à feu & à fang,
parce que *Nabal* a refufé des contributions
à fa troupe rebelle ; que *Nabal* meure peu de
jours après , & que *David* époufe la veuve.
Chap. XXV.

Il réprouve fa conduite avec le roi *Achis*,
poffeffeur de cinq ou fix villages dans le canton de Geth. *David* était alors à la tête de fix
cent bandits , allait faire des courfes chez les
alliés de fon bienfaicteur *Achis* ; il pillait tout,
vieillards , femmes , enfans à la mammelle.
Et pourquoi égorgeait-il les enfans à la mammelle ? *C'eft*, dit le texte, *de peur que ces enfans n'en portaffent la nouvelle au roi Achis.*
Chap. XXVII.

Cependant *Saül* perd une bataille contre les
Philiftins , & il fe fait tuer par fon écuyer.
Un juif en apporte la nouvelle à *David* qui
lui donne la mort pour fa récompenfe. Livre II.
des Rois, chap. I.

Isbofeth fuccède à fon père *Saül* ; *David* eft
affez fort pour lui faire la guerre. Enfin, *Isbofeth* eft affaffiné.

David s'empare de tout le royaume ; il fur-
prend la petite ville ou le village de Raba, &
il fait mourir tous les habitans par des fup-
plices affez extraordinaires ; on les fcie en
deux, on les déchire avec des herfes de fer,

on les brûle dans des fours à briques. Livre II.
des Rois , chap. XII.

Après ces expéditions , il y a une famine de
trois ans dans le pays. En effet, à la manière
dont on fefait la guerre, les terres devaient
être mal enfemencées. On confulte le Seigneur,
& on lui demande pourquoi il y a famine?
La réponfe était fort aifée ; c'était affurément
parce que dans un pays qui à peine produit
du blé , quand on a fait cuire les laboureurs
dans des fours à briques , & qu'on les a fciés
en deux , il refte peu de gens pour cultiver la
terre : mais le Seigneur répond que c'eft parce
que *Saül* avait tué autrefois des Gabaonites.

Que fait auffi-tôt *David* ? il affemble les
Gabaonites, il leur dit que *Saül* a eu grand
tort de leur faire la guerre ; que *Saül* n'était
point comme lui , felon le cœur de DIEU,
qu'il eft jufte de punir fa race ; & il leur
donne fept petits-fils de *Saül* à pendre, lefquels furent pendus , parce qu'il y avait eu
famine. Livre II. des Rois , chap. XXI.

Mr. *Hutte* a la juftice de ne point infifter
fur l'adultère avec *Betzabée* & fur le meurtre
d'*Urie*, puifque ce crime fut pardonné à *David*
lorfqu'il fe repentit.

Perfonne ne murmura en Angleterre contre l'auteur ; fon livre fut réimprimé avec l'ap-
probation publique : la voix de l'équité fe fait

entendre tôt ou tard chez les hommes. Ce qui
paraiſſait téméraire il y a quatre-vingt ans,
ne paraît aujourd'hui que ſimple & raiſonnable, pourvu qu'on ſe tienne dans les bornes
d'une critique ſage & du reſpect qu'on doit aux
livres divins.

Rendons juſtice à *Dom Calmet*; il n'a point
paſſé ces bornes dans ſon Dictionnaire de la
Bible à l'article David. *Nous ne prétendons
point*, dit-il, *approuver la conduite de David;
il eſt croyable qu'il ne tomba dans ces excès de
cruauté qu'avant qu'il eût reconnu le crime qu'il
avait commis avec Betzabée.* Nous ajoute-
rons que probablement il les reconnut tous;
car ils ſont aſſez nombreux.

Feſons ici une queſtion qui nous paraît très
importante. Ne s'eſt-on pas ſouvent mépris
ſur l'article *David?* S'agit-il de ſa perſonne,
de ſa gloire, du reſpect dû aux livres canoniques? Ce qui intéreſſe le genre-humain n'eſt-
ce pas que l'on ne conſacre jamais le crime?
Qu'importe le nom de celui qui égorgeait les
femmes & les enfans de ſes alliés, qui feſait
pendre les petits-fils de ſon roi, qui feſait ſcier
en deux, brûler dans des fours, déchirer ſous
des herſes des citoyens malheureux? Ce
ſont ces actions que nous jugeons, & non
les lettres qui compoſent le nom du coupable; le nom n'augmente ni ne diminue le
crime.

Plus on révère *David* comme réconcilié avec DIEU par son repentir, & plus on condamne les cruautés dont il s'est rendu coupable.

DÉFLORATION.

IL semble que le Dictionnaire encyclopédique, à l'article *Défloration*, fasse entendre qu'il n'était pas permis par les loix romaines de faire mourir une fille, à moins qu'auparavant on ne lui ôtât sa virginité. On donne pour exemple la fille de *Séjan*, que le bourreau viola dans la prison avant de l'étrangler, pour n'avoir pas à se reprocher d'avoir étranglé une pucelle, & pour satisfaire à la loi.

Premiérement, *Tacite* ne dit point que la loi ordonnât qu'on ne fît jamais mourir les pucelles. Une telle loi n'a jamais existé ; & si une fille de vingt ans, vierge ou non, avait commis un crime capital, elle aurait été punie comme une vieille mariée ; mais la loi portait qu'on ne punirait pas de mort les enfans, parce qu'on les croyait incapables de crimes.

La fille de *Séjan* était enfant aussi bien que son frère ; & si la barbarie de *Tibère*, & la lâcheté du sénat les abandonnèrent au bourreau, ce fut contre toutes les loix. De telles horreurs ne se feraient pas commises du tems des *Scipions* & de *Caton* le censeur. *Cicéron* n'aurait pas fait mourir une fille de *Catilina* âgée de sept à huit ans. Il n'y avait que *Tibère* & le sénat de *Tibère* qui pussent outrager ainsi la nature. Le bourreau qui commit les deux crimes abominables de déflorer une fille de huit ans, & de l'étrangler ensuite, méritait d'être un des favoris de *Tibère*.

Heureusement *Tacite* ne dit point que cette exécrable exécution soit vraie; il dit qu'on l'a rapportée, *tradunt*; & ce qu'il faut bien observer, c'est qu'il ne dit point que la loi défendît d'infliger le dernier supplice à une vierge; il dit seulement que la chose était inouïe, *inauditum*. Quel livre immense on composerait de tous les faits qu'on a crus, & dont il falait douter!

DÉLUGE UNIVERSEL.

NOus commençons par déclarer que nous croyons le déluge universel, parce qu'il est rapporté dans les saintes Ecritures hébraïques transmises aux chrétiens.

Nous le regardons comme un miracle, 1°. Parce que tous les faits où DIEU daigne

intervenir dans les sacrés cayers font autant
de miracles.

2°. Parce que l'Océan n'aurait pu s'élever
de quinze coudées , ou vingt & un pieds &
demi de roi au-deſſus des plus hautes montagnes , ſans laiſſer ſon lit à ſec , & ſans violer en même tems toutes les loix de la peſanteur & de l'équilibre des liqueurs ; ce qui exigeait évidemment un miracle.

3°. Parce que quand même il aurait pu
parvenir à la hauteur propoſée , l'arche n'aurait pu contenir , ſelon les loix de la phyſique , toutes les bêtes de l'univers & leur nourriture pendant ſi longtems , attendu que les
lions , les tigres , les panthères , les léopards ,
les onces , les rinocerots , les ours , les loups ,
les hiennes , les aigles , les éperviers , les mi-
lans , les vautours , les faucons , & tous les
animaux carnaſſiers , qui ne ſe nourriſſent que
de chair , ſeraient morts de faim , même après
avoir mangé toutes les autres eſpèces.

On imprima autrefois à la ſuite des *Pen-
ſées* de *Paſcal* une diſſertation d'un marchand
de Rouen nommé *Pelletier* , dans laquelle
il propoſe la manière de bâtir un vaiſſeau où l'on
puiſſe faire entrer tous les animaux , & les
nourrir pendant un an. On voit bien que ce
marchand n'avait jamais gouverné de baſſe-
cour. Nous ſommes obligés d'enviſager Mr.
le Pelletier architecte de l'arche , comme un viſionnaire qui ne ſe connaiſſait pas en ménage-

rie, & le déluge comme un miracle adorable,
terrible, & incompréhenſible à la faible raiſon
du Sr. *le Pelletier*, tout comme à la nôtre.

4°. Parce que l'impoſſibilité phyſique d'un
déluge univerſel par des voies naturelles, eſt
démontrée en rigueur ; en voici la démonſtra-
tion.

Toutes les mers couvrent la moitié du globe ; en prenant une meſure commune de leur
profondeur vers les rivages & en haute mer,
on compte cinq cent pieds.

Pour qu'elles couvriſſent les deux hémiſ-
phères ſeulement de cinq cent pieds, il faudrait non-ſeulement un océan de cinq cent
pieds de profondeur ſur toute la terre habita-
ble ; mais il faudrait encor une nouvelle mer
pour envelopper notre Océan actuel ; ſans quoi
les loix de la peſanteur & des fluides feraient
écouler ce nouvel amas d'eau profond de cinq
cent pieds, que la terre ſupporterait.

Voilà donc deux nouveaux océans pour
couvrir ſeulement de cinq cent pieds le globe
terraquée.

En ne donnant aux montagnes que vingt
mille pieds de hauteur, ce ſerait donc quarante océans de cinq cent pieds de hauteur
chacun, qu'il ſerait néceſſaire d'établir les uns
ſur les autres pour égaler ſeulement la cîme
des hautes montagnes. Chaque océan ſupé-
rieur contiendrait tous les autres, & le dernier de tous ces océans ſerait d'une circonfé-

rence qui contiendrait quarante fois celle du premier.

Pour former cette maſſe d'eau, il aurait falu la créer du néant. Pour la retirer, il aurait fa- lu l'anéantir.

Donc l'événement du déluge eſt un double miracle, & le plus grand qui ait jamais mani- feſté la puiſſance de l'Eternel ſouverain de tous les ·globes.

. Nous ſommes très ſurpris que des ſavans ayent attribué à ce déluge quelques coquilles répandues çà & là ſur notre continent ; & que d'autres ſavans ayent prétendu que des couches régulières de coquilles (qui n'exiſtent point) ſont des marques certaines du ſéjour de la mer pendant ·des millions de ſiécles ſur la terre que nous habitons. (Voyez *Coquilles*.)

Nous ſommes encor plus ſurpris de ce que nous liſons à l'article *Déluge* du grand Diction- naire encyclopédique ; on y cite un auteur qui dit des choſes ſi profondes, qu'on les prendrait pour creuſes. C'eſt toûjours *Pluche* ; il prouve *Hiſt. du* l'univerſité du déluge par l'hiſtoire des géans *ciel*, tom. qui firent la guerre aux Dieux.
I. depuis
·la page *Briarée*, ſelon lui, eſt viſiblement le délu-
105. ge, car il ſignifie la *perte de la ſérénité* ; & en quelle langue ſignifie-t-il cette perte ? En hébreu. Mais *briarée* eſt un mot grec qui veut dire

dire *robuste*. Ce n'est point un mot hébreu.
Quand par hazard il le serait, gardons-nous
d'imiter *Bochard* qui fait dériver tant de mots
grecs, latins, français même, de l'idiome hé-
braïque. Il est certain que les Grecs ne connaissaient pas plus l'idiome juif que la langue
chinoise.

Le géant *Othus* est aussi en hébreu, selon
Pluche, le *dérangement des saisons*. Mais c'est
encor un mot grec qui ne signifie rien, du
moins que je sache; & quand il signifierait
quelque chose, quel rapport s'il vous plait
avec l'hébreu?

Porphirion est un *tremblement de terre* en
hébreu; mais en grec c'est du *porphire*. Le déluge n'a que faire là.

Mimas, c'est une *grande pluye*; pour le coup
en voilà une qui peut avoir quelque rapport
au déluge. Mais en grec *mimas* veut dire *imitateur*, *comédien*; & il n'y a pas moyen de
donner au déluge une telle origine.

Encelade, autre preuve du déluge en hébreu; car, selon *Pluche*, c'est la *fontaine du tems*;
mais malheureusement en grec c'est du *bruit*.

Ephialtes, autre démonstration du déluge
en hébreu; car *éphialtes* qui signifie *sauteur*,
oppresseur, *incube* en grec, est, selon *Pluche*,
un *grand amas de nuées*.

Or les Grecs ayant tout pris chez les Hébreux qu'ils ne connaissaient pas, ont évidemment donné à leurs géans tous ces noms

Quatrième partie.   P

que *Pluche* tire de l'hébreu comme il peut ; le tout en mémoire du déluge.

Deucalion, selon lui, signifie l'*affaiblissement du soleil*. Cela n'est pas vrai ; mais n'importe.

C'est ainsi que raisonne *Pluche* ; c'est lui que cite l'auteur de l'article *Déluge* sans le réfuter. Parle-t-il sérieusement ? se moque-t-il ? je n'en sais rien. Tout ce que je sais c'est qu'il n'y a guères de système dont on puisse parler sans rire.

J'ai peur que cet article du grand Dictionnaire, attribué à Mr. *Boulanger* ne soit sérieux ; en ce cas nous demandons si ce morceau est philosophique ? La philosophie se trompe si souvent, que nous n'osons prononcer contre Mr. *Boulanger*.

Nous osons encor moins demander ce que c'est que l'abîme qui se rompit, & les cataractes du ciel qui s'ouvrirent. *Isaac Vossius* nie l'universalité du déluge ; il dit, *hoc est pie nugari*. Calmet la soutient en assurant que les corps ne pèsent dans l'air que par la raison que l'air les comprime. *Calmet* n'était pas physicien, & la pesanteur de l'air n'a rien à faire avec le déluge. Contentons-nous de lire & de respecter tout ce qui est dans la Bible sans le comprendre.

Commentaire sur la Genèse page 197. &c.

DÉMOCRATIE.

LE pire des états c'eſt l'état populaire.

Cinna s'en explique ainſi à *Auguſte.* Mais auſſi *Maxime* ſoutient que

Le pire des états c'eſt l'état monarchique.

Bayle ayant plus d'une fois, dans ſon Dictionnaire, ſoutenu le pour & le contre, fait à l'article de *Périclès* un portrait fort hideux de la démocratie, & ſurtout de celle d'Athènes.

Un républicain, grand amateur de la démocratie, qui eſt l'un de nos feſeurs de queſtions, nous envoye ſa réfutation de *Bayle* & ſon apologie d'Athènes. Nous expoſerons ſes raiſons. C'eſt le privilège de quiconque écrit de juger les vivans & les morts ; mais on eſt jugé ſoi-même par d'autres, qui le ſeront à leur tour ; & de ſiécle en ſiécle toutes les ſentences ſont réformées.

Bayle donc, après quelques lieux communs, dit ces propres mots ; *Qu'on chercherait en vain, dans l'hiſtoire de Macédoine, autant de tyrannie que l'hiſtoire d'Athènes nous en préſente.*

Peut-être *Bayle* était-il mécontent de la Hollande quand il écrivait ainſi, & probablement mon républicain qui le réfute eſt content de ſa petite ville démocratique, *quant à préſent.*

P ij

Il eſt difficile de peſer dans une balance bien juſte les iniquités de la république d'Athènes, & celles de la cour de Macédoine. Nous reprochons encor aujourd'hui aux Athéniens le banniſſement de *Cimon*, d'*Ariſtide*, de *Thémiſtocle*, d'*Alcibiade*, les jugemens à mort portés contre *Phocion* & contre *Socrate*, jugemens qui reſſemblent à ceux de quelques-uns de nos tribunaux abſurdes & cruels.

Enfin, ce qu'on ne pardonne point aux Athéniens, c'eſt la mort de leurs ſix généraux victorieux, condamnés pour n'avoir pas eu le tems d'enterrer leurs morts après la victoire, & d'en avoir été empêchés par une tempête. Cet arrêt eſt à la fois ſi ridicule & ſi barbare, il porte un tel caractère de ſuperſtition & d'ingratitude, que ceux de l'inquiſition, ceux qui furent rendus contre *Urbain Grandier*, & contre la marechale d'*Ancre*, contre *Morin*, contre tant de ſorciers, &c. ne ſont pas des inepties plus atroces.

On a beau dire pour excuſer les Athéniens, qu'ils croyaient d'après *Homère*, que les ames des morts étaient toûjours errantes, à moins qu'elles n'euſſent reçu les honneurs de la ſépulture ou du bucher. Une ſotiſe n'excuſe point une barbarie.

Le grand mal que les ames de quelques Grecs ſe fuſſent promenées une ſemaine ou deux au bord de la mer ! Le mal eſt de livrer des vivans aux bourreaux, & des vivans qui vous ont gagné une bataille, des vivans que vous deviez remercier à genoux.

Voilà donc les Athéniens convaincus d'avoir été les plus fots & les plus barbares juges de la terre.

Mais il faut mettre à préfent dans la balance les crimes de la cour de Macédoine ; on verra que cette cour l'emporte prodigieufement fur Athènes en fait de tyrannie & de fcélérateffe.

Il n'y a d'ordinaire nulle comparaifon à faire entre les crimes des grands qui font toûjours ambitieux, & les crimes du peuple qui ne veut jamais, & qui ne peut vouloir que la liberté & l'égalité. Ces deux fentimens *liberté & égalité*, ne conduifent point droit à la calomnie, à la rapine, à l'affaffinat, à l'empoifonnement, à la dévaftation des terres de fes voifins, &c. ; mais la grandeur ambitieufe, & la rage du pouvoir précipitent dans tous ces crimes en tout tems & en tous lieux.

On ne voit dans cette Macédoine, dont *Bayle* oppofe la vertu à celle d'Athènes, qu'un tiffu de crimes épouvantables, pendant deux cent années de fuite.

C'eft *Ptolomée* oncle d'*Alexandre le grand*, qui affaffine fon frère *Alexandre*, pour ufurper le royaume.

C'eft *Philippe* fon frère, qui paffe fa vie à

tromper & à violer , & qui finit par être poignardé par *Paufanias.*

Olimpias fait jetter la reine *Cléopatre* & fon fils dans une cuve d'airain brûlante. Elle affaffine *Aridée.*

Antigone affaffine *Eumènes.*

Antigone Gonathas fon fils empoifonne le gouverneur de la citadelle de Corinthe ; époufe fa veuve , la chaffe , & s'empare de la citadelle.

Philippe fon petit-fils empoifonne *Démétrius,* & fouille toute la Macédoine de meurtres.

Perfée tue fa femme de fa propre main , & empoifonne fon frère.

Ces perfidies & ces barbaries font fameufes dans l'hiftoire.

Ainfi donc pendant deux fiécles la fureur du defpotifme fait de la Macédoine le théâtre de tous les crimes ; & dans le même efpace de tems vous ne voyez le gouvernement populaire d'Athènes fouillé que de cinq ou fix iniquités judiciaires , de cinq ou fix jugemens atroces , dont le peuple s'eft toûjours repenti , & dont il a fait amende honorable. Il demanda pardon à *Socrate* après fa mort , & lui érigea le petit temple du *Socrateion.* Il demanda pardon à *Phocion* , & lui éleva une ftatue. Il demanda pardon aux fix généraux condamnés avec tant de ridicule , & fi indignement exécutés. Ils mirent aux fers le principal accufateur, qui n'échappa qu'à peine à la vengeance publique. Le peuple Athénien était donc naturel-

lement auſſi bon que leger. Dans quel état
deſpótique a - t - on jamais pleuré ainſi l'injuſtice de ſes arrèts précipités ?

Bayle a donc tort cette fois ; mon républicain a donc raiſon. Le gouvernement populaire eſt donc par lui - mème moins inique,
moins abominable que le pouvoir tyrannique.

Le grand vice de la démocratie n'eſt certainement pas la tyrannie & la cruauté ; il y
eut des républicains montagnards, ſauvages
& féroces ; mais ce n'eſt pas l'eſprit républicain qui les fit tels, c'eſt la nature. L'Amérique ſeptentrionale était toute en républiques.
C'étaient des ours.

Le véritable vice d'une république civiliſée
eſt dans la fable turque du dragon à pluſieurs
tètes, & du dragon à pluſieurs queues. La
multitude des tètes ſe nuit, & la multitude
des queues obéït à une ſeule tète qui veut
tout dévorer.

La démocratie ne ſemble convenir qu'à un
très petit pays, encor faut - il qu'il ſoit heureuſement ſitué. Tout petit qu'il ſera il fera
beaucoup de fautes, parce qu'il ſera compoſé d'hommes. La diſcorde y régnera comme dans un couvent de moines ; mais il n'y
aura ni St. Barthelemi, ni maſſacres d'Irlande,
ni vèpres ſiciliennes, ni inquiſition, ni condamnation aux galères pour avoir pris de
l'eau dans la mer ſans payer, à moins qu'on

ne suppose cette république composée de dia-
bles dans un coin de l'enfer.

Après avoir pris le parti de mon Suisse contre l'ambidextre *Bayle* ; j'ajouterai

Que les Athéniens furent guerriers comme
les Suisses, & polis comme les Parisiens l'ont
été sous *Louïs XIV.*

Qu'ils ont réussi dans tous les arts qui demandent le génie & la main, comme les Flo-
rentins du tems de *Médicis.*

Qu'ils ont été les maîtres des Romains dans
les sciences & dans l'éloquence, du tems même de *Cicéron.*

Que ce petit peuple qui avait à peine un
territoire, & qui n'est aujourd'hui qu'une
troupe d'esclaves ignorans, cent fois moins
nombreux que les Juifs, & ayant perdu
jusqu'à son nom, l'emporte pourtant sur
l'empire Romain par son antique réputation qui triomphe des siécles & de l'es-
clavage.

L'Europe a vu une république dix fois plus
petite encor qu'Athènes, attirer pendant cent
cinquante ans les regards de l'Europe, & son
nom placé à côté du nom de Rome, dans le
tems que Rome commandait encor aux rois ;
qu'elle condamnait un *Henri* souverain de la
France, & qu'elle absolvait & fouettait un
autre *Henri* le premier homme de son siécle, dans le tems même que Venise conser-
vait son ancienne splendeur, & que la nou-

velle république des sept Provinces - Unies étonnait l'Europe & les Indes par son établissement & par son commerce.

Cette fourmillière imperceptible ne put être écrasée par le roi démon du Midi & dominateur des deux mondes, ni par les intrigues du Vatican qui fesaient mouvoir les ressorts de la moitié de l'Europe. Elle résista par la parole & par les armes ; & à l'aide d'un Picard qui écrivait, & d'un petit nombre de Suisses qui combattit, elle s'affermit, elle triompha ; elle put dire, *Rome & moi.* Elle tint tous les esprits partagés entre les riches pontifes successeurs des Scipions, *Romanos rerum dominos*, & les pauvres habitans d'un coin de terre longtems ignoré dans le pays de la pauvreté & des goîtres.

Il s'agissait alors de savoir comment l'Europe penserait sur des questions que personne n'entendait. C'était la guerre de l'esprit humain. On eut des *Calvin*, des *Bèze*, des *Turrettins* pour ses *Démosthènes*, ses *Platons* & ses *Aristotes.*

L'absurdité de la plûpart des questions de controverse qui tenaient l'Europe attentive ayant été enfin reconnue, la petite république se tourna vers ce qui parait solide, l'acquisition des richesses. Le système de *Lass* plus chimérique & non moins funeste que ceux des supralapsaires & des infralapsaires, engagea dans l'arithmétique ceux qui ne pouvaient plus fe faire un nom en théo - moriani-que. Ils devinrent riches, & ne furent plus rien.

On croit qu'il n'y a aujourd'hui de répu-bliques qu'en Europe. Ou je me trompe, ou je l'ai dit auffi quelque part ; mais c'eût été une très grande inadvertence. Les Efpagnols trouvèrent en Amérique la république de Tlafcala très bien établie. Tout ce qui n'a pas été fubjugué dans cette partie du monde eft encor république. Il n'y avait dans tout ce continent que deux royaumes lorfqu'il fut découvert ; & cela pourait bien prouver que le gouvernement républicain eft le plus naturel. Il faut s'être bien rafiné, & avoir paffé par bien des épreuves pour fe foumettre au gouvernement d'un feul.

En Afriqûe les Hottentots, les Çafres & plufieurs peuplades de Nègres font des démo-craties. On prétend que les pays où l'on vend le plus de Nègres font gouvernés par des rois. Tripoli, Tunis, Alger font des républiques de foldats & de pirates. Il y en a aujour-d'hui de pareilles dans l'Inde : les Marates, pluffeurs hordes de Patanes, les Seiks n'ont point de rois ; ils élifent des chefs quand ils vont piller.

Telles font encor plufieurs fociétés de Tar-tares. L'empire Turc même a été très long-tems une république de janiffaires qui étran-glaient fouvent leur fultan, quand leur fultan ne les fefait pas décimer.

On demande tous les jours si un gouvernement républicain est préférable à celui d'un roi? La dispute finit toûjours par convenir qu'il est fort difficile de gouverner les hommes. Les·Juifs eurent pour maître DIEU même ; voyez ce qui leur en est arrivé : ils ont été presque toûjours battus & esclaves ; & aujourd'hui ne trouvez-vous pas qu'ils font une belle figure?

DÉMONIAQUES,

POSSEDÉS DU DÉMON, ÉNERGUMÈNES, EXORCISÉS,

ou plutôt,

MALADES DE LA MATRICE, DES PALES COULEURS, HYPOCONDRIAQUES, EPILEPTIQUES, CATALEPTIQUES, GUERIS PAR LES ÉMOLLIENS DE Mr. POMME GRAND EXORCISTE.

LEs vaporeux, les épileptiques, les femmes travaillées de l'uterus, passèrent toûjours pour être les. victimes des esprits malins, des démons malfesans, des vengeances des Dieux. Nous avons vu que ce mal s'appellait le *mal sacré*, & que les prêtres de l'antiquité s'em-

parèrent partout de ces maladies , attendu
que les médecins étaient de grands ignorans.

Quand les simptomes étaient fort compli-
qués , c'est qu'on avait plusieurs démons dans
le corps ; un démon de fureur, un de luxure,
un de contraction , un de roideur , un d'é-
blouissement, un de *surdité* ; & l'exorciseur
avait à coup sûr un démon d'*absurdité* joint à
un de friponnerie.

On a voulu renouveller depuis peu l'histoire
de *St. Paulin*. Ce saint vit à la voûte d'une
église un pauvre démoniaque qui marchait
sous cette voûte ou sur cette voûte , la tête
en bas & les pieds en haut, à-peu-près comme une mouche. *St. Paulin* vit bien que cet
homme était possédé ; il envoya vîte chercher
à quelques lieues de là des reliques de *St. Felix*
de Nole : on les appliqua au patient comme
des vesicatoires. Le démon qui soutenait cet
homme contre la voûte s'enfuit aussitôt , & le
démoniaque tomba sur le pavé.

Nous pouvons douter de cette histoire en
conservant le plus profond respect pour les vrais
miracles ; & il nous sera permis de dire que
ce n'est pas ainsi que nous guérissons aujour-
d'hui les démoniaques. Nous les saignons,
nous les baignons, nous les purgeons douce-
ment , nous leur donnons des émolliens ;
voilà comme Mr. *Pomme* les traite ; & il a
opéré plus de cures que les prêtres d'*Isis*

& de *Diane* ou autres, n'ont jamais fait de miracles.

Quant aux démoniaques qui se disent possédés pour gagner de l'argent, au-lieu de les baigner on les fouette.

Il arrivait souvent que des épileptiques ayant les fibres & les muscles desséchés, pesaient moins qu'un pareil volume d'eau, & surnageaient quand on les mettait dans le bain. On criait miracle ; on disait, c'est un possedé ou un sorcier ; on allait chercher de l'eau bénite ou un bourreau. C'était une preuve indubitable, ou que le démon s'était rendu maître du corps de la personne surnageante, ou qu'elle s'était donnée à lui. Dans le premier cas elle était exorcisée ; dans le second elle était brûlée.

C'est ainsi que nous avons raisonné & agi pendant quinze ou seize cent ans ; & nous avons osé nous moquer des Cafres ! c'est une exclamation qui peut souvent échapper.

DE St. DENIS L'ARÉOPAGITE,
ET DE LA FAMEUSE ÉCLIPSE.

L'Auteur de l'article *Apocryphe* a négligé une centaine d'ouvrages reconnus pour tels, & qui étant entiérement oubliés, sem-

blaient ne pas mériter d'entrer dans sa lifte.
Nous avons cru devoir ne pas omettre *St. De-*
nis furnommé l'*aréopagite*, qu'on a prétendu
longtems avoir été difciple de *St. Paul* & d'un
Hierothée compagnon de *St. Paul*, qu'on n'a
jamais connu. Il fut, dit-on, facré évèque
d'Athènes par *St. Paul* lui-même. Il eft dit
dans fa vie, qu'il alla rendre une vifite dans
Jérufalem à la Ste. Vierge, & qu'il la trouva
fi belle & fi majeftueufe, qu'il fut tenté de
l'adorer.

Après avoir longtems gouverné l'églife
d'Athènes, il alla conférer avec *St. Jean* l'é-
vangelifte à Ephèfe, enfuite à Rome avec le
pape *Clément*; de là il alla exercer fon apof-
tolat en France; *& fachant*, dit l'hiftoire,
que Paris était une ville riche, peuplée, abon-
dante, & comme la capitale des autres, il vint
y planter une citadelle pour battre l'enfer &
l'infidélité en ruine.

On le regarda très longtems comme le
premier évèque de Paris. *Harduinus*, l'un de
fes hiftoriens, ajoute qu'à Paris on l'expofa
aux bêtes; mais qu'ayant fait le figne de la
croix fur elles, les bêtes fe profternèrent à fes
pieds. Les payens Parifiens le jettèrent alors
dans un four chaud; il en fortit frais & en
parfaite fanté. On le crucifia; quand il fut
crucifié il fe mit à prêcher du haut de la potence.

On le ramena en prison avec *Ruſtique* & *Eleuthère* ſes compagnons. Il y dit la meſſe; *St. Ruſtique* ſervit de diacre, & *Eleuthère* de ſous-diacre. Enfin on les mena tout trois à Montmartre, & on leur trancha la tête, après quoi ils ne dirent plus de meſſe.

Mais, ſelon *Harduinus*, il arriva un bien plus grand miracle; le corps de *St. Denis* ſe leva debout, prit ſa tête entre ſes mains, les anges l'accompagnaient en chantant: *Gloria tibi Domine*, *alleluia*. Il porta ſa tête juſqu'à l'endroit où on lui bâtit une égliſe, qui eſt la fameuſe égliſe de St. Denis.

Metaphraſte, *Harduinus*, *Hincmar* évèque de Rheims, diſent qu'il fut martiriſé à l'âge de quatre-vingt onze ans; mais le cardinal *Baronius* prouve qu'il en avait cent dix, en quoi il eſt ſuivi par *Ribadeneyra* ſavant auteur de la *Fleur des ſaints*. *Baron. tom. II. pag. 37.*

On lui attribue dix-ſept ouvrages, dont malheureuſement nous avons perdu ſix. Les onze qui nous reſtent, ont été traduits du grec par *Jean Scot*, *Hugues de St. Victor*, *Albert* dit *le grand*, & pluſieurs autres ſavans illuſtres.

Il eſt vrai que depuis que la ſaine critique s'eſt introduite dans le monde, on eſt convenu que tous les livres qu'on attribue à *Denis* furent écrits par un impoſteur l'an 362 de notre ère, & il ne reſte plus ſur cela de difficultés. *Voyez Cave.*

DE LA GRANDE ÉCLIPSE OBSERVÉE PAR DENIS.

Ce qui a furtout excité une grande querelle entre les favans, c'eft ce que rapporte un des auteurs inconnus de la vie de *St. Denis*. On a prétendu que ce premier évèque de Paris étant en Egypte dans la ville de Diofpolis ou No-Ammon, à l'âge de vingt-cinq ans, & n'étant pas encor chrétien, il y fut témoin avec un de fes amis de la fameufe éclipfe du foleil arrivée dans la pleine lune à la mort de JESUS-CHRIST, & qu'il s'écria en grec; *Ou* DIEU *pâtit, ou il s'afflige avec le patient.*

Ces paroles ont été diverfement rapportées par divers auteurs; mais dès le tems d'*Eufèbe* de Céfarée on prétendait que deux hiftoriens, l'un nommé *Phlegon* & l'autre *Thallus*, avaient fait mention de cette éclipfe miraculeufe. *Eufèbe* de Céfarée cite *Phlegon*, mais nous n'avons plus fes ouvrages. Il difait, à ce qu'on prétend, que cette éclipfe arriva la quatriéme année de la deux cent deuxiéme olimpiade, qui ferait la dix-huitiéme année de *Tibère*. Il y a fur cette anecdote plufieurs leçons, & on peut fe défier de toutes, d'autant plus qu'il refte à favoir fi on comptait encor par olimpiades du tems de *Phlegon*; ce qui eft fort douteux.

Ce

Ce calcul important intéressa tous les astronomes ; *Hodgson*, *Wiston*, *Gale*, *Maurice* & le fameux *Halley* ont démontré qu'il n'y avait point eu d'éclipse de soleil cette année ; mais que dans la première année de la deux cent deuxiéme olimpiade, le 24 Novembre, il en arriva une qui obscurcit le soleil pendant deux minutes à une heure & un quart à Jérusalem.

On a été encor plus loin ; un jésuite nommé *Greslon* prétendit que les Chinois avaient conservé dans leurs annales la mémoire d'une éclipse arrivée à-peu-près dans ce tems-là, contre l'ordre de la nature. On pria les mathématiciens d'Europe d'en faire le calcul. Il était assez plaisant de prier des astronomes de calculer une éclipse qui n'était pas naturelle. Enfin, il fut avéré que les annales de la Chine ne parlent en aucune manière de cette éclipse.

Il résulte de l'histoire de *St. Denis* l'aréopagite, & du passage de *Phlegon*, & de la lettre du jésuite *Greslon*, que les hommes aiment fort à en imposer. Mais cette prodigieuse multitude de mensonges, loin de faire du tort à la religion chrétienne, ne sert au contraire qu'à en prouver la divinité, puis qu'elle s'est affermie de jour en jour malgré eux.

Quatriéme partie.   Q

DÉNOMBREMENT.

LEs plus anciens dénombremens que l'hiſtoire nous ait laiſſés, ſont ceux des Iſraëlites. Ceux-là ſont indubitables puis qu'ils
ſont tirés des livres juifs.

On ne croit pas qu'il faille compter pour
un dénombrement la fuite des Iſraëlites au
nombre de ſix cent mille hommes de pied,
parce que le texte ne les ſpécifie pas tribu
par tribu ; il ajoute qu'une troupe innombrable de gens ramaſſés ſe joignit à eux ; ce n'eſt
qu'un récit.

*Exod. ch.
XII. ℣.
37 & 38.*

Le premier dénombrement circonſtancié eſt
celui qu'on voit dans le livre du Vaiedaber,
& que nous nommons les *Nombres.* Par le
recenſement que *Moïſe* & *Auron* firent du
peuple dans le déſert, on trouva en comptant
toutes les tribus, excepté celle de Lévi, ſix
cent trois mille cinq cent cinquante hommes
en état de porter les armes ; & ſi vous y
joignez la tribu de Lévi ſuppoſée égale en
nombre aux autres tribus, le fort portant le
faible, vous aurez ſix cent cinquante-trois
mille neuf cent trente-cinq hommes, auxquels il faut ajouter un nombre égal de vieillards, de femmes & d'enfans, ce qui compo-
ſera deux millions ſix cent quinze mille ſept

*Nomb.
ch. I.*

eent quarante-deux perfonnes parties de l'E-
gypte.

Lorfque *David*, à l'exemple de *Moïfe*, ordonna le recenfement de tout le peuple, il fe
trouva huit cent mille guerriers des tribus
d'Ifraël, & cinq cent mille de celle de Juda,
felon le livre des Rois; mais, felon les Paralipomènes, on compta onze cent mille guerriers dans Ifraël, & moins de cinq cent mille
dans Juda.

Liv. II.
des Rois,
ch. XXIV.

Liv. I. des
Paralip.
ch. XXI.
ỹ. 5.

Le livre des Rois exclut formellement Lévi
& Benjamin; & les Paralipomènes ne les comptent pas. Si donc on joint ces deux tribus aux
autres, proportion gardée, le total des guerriers fera de dix - neuf cent vingt mille.

Ce n'eft pas à nous d'entrer dans les raifons pour lefquelles le fouverain arbitre des
rois & des peuples punit *David* de cette opération qu'il avait commandée lui - même à
Moïfe. Il nous appartient encor moins de rechercher pourquoi DIEU étant irrité contre
David, c'eft le peuple qui fut puni pour avoir
été dénombré. Le prophète *Gad* ordonna au
roi de la part de DIEU de choifir la guerre,
la famine ou la pefte; *David* accepta la pefte, & il en mourut foixante & dix mille juifs
en trois jours.

St. Ambroife dans fon livre de la *pénitence*,
& *St. Auguftin* dans fon livre contre *Faufte*,
reconnaiffent qué l'orgueil & l'ambition

Q ij

avaient déterminé *David* à faire cette revue. Leur opinion eſt d'un grand poids, & nous ne pouvons que nous ſoumettre à leur déciſion, en éteignant toutes les lumières trompeuſes de notre eſprit.

Livre I.
d'*Eſdras*
ch. II. ⁊.
64.
Livre II.
d'*Eſdras*
qui eſt
l'hiſt. de
Néhémie
ch. VII.
⁊. 66.

L'Ecriture rapporte un nouveau dénombrement du tems d'*Eſdras*, lorſque la nation juive revint de la captivité. *Toute cette multitude*, diſent également Eſdras & Néhémie, *étant comme un ſeul homme, ſe montait à quarante-deux mille trois cent ſoixante perſonnes.* Ils les nomment toutes par familles, & ils comptent le nombre des Juifs de chaque famille & le nombre des prêtres. Mais non-ſeulement il y a dans ces deux auteurs des différences entre les nombres & les noms des familles ; on voit encor une erreur de calcul dans l'un & dans l'autre. Par le calcul d'*Eſdras*, au-lieu de quarante deux mille hommes, on n'en trouve, après avoir tout additionné, que vingt neuf mille huit cent dix-huit ; & par celui de *Néhémie* on en trouve trente & un mille quatre-vingt neuf.

Il faut ſur cette mépriſe apparente, conſulter les commentateurs, & ſurtout *Dom Calmet*, qui ajoutant à un de ces deux comptes ce qui manque à l'autre, & ajoutant encor ce qui leur manque à tout deux, réſout toute la difficulté. Il manque à la ſupputation d'*Eſdras* & de *Néhémie*, rapprochées par *Calmet*,

dix mille sept cent soixante & dix-sept personnes ; mais on les retrouve dans les familles
qui n'ont pu donner leur généalogie : d'ailleurs s'il y avait quelque faute de copiste, elle
ne pourait nuire à la véracité du texte divine-
ment inspiré.

Il est à croire que les grands rois voisins
de la Palestine, avaient fait les dénombremens
de leurs peuples autant qu'il est possible. Hérodote nous donne le calcul de tous ceux qui
suivirent Xerxès, sans y faire entrer son armée navale ; il compte dix-sept cent mille
hommes, & il prétend que pour parvenir à
cette supputation, on les fesait passer en divi-
sions de dix mille dans une enceinte qui ne
pouvait tenir que ce nombre d'hommes très
pressés. Cette méthode est bien fautive ; car
en se pressant un peu moins, il se pouvait aisément que chaque division de dix mille ne
fût en effet que de huit à neuf. De plus, cette
méthode n'est nullement guerrière ; & il eût
été beaucoup plus aisé de voir le complet, en
fesant marcher les soldats par rangs & par
files.

Hérodote liv. VII. ou Polim. nie.

Il faut encor observer combien il était difficile de nourrir dix-sept cent mille hommes
dans le pays de la Grèce qu'il allait conquérir. On pourait bien douter & de ce nombre & de la manière de le compter, & du
fouet donné à l'Hellespont, & du sacrifice

de mille bœufs fait à *Minerve* par un roi Per-
fan qui ne la connaiffait pas, & qui ne vénérait que le foleil comme l'unique fymbole de
la Divinité.

Le dénombrement des dix-fept cent mille
hommes n'eft pas d'ailleurs complet, de l'a-
veu même d'*Hérodote*, puis que *Xerxès* mena
encor avec lui tous les peuples de la Thrace
& de la Macédoine, qu'il força, dit-il, chemin fefant de le fuivre, apparemment pour
affamer plus vite fon armée. On doit donc
faire ici ce que les hommes fages font à la lecture de toutes les hiftoires anciennes, & même modernes, fufpendre fon jugement &
douter beaucoup.

Le premier dénombrement que nous ayons
d'une nation prophane, eft celui que fit *Servius Tullius* fixiéme roi de Rome. Il fe trouva, dit *Tite-Live*, quatre-vingt mille combattans, tous citoyens Romains. Cela fuppofe
trois cent quarante mille citoyens au moins,
tant vieillards que femmes & enfans ; à quoi
il faut ajouter au moins vingt mille domeftiques tant efclaves que libres.

Or on peut raifonnablement douter que le
petit état Romain contínt cette multitude.
Romulus n'avait régné (fuppofé qu'on puiffe
l'appeller *roi*) que fur environ trois mille bandits raffemblés dans un petit bourg entre des
montagnes. Ce bourg était le plus mauvais

terrain de l'Italie. Tout fon pays n'avait pas trois mille pas de circuit. *Servius* était le fixiéme chef ou roi de cette peuplade naiffante. La règle de *Newton*, qui eft indubitable pour les royaumes électifs, donne à chaque roi vingt & un ans de règne, & contredit par-là tous les anciens hiftoriens qui n'ont jamais obfervé l'ordre des tems, & qui n'ont donné aucune date précife. Les cinq rois de Rome doivent avoir régné environ cent ans.

Il n'eft certainement pas dans l'ordre de la nature qu'un terrain ingrat qui n'avait pas cinq lieuës en long & trois en large, & qui devait avoir perdu beaucoup d'habitans dans fes petites guerres prefque continuelles, pût être peuplé de trois cent quarante mille ames. Il n'y en a pas la moitié dans le même terri-toire où Rome aujourd'hui eft la métropole du monde chrétien, où l'affluence des étran-gers & des ambaffadeurs de tant de nations, doit fervir à peupler la ville, où l'or coule de la Pologne, de la Hongrie, de la moitié de l'Allemagne, de l'Efpagne, de la France, par mille canaux dans la bourfe de la daterie, & doit faciliter encor la population, fi d'autres caufes ne l'interceptent.

L'hiftoire de Rome ne fut écrite que plus de cinq cent ans après fa fondation. Il ne fe-rait point du tout furprenant que les hiftoriens euffent donné libéralement quatre-vingt mille guerriers à *Servius Tullius* au-lieu de huit mille, par un faux zèle pour la patrie. Le zèle eût été plus grand & plus vrai, s'ils avaient avoué les faibles commencemens de leur république. Il est plus beau de s'être élevé d'une si petite origine à tant de grandeur, que d'avoir eu le double des soldats d'*Alexandre* pour conquérir environ quinze lieues de pays en quatre cent années.

Le cens ne s'est jamais fait que des citoyens Romains. On prétend que sous *Auguste* il était de quatre millions soixante-trois mille l'an 29 avant notre ère vulgaire, selon *Tillemont* qui est assez exact ; mais il cite *Dion Cassius* qui ne l'est guères.

Laurent Echard n'admet qu'un dénombrement de quatre millions cent trente-sept mille hommes l'an 14 de notre ère. Le même *Echard* parle d'un dénombrement général de l'empire pour la première année de la même ère ; mais il ne cite aucun auteur Romain, & ne spécifie aucun calcul du nombre des citoyens. *Tillemont* ne parle en aucune manière de ce dénombrement.

On a cité *Tacite* & *Suétone* ; mais c'est très mal-à-propos. Le cens dont parle *Suétone* n'est point un dénombrement de citoyens, ce n'est qu'une liste de ceux auxquels le public fournissait du blé.

Tacite ne parle au livre II. que d'un cens établi dans les seules Gaules pour y lever plus de tributs par têtes. Jamais *Auguste* ne fit un dénombrement des autres sujets de son empire, parce que l'on ne payait point ailleurs la capitation qu'il voulut établir en Gaule.

Tacite dit qu'*Auguste avait un mémoire écrit* *de sa main, qui contenait les revenus de l'em-* *pire, les flottes, les royaumes tributaires.* Il ne parle point d'un dénombrement. **Annales livre I.**

Dion Cassius spécifie un cens, mais il n'articule aucun nombre. **L XLIII.**

Joseph, dans ses *Antiquités*, dit que l'an 759 de Rome (tems qui répond à l'onziéme année de notre ère) *Cirénius* établi alors gouverneur de Syrie, se fit donner une liste de tous les biens des Juifs, ce qui causa une révolte. Cela n'a aucun rapport à un dénombrement général, & prouve seulement que ce *Cirénius* ne fut gouverneur de la Judée (qui était alors une petite province de Syrie) que dix ans après la naissance de notre Sauveur, & non pas au tems de sa naissance. *Joseph.* **L. XVIII. chap. I.**

Voilà, ce me semble, ce qu'on peut recueillir de principal dans les prophanes touchant les dénombremens attribués à *Auguste*. Si nous nous en rapportions à eux, JESUS-CHRIST serait né sous le gouvernement de *Varus* & non sous celui de *Cirénius* ; il n'y aurait point eu de dénombrement univerſel. Mais *St. Luc* dont l'autorité doit prévaloir ſur *Joſeph* , *Suétone* , *Tacite* , *Dion Caſſius* & tous les écrivains de Rome , *St. Luc* affirme poſitivement qu'il y eut un dénombrement univerſel de toute la terre , & que *Cirénius* était gouverneur de Judée. Il faut donc s'en rapporter uniquement à lui , ſans même chercher à le concilier avec *Flavien Joſeph*, ni avec aucun autre hiſtorien.

Au reſte , ni le nouveau Teſtament , ni l'ancien ne nous ont été donnés pour éclaircir des points d'hiſtoire , mais pour nous annoncer des vérités ſalutaires , devant leſquelles tous les événemens & toutes les opinions doivent diſparaître.

DÉNOMBREMENT.
SECTION SECONDE.

A l'égard du dénombrement des peuples modernes , les rois n'ont point à craindre aujourd'hui qu'un docteur *Gad* vienne leur propoſer , de la part de DIEU , la famine , la guerre ou la peſte , pour les punir d'avoir voulu ſavoir leur compte. Aucun d'eux ne le ſait.

On conjecture , on devine , & toûjours à quelques millions d'hommes près.

J'ai porté le nombre d'habitans qui compoſent l'empire de Ruſſie , à vingt-quatre mil-

lions, fur les mémoires qui m'ont été en-
voyés ; mais je n'ai point garanti cette éva-
luation , car je connais très peu de chofes
qui je vouluffe garantir.

J'ai cru que l'Allemagne poffède autant de
monde en comptant les Hongrois. Si je me
fuis trompé d'un million ou deux , on fait
que c'eft une bagatelle en pareil cas.

Je demande pardon au roi d'Efpagne fi je
ne lui accorde que fept millions de fujets dans
notre continent. C'eft bien peu de chofe ;
mais *Don Uftaris* employé dans le miniftère,
ne lui en donne pas davantage.

On compte environ neuf à dix millions
d'êtres libres dans les trois royaumes de la
Grande-Bretagne.

On balance en France entre feize & vingt
millions. C'eft une preuve que le docteur *Gad*
n'a rien à reprocher au miniftère de France.
Quant aux villes capitales , les opinions font
encor partagées. Paris , felon quelques cal-
culateurs a fept cent mille habitans ; & , felon
d'autres , cinq cent. Il en eft ainfi de Londres,
de Conftantinople , du grand Caire.

Pour les fujets du pape , ils feront la foule
en paradis ; mais la foule eft médiocre fur
terre. Pourquoi cela ? C'eft qu'ils font fujets
du pape. *Caton* le cenfeur aurait - il jamais
cru que les Romains en viendraient là ?
Voyez *Population*.

D E S T I N.

DE tous les livres de l'occident, qui font parvenus jufqu'à nous, le plus ancien eft *Homère* ; c'eft là qu'on trouve les mœurs de l'antiquité prophane, des héros groffiers, des Dieux groffiers, faits à l'image de l'homme. Mais c'eft là que parmi les rêveries & les inconféquences on trouve auffi les femences de la philofophie, & furtout l'idée du deftin qui eft maître des Dieux, comme les Dieux font les maîtres du monde.

Quand le magnanime *Hector* veut abfolument combattre le magnanime *Achille*, & que pour cet effet il fe met à fuir de toutes fes forces & fait trois fois le tour de la ville avant de combattre, afin d'avoir plus de vigueur ; quand *Homère* compare *Achille* aux-pieds-legers qui le pourfuit à un homme qui dort ; quand madame *Dacier* s'extafie d'admiration fur l'art & le grand fens de ce paffage ; alors *Jupiter* veut fauver le grand *Hector* qui lui a fait tant de facrifices : & il confulte les deftinées ; il pèfe dans une balance les deftins d'*Hector* & d'*Achille* ; il trouve que le Troyen doit abfolument être tué par le Grec ; il ne peut s'y oppofer ; & dès ce moment *Apollon*, le génie gardien d'*Hector*, eft

Iliade liv. XXII.

obligé de l'abandonner. Ce n'eſt pas qu'*Homère* ne prodigue ſouvent, & ſurtout en ce même endroit, des idées toutes contraires, ſuivant le privilège de l'antiquité ; mais enfin, il eſt le premier chez qui on trouve la notion du deſtin. Elle était donc très en vogue de ſon tems.

Les phariſiens, chez le petit peuple Juif, n'adoptèrent le deſtin que pluſieurs ſiécles après. Car ces phariſiens eux‑mêmes, qui furent les premiers lettrés d'entre les Juifs, étaient très nouveaux. Ils mélèrent dans Aléxandrie une partie des dogmes des ſtoïciens, aux anciennes idées juives. *St. Jérôme* prétend même que leur ſecte n'eſt pas de beaucoup antérieure à notre ère vulgaire.

Les philoſophes n'eurent jamais beſoin ni d'*Homère*, ni des phariſiens, pour ſe perſuader que tout ſe fait par des loix immuables, que tout eſt arrangé, que tout eſt un effet néceſſaire. Voici comme ils raiſonnaient.
Ou le monde ſubſiſte par ſa propre nature, par ſes loix phyſiques, ou un Etre ſuprème l'a formé ſelon ſes loix ſuprèmes ; dans l'un & l'autre cas ces loix ſont immuables ; dans l'un & l'autre cas, tout eſt néceſſaire ; les corps graves tendent vers le centre de la terre, ſans pouvoir tendre à ſe repoſer en l'air. Les poiriers ne peuvent jamais porter d'ananas. L'inſtinct d'un épagneul ne peut être l'inſtinct

d'une autruche ; tout eſt arrangé , engrené & limité.

L'homme ne peut avoir qu'un certain nombre de dents , de cheveux & d'idées ; il vient un tems où il perd néceſſairement ſes dents , ſes cheveux & ſes idées.

Il eſt contradictoire que ce qui fut hier n'ait pas été , que ce qui eſt aujourd'hui ne ſoit pas ; il eſt auſſi contradictoire que ce qui doit être , puiſſe ne pas devoir être.

Si tu pouvais déranger la deſtinée d'une mouche , il n'y aurait nulle raiſon qui pût t'empêcher de faire le deſtin de toutes les autres mouches , de tous les autres animaux, de tous les hommes , de toute la nature ; tu te trouverais au bout du compte plus puiſſant que DIEU.

Des imbécilles diſent , Mon médecin a tiré ma tante d'une maladie mortelle , il a fait vivre ma tante dix ans de plus qu'elle ne devait vivre ; d'autres qui font les capables diſent, L'homme prudent fait lui-même ſon deſtin.

Nullum numen abeſt ſi ſit prudentia , ſed nos
Te facimus fortuna Deam cœloque locamus.

La fortune n'eſt rien ; c'eſt en vain qu'on l'adore.
La prudence eſt le Dieu qu'on doit ſeul implorer.

Mais ſouvent le prudent ſuccombe ſous ſa deſtinée , loin de la faire ; c'eſt le deſtin qui fait les prudens.

De profonds politiques affurent que fi on avait affaffiné *Cromwell*, *Ludlow*, *Ireton*, & une douzaine d'autres parlementaires, huit jours avant qu'on coupát la tête à *Charles I*, ce roi aurait pu vivre encor & mourir dans fon lit ; ils ont raifon ; ils peuvent ajouter encor que fi toute l'Angleterre avait été engloutie dans la mer, ce monarque n'aurait pas péri fur un échaffaut auprès de *Whitehall la falle blanche* : mais les chofes étaient arrangées de façon que *Charles* devait avoir le cou coupé.

Le cardinal d'*Offat* était fans doute plus prudent qu'un fou des petites maifons ; mais n'eft-il pas évident que les organes du fage d'*Offat* étaient autrement faits que ceux de cet écervelé ? de même que les organes d'un renard font différens de ceux d'une grüe & d'une alouette.

Ton médecin a fauvé ta tante ; mais certainement il n'a pas en cela contredit l'ordre de la nature, il l'a fuivi. Il eft clair que ta tante ne pouvait pas s'empêcher de naître dans une telle ville, qu'elle ne pouvait pas s'empêcher d'avoir dans un tel tems une certaine maladie, que le médecin ne pouvait pas être ailleurs que dans la ville où il était, que ta tante devait l'appeller, qu'il devait lui prefcrire les drogues qui l'ont guérie.

Un payfan croit qu'il a grêlé par hazard fur fon champ, mais le philofophe fait qu'il n'y a point de hazard, & qu'il était impoſſible, dans la conſtitution de ce monde, qu'il ne grèlât pas ce jour-là en cet endroit.

Il y a des gens qui étant effrayés de cette vérité en accordent la moitié, comme des débiteurs qui offrent moitié à leurs créanciers, & demandent répit pour le reſte. Il y a, diſent-ils, des événemens néceſſaires, & d'autres qui ne le ſont pas. Il ſerait plaiſant qu'une partie de ce monde fût arrangée, & que l'autre ne le fût point; qu'une partie de ce qui arrive dût arriver, & qu'une autre partie de ce qui arrive ne dût pas arriver. Quand on y regarde de près, on voit que la doctrine contraire à celle du deſtin eſt abſurde; mais il y a beaucoup de gens deſtinés à raiſonner mal, d'autres à ne point raiſonner du tout, d'autres à perſécuter ceux qui raiſonnent.

Quelques-uns vous diſent, Ne croyez pas au fataliſme; car alors tout vous paraiſſant inévitable vous ne travaillerez à rien, vous croupirez dans l'indifférence, vous n'aimerez ni les richeſſes ni les honneurs, ni les louanges; vous ne voudrez rien acquérir, vous vous croirez ſans mérite comme ſans pouvoir; aucun talent ne ſera cultivé, tout périra par l'apathie.

Ne craignez rien, meſſieurs, nous aurons toûjours des paſſions & des préjugés, puiſque c'eſt notre deſtinée d'être ſoumis aux préjugés & aux paſſions : nous ſaurons bien qu'il ne
dépend

dépend pas plus de nous d'avoir beaucoup de mérite & de grands talens, que d'avoir les cheveux bien plantés & la main belle : nous ferons convaincus qu'il ne faut tirer vanité de rien, & cependant nous aurons toûjours de la vanité.

J'ai néceffairement la paffion d'écrire ceci, & toi tu as la paffion de me condamner ; nous fommes tout deux également fots, également les jouets de la deftinée. Ta nature eft de faire du mal, la mienne eft d'aimer la vérité, & de la publier malgré toi.

Le hibou qui fe nourrit de fouris dans fa mafure, a dit au roffignol, Ceffe de chanter fous tes beaux ombrages, viens dans mon trou, afin que je t'y dévore ; & le roffignol a répondu, Je fuis né pour chanter ici, & pour me moquer de toi.

Vous me demandez ce que deviendra la liberté ? Je ne vous entends pas. Je ne fais ce que c'eft que cette liberté dont vous parlez ; il y a fi longtems que vous difputez fur fa nature, qu'affurément vous ne la connaiffez pas. Si vous voulez, ou plutôt, fi vous pouvez examiner paifiblement avec moi ce que c'eft, paffez à la lettre L.

Quatriéme partie. R

DICTIONNAIRE.

LA méthode des dictionnaires inconnue à l'antiquité, est d'une utilité qu'on ne peut contester ; & l'Encyclopédie imaginée par Mrs. *d'Alembert* & *Diderot*, achevée par eux & par leurs associés avec tant de succès, en est un assez bon témoignage. Ce qu'on y trouve à l'article *Dictionnaire* doit suffire ; il est fait de main de maître.

Je ne veux parler ici que d'une nouvelle espèce de dictionnaires historiques qui renferment des mensonges & des satyres par ordre alphabétique ; tel est le *Dictionnaire historique, littéraire & critique, contenant une idée abrégée de la vie des hommes illustres en tout genre*, & imprimé en 1758 en six volumes 8°. sans nom d'auteur.

Les compilateurs de cet ouvrage commencent par déclarer qu'il a été entrepris *sur les avis de l'auteur de la Gazette ecclésiastique, écrivain redoutable*, disent-ils, *dont la flèche déja comparée à celle de Jonathas, n'est jamais retournée en arrière, & est toûjours teinte du sang des morts, du carnage des plus vaillans : A sanguine interfectorum, ab adipe fortium sagitta Jonathæ nunquam rediit retrorsum.*

On conviendra sans peine que *Jonathas* fils de *Saül*, tué à la bataille de Gelboé, a un rapport immédiat avec un convulfionnaire de Paris qui barbouillait les nouvelles eccléfiaftiques dans un grenier en 1758.

L'auteur de cette préface y parle du grand *Colbert*. On croit d'abord que c'eft du miniftre d'état qui a rendu de fi grands fervices à la France ; point du tout , c'eft d'un évèque de Montpellier. Il fe plaint qu'un autre dictionnaire n'ait pas affez loué le célèbre abbé d'*Asfeld* , l'illuftre *Bourfier*, le fameux *Gennes* , l'immortel *la Borde*, & qu'on n'ait pas dit affez d'injures à l'archevèque de Sens *Languet* & à un nommé *Fillot* , tous gens connus, à ce qu'il prétend , des colonnes d'Hercule à la mer Glaciale. Il promet qu'il fera *vif, fort & piquant par principe de religion ; qu'il rendra fon vifage plus ferme que le vifage de fes ennemis , & fon front plus dur que leur front , felon la parole d'Ezéchiel.*

Il déclare qu'il a mis à contribution tous les journaux & tous les ana , & il finit par efpérer que le ciel répandra fes bénédictions fur fon travail.

Dans ces efpèces de dictionnaires qui ne font que des ouvrages de parti , on trouve rarement ce qu'on cherche , & fouvent ce qu'on ne cherche pas. Au mot *Adonis* , par exemple, on apprend que *Vénus* fut amoureufe de lui ; mais pas un mot du culte d'*Adonis*, ou *Adonaï* chez les Phéniciens ; rien fur ces fêtes fi antiques & fi célèbres, fur les lamentations fuivies de réjouïffances qui étaient des allégories manifeftes, ainfi que les fêtes de *Cérès*, celles d'*Ifis* & tous les myftères de l'antiquité. Mais en récompenfe on trouve la religieufe *Adkichomia* qui traduifit en vers les pfaumes de *David* au feiziéme fiécle, & *Adkichomius* qui était apparemment fon parent & qui fit la *Vie de* JESUS-CHRIST en bas-allemand.

On peut bien penfer que tous ceux de la faction dont était le rédacteur font accablés de louanges, & les autres d'injures. L'auteur, ou la petite horde d'auteurs qui ont broché ce vocabulaire d'inepties, dit de *Nicolas Boindin* procureur-général des tréforiers de France, de l'académie des belles-lettres, qu'il était *poëte* & *athée*.

Ce magiftrat n'a pourtant fait jamais imprimer de vers; & n'a rien écrit fur la métaphyfique ni fur la religion.

Il ajoute que *Boindin* fera mis par la poftérité au rang des *Vanini*, des *Spinofa* & des *Hobbes*. Il ignore qu'*Hobbes* n'a jamais profeffé l'athéïfme, qu'il a feulement foumis la religion à la puiffance fouveraine, qu'il appelle le *Léviathan*. Il ignore que *Vanini* ne fut point athée. Que le mot d'*athée* même ne fe trouve pas dans l'arrêt qui le condamna; qu'il fut accufé d'impiété pour s'être élevé fortement contre la philófophie d'*Ariftote*, & pour

avoir difputé aigrement & fans retenue contre un confeiller au parlement de Touloufe
nommé *Francon* ou *Franconi*, qui eut le crédit de le faire brûler, parce qu'on fait brûler
qui on veut, témoin la *Pucelle d'Orléans*, *Michel Servet*, le confeiller *Du Bourg*, la maré-
chale *d'Ancre*, *Urbain Grandier*, *Morin* &
les livres des janféniftes. Voyez d'ailleurs l'a-
pologie de *Vanini* par le favant *La Crofe*; &
à l'article *Athéïfme*.

Le vocabulifte traite Boindin de *fcélérat*;
fes parens voulaient attaquer en juftice & faire
punir un auteur qui mérite fi bien le nom qu'il
ofe donner à un magiftrat, à un favant efti-
mable. Mais le calomniateur fe cachait fous un
nom fuppofé comme la plûpart des libelliftes.

Immédiatement après avoir parlé fi indignement d'un homme refpectable pour lui,
il le regarde comme un témoin irréfragable,
parce que *Boindin* dont la mauvaife humeur
était connue, a laiffé un mémoire très mal fait
& très téméraire, dans lequel il accufe *La
Motte* le plus honnète homme du monde, un
géomètre & un marchand quincaillier d'avoir
fait les vers infames qui firent condamner
Jean Batifte Rouffeau. Enfin, dans la lifte des
ouvrages de *Boindin*, il omet exprès fes ex-
cellentes differtations imprimées dans le *Recueil de l'académie de belles-lettres*, dont il
était un membre très diftingué.

R iij

L'article *Fontenelle* n'eſt qu'une ſatyre de cet ingénieux & ſavant académicien dont l'Europe littéraire eſtime la ſcience & les talens. L'auteur a l'impudence de dire que ſon *Hiſtoire des oracles ne fait pas honneur à ſa religion.* Si Vandale auteur de l'*Hiſtoire des oracles*, & ſon rédacteur Fontenelle avaient vécu du tems des Grecs & de la république Romaine, on pourait dire avec raiſon, qu'ils étaient plutôt de bons philoſophes que de bons payens ; mais, en bonne foi, quel tort font-ils à la religion chrétienne en feſant voir que les prêtres payens étaient des fripons ? Ne voit-on pas que les auteurs de ce libelle intitulé *Dictionnaire*, plaident leur propre cauſe ? *Jam proximus ardet Ucalegon.* Mais ſerait-ce inſulter à la religion chrétienne que de prouver la friponnerie des convulſionnaires ? Le gouvernement a fait plus ; il les a punis ſans être accuſés d'irréligion.

Le libelliſte ajoute, qu'il ſoupçonne *Fontenelle* de n'avoir rempli ſes devoirs de chrétien que par mépris pour le chriſtianiſme même. C'eſt une étrange démence dans ces fanatiques de crier toûjours qu'un philoſophe ne peut être chrétien ; il faudrait les excommunier & les punir pour cela ſeul : car c'eſt aſſurément vouloir détruire le chriſtianiſme, que d'aſſurer qu'il eſt impoſſible de bien raifonner & de croire une religion fi raifonnable & fi fainte.

Des Puetaux précepteur de *Louïs XIII*, eft accufé d'avoir vécu & d'être mort fans religion. Il femble que les compilateurs n'en ayent aucune, ou du moins qu'en violant tous les préceptes de la véritable, ils cherchent partout des complices.

Le galant homme auteur de ces articles, fe complait à rapporter tous les mauvais vers contre l'académie françaife, des anecdotes auffi ridicules que fauffes. C'eft apparemment encor par zèle de religion.

Je ne dois pas perdre une occafion de réfuter le conte abfurde qui a tant couru, & qu'il répète fort mal-à-propos à l'article de l'abbé *Gédouin*, fur lequel il fe fait un plaifir de tomber, parce qu'il avait été jéfuite dans fa jeuneffe; faibleffe paffagère dont je l'ai vu fe repentir toute fa vie.

Le dévot & fcandaleux rédacteur du dictionnaire, prétend que l'abbé *Gédouin* coucha avec la célèbre *Ninon l'Enclos*, le jour même qu'elle eut quatre-vingt ans accomplis. Ce n'était pas affurément à un prêtre de conter cette avanture dans un prétendu *Dictionnaire des hommes illuftres*. Une telle fottife n'eft nullement vraifemblable; & je puis certifier que rien n'eft plus faux. On mettait autrefois cette anecdote fur le compte de

R iiij

l'abbé de *Châteauneuf*, qui n'était pas difficile
en amour, & qui, difait-on, avait eu les faveurs de *Ninon* âgée de foixante ans, ou
plutôt lui avait donné les fiennes. J'ai beaucoup vu dans mon enfance l'abbé de *Gédouin*,
l'abbé de *Châteauneuf* & Mdlle. *l'Enclos* ; je
puis affurer qu'à l'âge de quatre-vingt ans
fon vifage portait les marques les plus hi-
deufes de la vieilleffe ; que fon corps en avait
toutes les infirmités, & qu'elle avait dans
l'efprit les maximes d'un philofophe auftère.

A l'article *Deshoulières*, le rédacteur prétend que c'eft elle qui eft défignée fous le
nom de *précieufe* dans la fatyre de *Boileau*
contre les femmes. Jamais perfonne n'eut
moins ce défaut que madame *Deshoulières* ;
elle paffa toûjours pour la femme du meilleur
commerce ; elle était très fimple & très agréable dans la converfation.

L'article *La Motte* eft plein d'injures atroces contre cet académicien ; homme très ai-
mable, poëte-philofophe qui a fait des ouvrages eftimables dans tous les genres. Enfin
l'auteur, pour vendre fon livre en fix volumes, en a fait un libelle diffamatoire.

Son héros eft *Carré de Montgeron* qui préfenta au roi un recueil des miracles opérés
par les convulfionnaires dans le cimetière de
St. Médard ; & fon héros était un fot qui eft
mort fou.

L'intérêt du public, de la littérature & de

la raison, exigeait qu'on livrât à l'indignation publique ces libelliftes à qui l'avidité d'un gain fordide pourait fufciter des imitateurs ; d'autant plus que rien n'eft fi aifé que de copier des livres par ordre alphabétique, & d'y ajouter des platitudes, des calomnies & des injures.

Extrait des reflexions d'un académicien, sur le dictionnaire de l'académie.

J'aurais voulu rapporter l'étymologie naturelle & inconteftable de chaque mot, comparer l'emploi, les diverfes fignifications, l'énergie de ce mot avec l'emploi, les acceptions diverfes, la force ou la faibleffe du terme qui répond à ce mot dans les langues étrangères ; enfin, citer les meilleurs auteurs qui ont fait ufage de ce mot ; faire voir le plus ou moins d'étendue qu'ils lui ont donné, remarquer s'il eft plus propre à la poëfie qu'à la profe.

Par exemple, j'obfervais que l'*inclémence* des airs eft ridicule dans une hiftoire, parce que ce terme d'*inclémence* a fon origine dans la colère du ciel qu'on fuppofe manifeftée par l'intempérie, les dérangemens, les rigueurs des faifons, la violence du froid, la corruption de l'air, les tempêtes, les orages, les vapeurs peftilentielles, &c. Ainfi donc *inclé-*

mence étant une métaphore, eſt conſacrée à la poéſie.

Je donnais au mot *impuiſſance* toutes les acceptions qu'il reçoit. Je feſais voir dans quelle faute eſt tombé un hiſtorien qui parle de l'impuiſſance du roi *Alphonſe*, en n'exprimant pas ſi c'était celle de réſiſter à ſon frère, ou celle dont ſa femme l'accuſait.

Je tâchais de faire voir que les épithètes *irréſiſtible, incurable*, exigeaient un grand ménagement. Le premier qui a dit, l'*impulſion irréſiſtible du génie*, a très bien rencontré, parce qu'en effet il s'agiſſait d'un grand génie qui s'était livré à ſon talent malgré tous les obſtacles. Les imitateurs qui ont employé cette expreſſion pour des hommes médiocres, font des plagiaires qui ne ſavent pas placer ce qu'ils dérobent.

Le mot *incurable* n'a été encor enchâſſé dans un vers que par l'induſtrieux Racine.

> *D'un incurable amour remèdes impuiſſans.*

Voilà ce que Boileau appelle *des mots trouvés*.

Dès qu'un homme de génie a fait un uſage nouveau d'un terme de la langue, les copiſtes ne manquent pas d'employer cette même expreſſion mal-à-propos en vingt endroits, & n'en font jamais honneur à l'inventeur.

Je ne crois pas qu'il y ait un ſeul de ces mots trouvés, une ſeule expreſſion neuve de génie dans aucun auteur tragique depuis *Racine*, excepté ces années. Ce font pour l'ordinaire des termes lâches, oifeux, rebattus, fi mal mis en place qu'il en réfulte un ftile barbare; & à la honte de la nation, ces ouvrages vifigoths & vandales, furent quelque tems prônés, célébrés, admirés dans les journaux, dans les mercures, furtout quand ils furent protégés par je ne fais quelle dame qui ne s'y connaiffait point du tout. On en eft revenu aujourd'hui; & à un ou deux près, ils font pour jamais anéantis.

Je ne prétendais pas faire toutes ces réflexions, mais mettre le lecteur en état de les faire.

Je fefais voir à la lettre E que nos *e* muets qui nous font reprochés par un Italien, font précifément ce qui forme la délicieufe harmónie de notre langue. *Empire*, *couronne*, *diadême*, *épouvantable*, *fenfible*; cet *e* muet qu'on fait fentir, fans l'articuler, laiffe dans l'oreille un fon mélodieux, comme celui d'un timbre qui réfonne encor quand il n'eft plus frappé. C'eft ce que nous avons déja répondu à un Italien homme de lettres, qui était venu à Paris pour enfeigner fa langue, & qui ne devait pas y décrier la nôtre.

Il ne fentait pas la beauté & la néceffité de nos rimes feminines; elles ne font que des *e* muets. Cet entrelaffement de rimes mafculines & feminines fait le charme de nos vers,

De femblables obfervations fur l'alphabet
& fur les mots, auraient pu être de quelque
utilité ; mais l'ouvrage eût été trop long.

D I E U. D I E U X.

S E C T I O N P R E M I È R E.

JE crains toûjours de me tromper ; mais
tous les monumens me font voir avec évidence que les anciens peuples policés reconnaiffaient un DIEU fuprême. Il n'y a pas un
feul livre, une médaille, un bas-relief, une
infcription où il foit parlé de *Junon*, de *Minerve*, de *Neptune*, de *Mars* & des autres
Dieux, comme d'un Etre formateur, fouverain de toute la nature. Au contraire, les
plus anciens livres prophanes que nous ayons,
Héfiode & *Homère*, repréfentent leur *Zeus*
comme feul lançant la foudre, comme feul
maître des Dieux & des hommes ; il punit
même les autres Dieux ; il attache *Junon* à
une chaîne, il chaffe *Apollon* du ciel.

L'ancienne religion des bracmanes, la première qui admit des créatures céleftes, la première qui parla de leur rébellion, s'explique
d'une manière fublime fur l'unité & la puiffance de DIEU, comme nous l'avons vu à
l'article *Ange*.

Les Chinois, tout anciens qu'ils font, ne viennent qu'après les Indiens ; ils ont reconnu un feul DIEU de tems immémorial, point de Dieux fubalternes, point de génies ou daimons médiateurs entre DIEU & les hommes, point d'oracles, point de dogmes abftraits, point de difputes théologiques chez les lettrés ; l'empereur fut toûjours le premier pontife, la religion fut toûjours augufte & fimple : c'eft ainfi que ce vafte empire, quoique fubjugué deux fois, s'eft toûjours confervé dans fon intégrité, qu'il a foumis fes vainqueurs à fes loix, & que malgré les crimes & les malheurs attachés à la race humaine, il eft encor l'état le plus floriffant de la terre.

Les mages de Caldée, les Sabéens ne reconnaiffaient qu'un feul DIEU fuprême, & l'adoraient dans les étoiles qui font fon ouvrage.

Les Perfans l'adoraient dans le foleil. La fphère pofée fur le frontifpice du temple de Memphis, était l'emblème d'un DIEU unique & parfait, nommé *Knef* par les Egyptiens.

Le titre de *Deus optimus maximus*, n'a jamais été donné par les Romains qu'au feul Jupiter, *Hominum fator atque Deorum*. On ne peut trop répéter cette grande vérité que nous indiquons ailleurs. *a*)

a) Le prétendu *Jupiter* né en Crète, n'était qu'une fable hiftorique ou poëtique, comme celles des autres Dieux. *Jovis*, depuis *Jupiter*, était la traduction du mot grec *Zeus* ; & *Zeus* était la traduction du mot phénicien *Jeova*.

Cette adoration d'un DIEU fuprême eft confirmée depuis *Romulus* jufqu'à la deſtruction entière de l'empire, & à celle de fa religion. Malgré toutes les folies du peuple qui vénérait des Dieux fécondaires & ridicules, & malgré les épicuriens qui au fonds n'en reconnaiſſaient aucun, il eſt avéré que les magiſtrats & les fages adorèrent dans tous les tems un DIEU fouverain.

Dans le grand nombre de témoignages qui nous reſtent de cette vérité, je choiſirai d'abord celui de *Maxime* de Tyr qui floriſſait ſous les *Antonins*, ces modèles de la vraie piété, puiſqu'ils l'étaient de l'humanité. Voici ſes paroles dans ſon diſcours intitulé, *De* DIEU *ſelon Platon*. Le lecteur qui veut s'inſtruire eſt prié de les bien peſer.

Les hommes ont eu la faibleſſe de donner à DIEU *une figure humaine, parce qu'ils n'avaient rien vu au-deſſus de l'homme. Mais il eſt ridicule de s'imaginer avec Homère, que Jupiter ou la ſuprême Divinité, a les ſourcils noirs & les cheveux d'or, & qu'il ne peut les ſecouer ſans ébranler le ciel.*

Quand on interroge les hommes ſur la nature de la Divinité; toutes leurs réponſes ſont différentes. Cependant, au milieu de cette prodigieuſe variété d'opinions, vous trouverez un même ſentiment par toute la terre, c'eſt qu'il n'y a qu'un ſeul DIEU *qui eſt le père de tous, &c.*

Que deviendront après cet aveu formel &
après les difcours immortels des *Cicérons*, des
Antonins, des *Epictètes*, que deviendront, dis-
je, les déclamations que tant de pédans ignorans répètent encor aujourd'hui ? A quoi fer-
viront ces éternels reproches d'un polythéifme
groffier & d'une idolâtrie puérile, qu'à nous
convaincre que ceux qui les font n'ont pas la
plus légère connaiffance de la faine antiquité ?
Ils ont pris les rêveries d'*Homère* pour la doctrine des fages.

Faut-il un témoignage encor plus fort &
plus expreffif ? vous le trouverez dans la lettre de *Maxime de Madaure* à *St. Augustin*; tout
deux étaient philofophes & orateurs; du moins
ils s'en piquaient, ils s'écrivaient librement;
ils étaient amis autant que peuvent l'être
un homme de l'ancienne religion & de la
nouvelle.

Lifez la lettre de *Maxime* de Madaure, &
la réponfe de l'évêque d'Hippone.

LETTRE DE MAXIME DE MADAURE.

„ Or qu'il y ait un DIEU fouverain qui
„ foit fans commencement, & qui fans avoir
„ rien engendré de femblable à lui, foit
„ néanmoins le père & le formateur de toutes
„ chofes, quel homme eft affez groffier, af-
„ fez ftupide pour en douter ? C'eft celui-
„ dont nous adorons fous des noms divers

,, l'éternelle puiffance, répandue dans toutes
,, les parties du monde ; ainfi honorant fé-
,, parément par diverfes fortes de cultes, ce
,, qui eft comme fes divers membres, nous
,, l'adorons tout entier..... qu'ils vous con-
,, fervent ces Dieux *fubalternes*, fous les
,, noms defquels, & par lefquels tout au-
,, tant de mortels que nous fommes fur la
,, terre, nous adorons le *Père commun des*
,, *Dieux & des hommes*, par différentes fortes
,, de cultes, à la vérité, mais qui s'accordent
,, tous dans leur variété mème, & ne ten-
,, dent qu'à la même fin. "
Qui écrivait cette lettre ? Un Numide, un
homme du pays d'Alger.

RÉPONSE D'AUGUSTIN.

,, Il y a dans votre place publique deux
,, ftatues de *Mars*, nud dans l'une & armé
,, dans l'autre, & tout auprès la figure d'un
,, homme qui avec trois doigts qu'il avance
,, vers *Mars*, tient en bride cette divinité
,, dangereufe à toute la ville. Sur ce que vous
,, me dites que de pareils Dieux font comme
,, les membres du feul véritable DIEU, je
,, vous avertis avec toute la liberté que vous
,, me donnez, de ne pas tomber dans de pa-
,, reils facrilèges ; car ce feul DIEU dont vous
,, parlez, eft fans doute celui qui eft re-
,, connu de tout le monde, & fur lequel les
,, igno-

„ ignorans conviennent avec les favans ,
„ comme quelques anciens ont dit. Or, direz-
„ vous que celui dont la force , pour ne pas
„ dire la cruauté , eſt réprimée par un hom-
„ me mort ſoit un membre de celui-là ?
„ Il me ſerait aiſé de vous pouſſer ſur ce ſu-
„ jet ; car vous voyez bien ce qu'on pou-
„ rait dire ſur cela ; mais je me retiens de
„ peur que vous ne diſiez que ce ſont les
„ armes de la rhétorique que j'employe con-
„ tre vous plutôt que celles de la vérité. “

Traduct: de Dubois, précepteur du dernier duc de Guiſe.

Nous ne ſavons pas ce que ſignifiaient ces
deux ſtatues dont il ne reſte aucun veſtige ;
mais toutes les ſtatues dont Rome était remplie , le Panthéon & tous les temples con-
ſacrés à tous les Dieux ſubalternes , & même aux douze grands Dieux , n'empêchèrent
jamais que *Deus optimus maximus* , D I E U
très bon & très grand , ne fût reconnu dans
tout l'empire.

Le malheur des Romains était donc d'avoir
ignoré la loi moſaïque , & enſuite d'ignorer
la loi des diſciples de notre Sauveur J E S U S-
C H R I S T , de n'avoir pas eu la foi , d'avoir
mêlé au culte d'un D I E U ſuprême le culte de
Mars , de *Vénus* , de *Minerve* , d'*Apollon* qui
n'exiſtaient pas , & d'avoir conſervé cette
religion juſqu'au tems des *Théodoſes*. Heureuſement les Goths , les Huns , les Vandales ,
les Hérules , lés Lombards , les Francs qui dé-

Quatriéme partie. S

truisirent cet empire, se soumirent à la vérité, & jouïrent d'un bonheur qui fut refusé aux *Scipions*, aux *Catons*, aux *Metellus*, aux *Emiles*, aux *Cicérons*, aux *Varrons*, aux *Virgiles* & aux *Horaces*. (Voyez l'article *Idolâtrie*.)

Tous ces grands-hommes ont ignoré JESUS-CHRIST qu'ils ne pouvaient connaître; mais ils n'ont point adoré le diable, comme le répètent tous les jours tant de pédants. Comment auraient-ils adoré le diable puisqu'ils n'en avaient jamais entendu parler ?

D'UNE CALOMNIE DE WARBURTON CONTRE CICÉRON, AU SUJET D'UN DIEU SUPRÊME.

Préface de la II. partie du tome II. de la légation de 'Moïse, p. 9.

Warburton a calomnié *Cicéron* & l'ancienne Rome, ainsi que ses contemporains. Il suppose hardiment que *Cicéron* a prononcé ces paroles dans son oraison pour *Flaccus* : IL EST INDIGNE DE LA MAJESTÉ DE L'EMPIRE D'ADORER UN SEUL DIEU.

Majestatem imperii non decuit ut unus tantum DEUS *colatur.*

Qui le croirait ? il n'y a pas un mot de cela dans l'oraison pour *Flaccus*, ni dans aucun ouvrage de *Cicéron*. Il s'agit de quelques vexations dont on accusait *Flaccus*, qui avait exercé la prêture dans l'Asie mineure. Il était secrétement poursuivi par les juifs, dont Rome était alors inondée ; car ils avaient obtenu à force d'argent des privilèges à Rome , dans le tems même que *Pompée* après *Craſſus* ayant pris Jéruſalem , avait fait pendre leur roitelet *Alexandre* fils d'*Ariſtobule*. *Flaccus* avait défendu qu'on fît paſſer des eſpèces d'or & d'argent à Jéruſalem , parce que ces monnoies en revenaient altérées , & que le commerce en ſouffrait ; il avait fait ſaiſir l'or qu'on y portait en fraude. Cet or, dit *Cicéron*, eſt encor dans le tréſor ; *Flaccus* s'eſt conduit avec autant de déſintéreſſement que *Pompée*.

Enſuite *Cicéron* avec ſon ironie ordinaire prononce ces paroles. „ Chaque pays a ſa re-
„ ligion , nous avons la nôtre. Lorſque Jé-
„ ruſalem était encor libre , & que les juifs
„ étaient en paix , ces juifs n'avaient pas
„ moins en horreur la ſplendeur de cet em-
„ pire , la dignité du nom romain , les inſti-
„ tutions de nos ancêtres. Aujourd'hui cette
„ nation a fait voir plus que jamais par la
„ force de ſes armes ce qu'elle doit penſer de
„ l'empire Romain. Elle nous a montré par
„ ſa valeur combien elle eſt chère aux Dieux
„ immortels ; elle nous l'a prouvé en étant
„ vaincue , diſperſée , tributaire. "

*Stantibus hieroſolimis , pacatiſque Judæis ,
tamen iſtorum religio ſacrorum à ſplendore hu-
jus imperii , gravitate nominis noſtri , majorum
inſtitutis abhorrebat : nunc verò hoc magis ,*

*qud illa gens , quid de imperio nostro sentiret ;
ostendit armis : quam cara Diis immortalibus
esset , docuit , quòd est victa , quòd elocata ,
quòd servata.*

Il est donc très faux que jamais ni *Cicéron*,
ni aucun Romain ait dit, qu'il ne convenait
pas à la majesté de l'empire de reconnaître un
DIEU suprême. Leur *Jupiter* ce *Zeus* des
Grecs , ce *Jehova* des Phéniciens , fut toûjours regardé comme le maître des Dieux sé-
condaires. On ne peut trop inculquer cette
grande vérité.

LES ROMAINS ONT-ILS PRIS TOUS LEURS DIEUX DES GRECS ?

Les Romains n'auraient-ils pas eu plufieurs
Dieux qu'ils ne tenaient pas des Grecs ?

Par exemple , ils ne pouvaient avoir été
plagiaires en adorant *Cœlum* , quand les Grecs
adoraient *Ouranon ;* en s'adreffant à *Saturnus*
& à *Tellus* quand les Grecs s'adreffaient à *Gé*
& à *Cronos.*

Ils appellaient *Cérès* celle que les Grecs
nommaient *Deo & Demiter.*

Leur Neptune était *Pofeidon ;* leur Vénus
était *Aphrodite ;* leur Junon s'appellait en grec
Era ; leur Proferpine *Coré ;* enfin, leur favo-
ri Mars, *Ares ;* & leur favorite Bellone *Enio.*
Il n'y a pas là un nom qui fe reffemble.

Les beaux efprits grecs & romains s'étaient-
ils rencontrés , ou les uns avaient-ils pris
des autres , la chofe dont ils déguifaient le
nom ?

Il eft affez naturel que les Romains, fans
confulter les Grecs , fe foient faits des Dieux
du ciel , du tems , d'un être qui préfide à la
guerre , à la génération , aux moiffons , fans
aller demander des Dieux en Grèce , comme
enfuite ils allèrent leur demander des loix.
Quand vous trouvez un nom qui ne reffemble à rien , il paraît jufte de le croire origi-
naire du pays.

Mais *Jupiter* le maître de tous les Dieux,
n'eft-il pas un mot appartenant à toutes les
nations , depuis l'Euphrate jufqu'au Tibre ?
C'était *Jov*, *Jovis* chez les premiers Romains,
Zeus chez les Grecs , *Jehova* chez les Phéniciens , les Syriens , les Egyptiens.

Cette reffemblance ne paraît-elle pas fervir
à confirmer que tous ces peuples avaient la
connaiffance de l'Etre fuprème ? connaiffance
confufe à la vérité ; mais quel homme peut
l'avoir diftincte ?

SECTION SECONDE.
Examen de Spinofa.

Spinofa ne put s'empêcher d'admettre une
intelligence agiffante dans la matière, & fefant un tout avec elle.

S. iij

Page 13. *Je dois conclure*, dit-il, *que l'être absolu*
Édition de *n'est ni pensée, ni étendue exclusivement l'un*
Foppens. *de l'autre, mais que l'étendue & la pensée sont les attributs nécessaires de l'être absolu.*

C'est en quoi il paraît différer de tous les athées de l'antiquité, *Ocellus Lucanus*, *Héraclite*, *Démocrite*, *Leucipe*, *Straton*, *Epicure*, *Pythagore*, *Diagore*, *Zenon* d'Elée, *Anaximandre* & tant d'autres. Il en diffère surtout par sa méthode qu'il avait entièrement puisée dans la lecture de *Descartes*, dont il a imité jusqu'au stile.

Spinosa Ce qui étonnera surtout la foule de ceux
dit qu'il qui crient *Spinosa*, *Spinosa*, & qui ne l'ont
aime jamais lu, c'est sa déclaration suivante. Il ne
Dieu. la fait pas pour éblouir les hommes, pour appaiser des théologiens, pour se donner des protecteurs, pour désarmer un parti ; il parle en philosophe sans se nommer, sans s'afficher ; il s'exprime en latin pour être entendu d'un très petit nombre. Voici sa profession de foi.

PROFESSION DE FOI DE SPINOSA.

Page 44. „ Si je concluais aussi que l'idée de Dieu
„ comprise sous celle de l'infinité de l'univers,
„ me dispense de l'obéissance, de l'amour &
„ du culte, je ferais encor un plus pernicieux
„ usage de ma raison ; car il m'est évident
„ que les loix que j'ai reçues, non par le

» rapport ou l'entremise des autres hommes,
» mais immédiatement de lui, sont celles que
» la lumière naturelle me fait connaître pour
» véritables guides d'une conduite raison-
» nable. Si je manquais d'obéissance à cet
» égard, je pécherais non - seulement contre
» le principe de mon être & contre la société
» de mes pareils, mais contre moi - même,
» en me privant du plus solide avantage de
» de mon existence. Il est vrai que cette
» obéissance ne m'engage qu'aux devoirs de
» mon état, & qu'elle me fait envisager tout
» le reste comme des pratiques frivoles, in-
» ventées superstitieusement, ou par l'utilité
» de ceux qui les ont instituées.

» A l'égard de l'amour de Dieu, loin que
» cette idée le puisse affaiblir, j'estime qu'au-
» cun autre n'est plus propre à l'augmenter,
» puisqu'elle me fait connaître que Dieu est
» intime à mon être ; qu'il me donne l'exis-
» tence & toutes mes proprietés ; mais qu'il
» me les donne libéralement sans reproche,
» sans intérêt, sans m'assujettir à autre chose
» qu'à ma propre nature. Elle bannit la crain-
» te, l'inquiétude, la défiance, & tous les
» défauts d'un amour vulgaire ou inté-
» ressé. Elle me fait sentir que c'est un bien
» que je ne puis perdre, & que je possède
» d'autant mieux que je le connais & que je
» l'aime. «

S iiij

Est-ce le vertueux & tendre *Fenelon*, est-ce *Spinosa* qui a écrit ces pensées ? Comment deux hommes si opposés l'un à l'autre ont-ils pu se rencontrer dans l'idée d'aimer DIEU pour lui-même, avec des notions de DIEU si différentes ? (Voyez *Amour de* DIEU.)

Il le faut avouer ; ils allaient tout deux au même but, l'un en chrétien, l'autre en homme qui avait le malheur de ne le pas être. Le saint archevêque en philosophe persuadé que DIEU est distingué de la nature, l'autre en disciple très égaré de *Descartes*, qui s'imaginait que DIEU est la nature entière.

Le premier était orthodoxe ; le second se trompait, j'en dois convenir : mais tout deux étaient dans la bonne foi ; tout deux estimables dans leur sincérité comme dans leurs mœurs douces & simples ; quoi qu'il n'y ait eu d'ailleurs nul rapport entre l'imitateur de l'*Odyssée* & un cartésien sec, hérissé d'argumens ; entre un très bel esprit de la cour de *Louïs XIV*, revêtu de ce qu'on nomme une *grande dignité*, & un pauvre juif déjudaïsé, vivant avec trois cent florins *b*) dans l'obscurité la plus profonde.

S'il est entre eux quelque ressemblance, c'est que *Fenelon* fut accusé devant le sanhedrin

b) On vit après sa mort, par ses comptes, qu'il n'avait quelquefois dépensé que quatre sous & demi en un jour pour sa nourriture. Ce n'est pas là un repas de moines assemblés en chapitre.

de la nouvelle loi , & l'autre devant une fyna-
gogue fans pouvoir comme fans raifon ; mais
l'un fe foumit & l'autre fe révolta.

DU FONDEMENT DE LA PHILOSO-
PHIE DE SPINOSA.

Le grand dialecticien *Bayle* a réfuté *Spinofa*.
Ce fyftème n'eft donc pas démontré comme
une propofition d'*Euclide* ; s'il l'était, on ne
faurait le combattre. Il eft donc au moins
obfcur.

Voyez l'article *Spinofa* Dictionnaire de *Bayle*.

J'ai toûjours eu quelque foupçon que *Spinofa* avec fa fubftance univerfelle, fes modes
& fes accidens , avait entendu autre chofe
que ce que *Bayle* entend ; & que par conféquent *Bayle* peut avoir eu raifon, fans avoir
confondu *Spinofa*. J'ai toûjours cru furtout
que *Spinofa* ne s'entendait pas fouvent lui-
même, & que c'eft la principale raifon pour
laquelle on ne l'a pas entendu.

Il me femble qu'on pourait battre les rem-
parts du fpinofifme par un côté que *Bayle*
a négligé. *Spinofa* penfe qu'il ne peut exifter
qu'une feule fubftance ; & il y paraît partout
fon livre qu'il fe fonde fur la méprife de Def-
cartes *que tout eft plein*. Or , il eft auffi faux
que tout foit plein , qu'il eft faux que tout
foit vide. Il eft démontré aujourd'hui que le
mouvement eft auffi impoffible dans le plein
abfolu , qu'il eft impoffible que dans une

Spinofa croit que DIEU eft tout & qu'il n'y a qu'une feule fub-ftance.

balance égale un poids de deux livres élève un poids de quatre.

Or fi tous les mouvemens exigent abfolument des efpaces vides, que deviendra la fubftance unique de *Spinofa* ? Comment la fubftance d'une étoile entre laquelle & nous eft un efpace vide fi immenfe, fera-t-elle précifément la fubftance de notre terre, la fubftance de moi-même, *c*) la fubftance d'une mouche mangée par une araignée ?

Je me trompe peut-être ; mais je n'ai jamais conçu comment *Spinofa* admettant une fubftance infinie dont la penfée & la matière font les deux modalités, admettant la fubftance qu'il appelle *Dieu*, & dont tout ce que nous voyons eft mode ou accident, a pu cependant rejetter les caufes finales ? Si cet être infini, univerfel, penfe, comment n'aurait-il pas des deffeins ? s'il a des defseins, comment n'aurait-il pas une volonté ? Nous fommes, dit *Spinofa*, des modes de cet Etre abfolu, néceffaire, infini. Je dis à *Spinofa*, nous voulons, nous avons des defseins, nous qui ne fommes que des modes ; donc cet Etre infini, néceffaire, abfolu ne peut en être privé ; donc il a volonté, defseins, puiffance.

c) Ce qui fait que *Bayle* n'a pas preffé cet argument, c'eft qu'il n'était pas inftruit des démonftrations de *Newton*, de *Keil*, de *Grégori*, de *Halley*, que le vide eft néceffaire pour le mouvement.

Je fais bien que plufieurs philofophes , & surtout *Lucrèce*, ont nié les caufes finales ; & je fais que *Lucrèce*, quoique peu châtié, eft un très grand poëte dans fes defcriptions & dans fa morale ; mais en philofophie il me paraît, je l'avoue, fort au-deffous d'un portier de collège & d'un bedaut de paroiffe. Affirmer que ni l'œil n'eft fait pour voir, ni l'oreille pour entendre, ni l'eftomac pour digérer, n'eft-ce pas là la plus énorme abfurdité, la plus révoltante folie qui foit jamais tombée dans l'efprit humain ? Tout douteur que je fuis, cette démence me paraît évidente, & je le dis.

Pour moi je ne vois dans la nature comme dans les arts, que des caufes finales ; & je crois un pommier fait pour porter des pommes comme je crois une montre faite pour marquer l'heure.

Je dois avertir ici que fi *Spinofa* dans plufieurs endroits de fes ouvrages fe moque des caufes finales, il les reconnait plus expreffément que perfonne dans fa première partie de l'*Etre en général & en particulier*.

Voici fes paroles.

» Qu'il me foit permis de m'arrêter ici
» quelque inftant, pour admirer la merveil-
» leufe difpenfation de la nature, laquelle
» ayant enrichi la conftitution de l'homme
» de tous les refforts néceffaires pour prolon-
» ger jufqu'à certain terme la durée de fa fra-
» gile exiftence, & pour animer la connaiffance

Caufes finales.

Caufes finales admifes par Spinofa, pag. 14.

„ qu'il a de lui-même par celle d'une infi-
„ nité de chofes éloïgnées, femble avoir ex-
„ près négligé de lui donner des moyens
„ pour bien connaître celle dont il eft obligé
„ de faire un ufage plus ordinaire, & même
„ les individus de fa propre efpèce. Cepen-
„ dant, à le bien prendre, c'eft moins l'effet
„ d'un refus que celui d'une extrème libé-
„ ralité ; puifque s'il y avait quelque ètre
„ intelligent qui en pût pénétrer un autre
„ contre fon gré, il jouïrait d'un tel avanta-
„ ge au-deffus de lui, que par cela même il
„ ferait exclus de fa fociété, au-lieu que dans
„ l'état préfent, chaque individu jouïffant de
„ lui-même avec une pleine indépendance,
„ ne fe communique qu'autant qu'il lui
„ convient. "

Spinofa se contredit. Que conclurai-je de là ? que *Spinofa* fe contredifait fouvent, qu'il n'avait pas toû-jours des idées nettes, que dans le grand nau-frage des fyftèmes il fe fauvait tantôt fur une planche, tantôt fur une autre ; qu'il'ref-femblait par cette faibleffe à *Mallebranche*, à *Arnaud*, à *Boffuet*, à *Claude*, qui fe font con-tredits quelquefois dans leurs difputes ; qu'il était comme tant de métaphyficiens & de théologiens. Je conclurai que je dois me dé-fier à plus forte raifon de toutes mes idées en métaphyfique, que je fuis un animal très faible, marchant fur des fables mouvans qui fe dérobent continuellement fous moi, &

qu'il n'y a peut-être rien de ſi fou que de
croire avoir toûjours raiſon.

Vous êtes très confus, *Baruc* d.) *Spinoſa* ;
mais êtes-vous auſſi dangereux qu'on le dit ? je
ſoutiens que non ; & ma raiſon, c'eſt que vous
êtes confus, que vous avez écrit en mauvais
latin, & qu'il n'y a pas dix perſonnes en
Europe qui vous liſent d'un bout à l'autre,
quoi qu'on vous ait traduit en français. Quel
eſt l'auteur dangereux ? c'eſt celui qui eſt lu
par les oiſifs de la cour & par les dames.

S E C T I O N   T R O I S I É M E.

Du Syſtême de la nature.

L'auteur du *Syſtême de la nature* a eu l'a-
vantage de ſe faire lire des ſavans, des ignorans, des femmes ; il a donc dans le ſtile des
mérites que n'avait pas *Spinoſa*. Souvent de
la clarté, quelquefois de l'éloquence, quoi
qu'on puiſſe lui reprocher de répéter, de dé-
clamer, & de ſe contredire comme tous les
autres. Pour le fonds des choſes, il faut s'en
défier très ſouvent en phyſique & en morale.
Il s'agit ici de l'intérêt du genre-humain.
Examinons donc ſi ſa doctrine eſt vraie &
utile, & ſoyons courts ſi nous pouvons.

d) Il s'appellait *Baruc* & non *Benoit*, car il ne
fut jamais batiſé.

Ire. Partie
page 60.

L'ordre & le désordre n'existent point, &c.

Quoi! en physique un enfant né aveugle ou privé de ses jambes, un monstre n'est pas contraire à la nature de l'espèce? N'est-ce pas la régularité ordinaire de la nature qui fait l'ordre, & l'irrégularité qui est le désordre? N'est-ce pas un très grand dérangement, un désordre funeste qu'un enfant à qui la nature a donné la faim, & a bouché l'œsophage? Les évacuations de toute espèce sont nécessaires, & souvent les conduits manquent d'orifices; on est obligé d'y remédier: ce désordre a sa cause sans doute. Point d'effet sans cause; mais c'est un effet très désordonné.

L'assassinat de son ami, de son frère, n'est-il pas un désordre horrible en morale? Ce crime a sa cause dans des passions, mais l'effet est exécrable; la cause est fatale; ce désordre fait frémir. Reste à découvrir, si l'on peut, l'origine de ce désordre; mais il existe.

Page 69.

L'expérience prouve que les matières que nous regardons comme inertes & mortes, prennent de l'action, de l'intelligence, de la vie, quand elles sont combinées d'une certaine façon.

C'est-là précisément la difficulté. Comment un germe parvient-il à la vie? l'auteur & le lecteur n'en savent rien. Dès-là les deux volumes du *Système*, & tous les systèmes du monde, ne sont-ils pas des rêves?

Il faudrait définir la vie, & c'est ce que **Page 78.**
j'estime impossible.

Cette définition n'est - elle pas très aisée,
très commune ? la vie n'est - elle pas organi-
sation avec sentiment ? Mais de savoir si vous
tenez ces deux propriétés du mouvement seul
de la matière, c'est ce dont il est impossible de
donner une preuve : & si on ne peut le prouver, pourquoi l'affirmer ? pourquoi dire tout
haut, *je sais*, quand on se dit tout bas,
j'ignore ?

L'on demandera ce que c'est que l'homme, &c. **Page 80.**

Cet article n'est pas assurément plus clair
que les plus obscurs de *Spinosa*, & bien des
lecteurs s'indigneront de ce ton si décisif que
l'on prend sans rien expliquer.

La matière est éternelle & nécessaire, mais **Page 82.**
ses formes & ses combinaisons sont passagères
& contingentes, &c.

Il est difficile de comprendre comment la
matière étant nécessaire, & aucun être libre
n'existant, selon l'auteur, il y aurait quelque
chose de contingent. On entend par contin-
gence ce qui peut être & ne pas être. Mais tout
devant être d'une nécessité absolue, toute
manière d'être qu'il appelle ici mal-à-propos
contingent, est d'une nécessité aussi absolue que
l'être même. C'est - là où l'on se trouve encor
plongé dans un labyrinthe où l'on ne voit
point d'issue.

Lorſqu'on oſe aſſûrer qu'il n'y a point de DIEU, que la matière agit par elle - même par une néceſſité éternelle, il faut le démontrer comme une propoſition d'*Euclide* ; ſans quoi vous n'appuiez votre ſyſtême que ſur un peut-être. Quel fondement pour la choſe qui intéreſſe le plus le genre-humain !

Page152. *Si l'homme d'après ſa nature eſt forcé d'aimer ſon bien - être, il eſt forcé d'en aimer les moyens. Il ſerait inutile & peut - être injuſte de demander à un homme d'être vertueux s'il ne peut l'être ſans ſe rendre malheureux. Dès que le vice le rend heureux, il doit aimer le vice.*

Cette maxime eſt encor plus exécrable en morale que les autres ne ſont fauſſes en phyſique. Quand il ſerait vrai qu'un homme ne pourait être vertueux ſans ſouffrir, il faudrait l'encourager à l'être. La. propoſition de l'auteur ſerait viſiblement la ruine de la ſociété. D'ailleurs, comment ſaura - t- il qu'on ne peut être heureux ſans avoir des vices ? n'eſt - il pas au contraire prouvé par l'expérience, que la ſatisfaction de les avoir domptés eſt cent fois plus grande que le plaiſir d'y avoir ſuccombé ; plaiſir toûjours empoiſonné, plaiſir qui mène au malheur. On acquiert en domptant ſes vices la trânquillité, le témoignage conſolant de ſa conſcience ; on perd en s'y livrant ſon repos, ſa ſanté ; on riſque tout. L'auteur lui - même en vingt

endroits

endroits veut qu'on facrifie tout à la vertu.
Qu'eft - ce donc qu'un fyftème rempli de ces
contradictions ?

Ceux qui rejettent avec tant de raifon les Page 167.
idées innées, auraient dû fentir que cette intelli-
gence ineffable que l'on place au gouvernail du
monde, & dont nos fens ne peuvent conftater
ni l'exiftence ni les qualités, eft un être de
raifon.

En vérité, de ce que nous n'avons point
d'idées innées, comment s'enfuit-il qu'il n'y
a point de DIEU ? cette conféquence n'eft-
elle pas abfurde ? y a - t - il quelque contradiction à dire que DIEU nous donne des
idées par nos fens ? n'eft-il pas au contraire
de la plus grande évidence que s'il eft un Etre
tout - puiffant dont nous tenons la vie, nous
lui devons nos idées & nos fens comme tout
le refte ? Il faudrait avoir prouvé auparavant
que DIEU n'exifte pas ; & c'eft ce que l'auteur n'a point fait ; c'eft même ce qu'il n'a
pas encor tenté de faire jufqu'à cette page du
chapitre X.

Dans la crainte de fatiguer les lecteurs par
l'examen de tous ces morceaux détachés, je
viens au fondement du livre, à l'erreur étonnante fur laquelle il a élevé fon fyftème. Je
dois abfolument répéter ici ce qu'on a dit
ailleurs.

Quatriéme partie.   T

Voyez
l'article
Anguilles

HISTOIRE DES ANGUILLES SUR LESQUEL-
LES EST FONDÉ LE SYSTÊME.

Il y avait en France vers l'an 1750 un jésuite Anglais nommé *Néedham*, déguisé en
séculier, qui servait alors de précepteur au
neveu de Mr. *Dillon* archevêque de Toulouse.
Cet homme fesait des expériences de physique, & surtout de chimie.

Après avoir mis de la farine de seigle ergoté
dans des bouteilles bien bouchées, & du jus
de mouton bouilli dans d'autres bouteilles,
il crut que son jus de mouton & son seigle
avaient fait naître des anguilles, lesquelles même en reproduisaient bientôt d'autres ; &
qu'ainsi une race d'anguilles se formait indif-
féremment d'un jus de viande, ou d'un grain
de seigle.

Page 7. Un physicien qui avait de la réputation,
ne douta pas que ce *Néedham* ne fût un
profond athée. Il conclut que puisque l'on
fesait des anguilles avec de la farine de seigle,
on pouvait faire des hommes avec de la farine
de froment, que la nature & la chimie produi-
saient tout ; & qu'il était démontré qu'on
peut se passer d'un DIEU formateur de toutes
choses.

Cette propriété de la farine trompa aisément un homme malheureusement égaré alors
dans des idées qui doivent faire trembler pour
la faiblesse de l'esprit humain. Il voulait

creufer un trou jufqu'au centre de la terre pour voir le feu central , difféquer des Pata- gons pour connaître la nature de l'ame ; en- duire les malades de poix réfine pour les em- pêcher de tranfpirer ; exalter fon ame pour prédire l'avenir. Si on ajoutait qu'il fut encor plus malheureux en cherchant à opprimer deux de fes confrères , cela ne ferait pas d'hon- neur à l'athéïfme , & fervirait feulement à nous faire rentrer en nous - mêmes avec con- fufion.

Il eft bien étrange que des hommes en niant un créateur , fe foient attribués le pou- voir de créer des anguilles.

Ce qu'il y a de plus déplorable , c'eft que des phyficiens plus inftruits adoptèrent le ridicule fyftème du jéfuite *Néedham* , & le joignirent à celui de *Maillet* , qui prétendait que l'Océan avait formé les Pyrenées & les Alpes , & que les hommes étaient orginaire- ment des marfouins , dont la queue fourchue fe changea en cuiffes & en jambes dans la fuite des tems. De telles imaginations peu- vent être mifes avec les anguilles formées par de la farine.

Il n'y a pas longtems qu'on affura qu'à Bruxelles un lapin avait fait une demi-dou- zaine de lapreaux à une poule.

Cette tranfmutation de farine & de jus de mouton en anguilles fut démontrée auffi fauffe

& aussi ridicule qu'elle l'est en effet, par Mr. *Spalanzani* un peu meilleur observateur que *Néedham*.

On n'avait pas besoin même de ces observations pour démontrer l'extravagance d'une illusion si palpable. Bientôt les anguilles de *Néedham* allèrent trouver la poule de Bruxelles.

Cependant, en 1768, le traducteur exact, élégant & judicieux de *Lucrèce*, se laissa surprendre au point que non-seulement il rapporte dans ses notes du livre VIII. pag. 361, les prétendues expériences de *Néedham*, mais qu'il fait ce qu'il peut pour en constater la validité.

Voilà donc le nouveau fondement du *Système de la nature*. L'auteur dès le second chapitre s'exprime ainsi.

1re. partie page 23. *En humectant de la farine avec de l'eau, & en renfermant ce mélange, on trouve au bout de quelque tems à l'aide du microscope, qu'il a produit des êtres organisés dont on croyait la farine & l'eau incapables. C'est ainsi que la nature inanimée peut passer à la vie, qui n'est elle-même qu'un assemblage de mouvemens.*

Quand cette sotise inouïe serait vraie, je ne vois pas, à raisonner rigoureusement, qu'elle prouvât qu'il n'y a point de DIEU; car il se pourrait très bien qu'il y eût un Etre suprême intelligent & puissant, qui ayant formé le soleil & tous les astres, daigna

former auſſi des animalcules ſans germe. Il
n'y a point là de contradiction dans les termes.
Il faudrait chercher ailleurs une preuve dé-
monſtrative que DIEU n'exiſte pas, & c'eſt
ce qu'aſſurément perſonne n'a trouvé ni ne
trouvera.

L'auteur traite avec mépris les cauſes finales, parce que c'eſt un argument rebattu.
Mais cet argument ſi mépriſé eſt de *Cicéron*
& de *Newton*. Il pourait par cela ſeul faire
entrer les athées en quelque défiance d'eux-
mèmes. Le nombre eſt aſſez grand des ſages
qui en obſervant le cours des aſtres, & l'art
prodigieux qui règne dans la ſtructure des
animaux & des végétaux, reconnaiſſent une
main puiſſante qui opère ces continuelles mer-
veilles.

L'auteur prétend que la matière aveugle &
ſans choix produit des animaux intelligens.
Produire ſans intelligence des ètres qui en ont!
cela eſt-il concevable ? ce ſyſtème eſt-il
appuié ſur la moindre vraiſemblance ? Une
opinion ſi contradictoire exigerait des preuves
auſſi étonnantes qu'elle-même. L'auteur n'en
donne aucune ; il ne prouve jamais rien, &
il affirme tout ce qu'il avance. Quel chaos,
quelle confuſion, mais quelle témérité !
Spinoſa du moins avouait une intelligence
agiſſante dans ce grand tout, qui conſtituait la
nature ; il y avait là de la philoſophie. Mais

je fuis forcé de dire que je n'en trouve aucune dans le nouveau fyftème.

La matière eft étendue, folide, gravitante,
divifible ; j'ai tout cela auffi bien que cette
pierre. Mais a-t-on jamais vu une pierre
fentante & penfante ? Si je fuis étendu, folide, divifible, je le dois à la matière. Mais
j'ai fenfations & penfées ; à qui le dois-je ?
ce n'eft pas à de l'eau, à de la fange ; il eft
vraifemblable que c'eft à quelque chofe de
plus puiffant que moi. C'eft à la combinai-
fon feule des élémens, me dites-vous. Prou-
vez-le-moi donc ; faites-moi donc voir nette-
ment qu'une caufe intelligente ne peut m'a-
voir donné l'intelligence. Voilà où vous êtes
réduit.

L'auteur combat avec fuccès le Dieu des
fcolaftiques, un Dieu compofé de qualités dif-
cordantes, un Dieu auquel on donne, comme
à ceux d'*Homère*, les paffions des hommes ;
mais il ne peut combattre le DIEU des fages.
Les fages en contemplant la nature admet-
tent un pouvoir intelligent & fuprême. Il eft
peut-être impoffible à la raifon humaine def-
tituée du fecours divin de faire un pas plus
avant.

L'auteur demande où réfide cet Etre ? &
de ce que perfonne fans être infini ne peut
dire où il réfide, il conclut qu'il n'exifte pas.
Cela n'eft pas philofophique ; car de ce que

nous ne pouvons dire où eſt la cauſe d'un effet, nous ne devons pas conclure qu'il n'y a point de cauſe. Si vous n'aviez jamais vu de canonnier, & que vous viſſiez l'effet d'une batterie de canon, vous ne devriez pas dire, elle agit toute ſeule par ſa propre vertu.

Ne tient-il donc qu'à dire, il n'y a point de DIEU, pour qu'on vous en croye ſur votre parole ?

Enfin, ſa grande objection eſt dans les malheurs & dans les crimes du genre-humain, objection auſſi ancienne que philoſophique; objection commune, mais fatale & terrible, à laquelle on ne trouve de réponſe que dans l'eſpérance d'une vie meilleure. Et quelle eſt encor cette eſpérance ? nous n'en pouvons avoir aucune certitude par la raiſon. Mais j'oſe dire que quand il nous eſt prouvé qu'un vaſte édifice conſtruit avec le plus grand art eſt bâti par un architecte quel qu'il ſoit, nous devons croire à cet architecte quand même l'édifice ſerait teint de notre ſang, ſouillé de nos crimes, & qu'il nous écraſerait par ſa chute. Je n'examine pas encor ſi l'architecte eſt bon, ſi je dois être ſatisfait de ſon édifice, ſi je dois en ſortir plutôt que d'y demeurer; ſi ceux qui ſont logés comme moi dans cette maiſon pour quelques jours, en ſont contens; j'examine ſeulement s'il eſt vrai qu'il y ait un architecte, ou ſi cette maiſon remplie de

tant de beaux appartemens, & de vilains ga-
letas s'est bâtie toute seule.

SECTION QUATRIÉME.

De la nécessité de croire un Etre suprême.

Le grand objet, le grand intérêt, ce me semble, n'est pas d'argumenter en métaphysique,
mais de peser s'il faut pour le bien commun
de nous autres animaux misérables & pen-
sans, admettre un DIEU rémunérateur & vengeur, qui nous serve à la fois de frein & de
consolation, ou rejetter cette idée en nous
abandonnant à nos calamités sans espérances,
& à nos crimes sans remords ?

Hobbes dit, que si dans une republique où
l'on ne reconnaîtrait point de DIEU, quelque citoyen en proposait un, il le ferait
pendre.

Il entendait apparemment par cette étrange
exagération, un citoyen qui voudrait dominer
au nom de DIEU ; un charlatan qui voudrait
se faire tyran. Nous entendons des citoyens
qui sentant la faiblesse humaine, sa perver-
sité & sa misère, cherchent un point fixe pour
assurer leur morale, & un appui qui les sou-
tienne dans les langueurs & dans les horreurs de cette vie.

Depuis *Job* jusqu'à nous, un très grand
nombre d'hommes a maudit son existence ;

nous avons donc un besoin perpétuel de consolation & d'espoir. Votre philosophie nous
en prive. La fable de *Pandore* valait mieux,
elle nous laissait l'espérance ; & vous nous la
ravissez ! La philosophie, selon vous, ne
fournit aucune preuve d'un bonheur à venir.
Non ; mais vous n'avez aucune démonstration du contraire. Il se peut qu'il y ait en
nous une monade indestructible qui sente &
qui pense, sans que nous sachions le moins
du monde comment cette monade est faite.
La raison ne s'oppose point à cette idée, quoique la raison seule ne la prouve pas. Cette
opinion n'a-t-elle pas un prodigieux avantage sur la vôtre ? La mienne est utile au
genre-humain, la vôtre est funeste ; elle peut
(quoique vous en disiez) encourager les *Néron*, les *Alexandre VI* & les *Cartouche* ; la
mienne peut les réprimer.

Marc-Antonin, *Epictète*, croyaient que
leur monade (de quelque espèce qu'elle fût)
se rejoindrait à la monade du grand Etre ;
& ils furent les plus vertueux des hommes.

Dans le doute où nous sommes tout deux,
je ne vous dis pas avec Pascal, *prenez le plus
sûr*. Il n'y a rien de sûr dans l'incertitude.
Il ne s'agit pas ici de parier, mais d'examiner ;
il faut juger, & notre volonté ne détermine pas
notre jugement. Je ne vous propose pas de
croire des choses extravagantes pour vous
tirer d'embarras ; je ne vous dis pas, Allez

à la Mecque baiser la pierre noire pour vous
instruire ; tenez une queue de vache à la main ;
affublez-vous d'un scapulaire, soyez imbécille
& fanatique pour acquérir la faveur de l'Etre
des êtres. Je vous dis, Continuez à cultiver la
vertu, à être bienfaisant, à regarder toute
superstition avec horreur ou avec pitié ; mais
adorez avec moi le dessein qui se manifeste
dans toute la nature, & par conséquent l'auteur de ce dessein, la cause primordiale &
finale de tout ; espérez avec moi que notre
monade qui raisonne sur le grand Etre éternel, poura être heureuse par ce grand Etre
même. Il n'y a point là de contradiction.
Vous ne m'en démontrerez pas l'impossibilité ;
de même que je ne puis vous démontrer
mathématiquement que la chose est ainsi.
Nous ne raisonnons guères en métaphysique
que sur des probabilités : nous nageons tous
dans une mer dont nous n'avons jamais vu
le rivage. Malheur à ceux qui se battent en
nageant. Abordera qui poura ; mais celui qui
me crie, Vous nagez en vain, il n'y a point de
port, me décourage & m'ôte toutes mes forces.

De quoi s'agit-il dans notre dispute ? de
consoler notre malheureuse existence. Qui
la console ? vous ou moi ?

Vous avouez vous-même dans quelques
endroits de votre ouvrage, que la croyance
d'un DIEU a retenu quelques hommes sur le

bord du crime : cet aveu me fuffit. Quand
cette opinion n'aurait prévenu que dix affaffinats , dix calomnies , dix jugemens iniques
fur la terre , je tiens que la terre entière
doit l'embraffer.

La religion, dites-vous, a produit des mil-
liaffes de forfaits ; dites la fuperftition , qui
règne fur notre trifte globe ; elle eft la plus
cruelle ennemie de l'adoration pure qu'on doit
à l'Etre fuprème. Déteftons ce monftre qui
a toûjours déchiré le fein de fa mère ; ceux
qui le combattent font les bienfaicteurs du
genre - humain ; c'eft un ferpent qui entoure
la religion de fes replis , il faut lui écrafer
la tète fans bleffer celle qu'il infecte & qu'il
dévore.

Vous craignez qu'*en adorant* DIEU *on ne*
redevienne bientôt fuperftitieux & fanatique.
Mais n'eft-il pas à craindre qu'en le niant
on ne s'abandonne aux paffions les plus atroces, & aux crimes les plus affreux ? Entre
ces deux excès , n'y a-t-il pas un milieu très
raifonnable ? Où eft l'afyle entre ces deux
écueils ? le voici. DIEU , & des loix fages.

Vous affirmez qu'il n'y a qu'un pas de
l'adoration à la fuperftition. Il y a l'infini
pour les efprits bienfaits : & ils font aujour-
d'hui en grand nombre ; ils font à la tète des
nations, ils influent fur les mœurs publiques ;

& d'année en année le fanatifme qui couvrait la terre fe voit enlever fes déteftables ufurpations.

Je répondrai encor un mot à vos paroles de la page 223. *Si l'on préfume des rapports entre l'homme & cet Etre incroyable, il faudra lui élever des autels, lui faire des préfens, &c., fi l'on ne conçoit rien à cet Etre, il faudra s'en rapporter à des prêtres qui ......* &c. &c. &c. Le grand mal de s'affembler aux tems des moiffons pour remercier DIEU du pain qu'il nous a donné ! qui vous dit de faire des préfens à DIEU ! l'idée en eft ridicule : mais où eft le mal de charger un citoyen qu'on appellera *vieillard* ou *prêtre*, de rendre des actions de grace à la Divinité au nom des autres citoyens, pourvu que ce prêtre ne foit pas un *Grégoire VII* qui marche fur là tête des rois, ou un *Alexandre VI* fouillant par un incefte le fein de fa fille qu'il a engendrée par un ftupre, & affaffinant, empoifonnant, à l'aide de fon bâtard, prefque tous les princes fes voifins ; pourvu que dans une paroiffe ce prêtre ne foit pas un fripon volant dans la poche des pénitens qu'il confeffe, & employant cet argent à féduire les petites filles qu'il catéchife ; pourvu que ce prêtre ne foit pas un *le Tellier*, qui met tout un royaume en combuftion par des fourberies dignes du pilori ; un *Warburton* qui viole

les loix de la fociété en manifeftant les papiers
fecrets d'un membre du parlement pour le
perdre, & qui calomnie quiconque n'eft pas
de fon avis ? Ces derniers cas font rares.
L'état du facerdoce eft un frein qui force à
la bienféance.

Un fot prêtre excite le mépris ; un mauvais prêtre infpire l'horreur : un bon prêtre,
doux, pieux, fans fuperftition, charitable,
tolérant, eft un homme qu'on doit chérir
& refpecter. Vous craignez l'abus, & moi
auffi. Uniffons-nous pour le prévenir ; mais
ne condamnons pas l'ufage quand il eft utile
à la fociété, quand il n'eft pas perverti par
le fanatifme ou par la méchanceté frauduleufe.

J'ai une chofe très importante à vous
dire. Je fuis perfuadé que vous êtes dans
une grande erreur ; mais je fuis également
convaincu que vous vous trompez en honnète homme. Vous voulez qu'on foit vertueux, même fans D I E U, quoique vous
ayez dit malheureufement que *dès que le vice
rend l'homme heureux, il doit aimer le vice.*
Propofition affreufe que vos amis auraient
dû vous faire effacer. Partout ailleurs vous
infpirez la probité. Cette difpute philofophique ne fera qu'entre vous & quelques philofophes répandus dans l'Europe ; le refte de
la terre n'en entendra pas parler. Le peuple

ne nous lit point. Si quelque théologien voulait vous perfécuter , il ferait un méchant, il ferait un imprudent qui ne fervirait qu'à vous affermir , & à faire de nouveaux athées.

Vous avez tort ; mais les Grecs n'ont point perfécuté *Epicure* , les Romains n'ont point perfécuté *Lucrèce*. Vous avez tort ; mais il faut refpecter votre génie & votre vertu en vous réfutant de toutes fes forces.

Le plus bel hommage , à mon gré , qu'on puiffe rendre à DIEU , c'eft de prendre fa défenfe fans colère ; comme le plus indigne portrait qu'on puiffe faire de lui eft de le peindre vindicatif & furieux. Il eft la vérité même : la vérité eft fans paffion. C'eft être difciple de DIEU que de l'annoncer d'un cœur doux , & d'un efprit inaltérable.

Je penfe avec vous que le fanatifme eft un monftre mille fois plus dangereux que l'a- théïfme philofophique. *Spinofa* n'a pas commis une feule mauvaife action. *Châtel* & *Ravaillac*, tout deux dévots, affaffinèrent *Henri IV*.

L'athée de cabinet eft prefque toûjours un philofophe tranquille ; le fanatique eft toû- jours turbulent ; mais l'athée de cour , le prin- ce athée pourait ètre le fléau du genre - hu- main. *Borgia* & fes femblables ont fait pref- qu'autant de mal que les fanatiques de Munf- ter & des Cévennes : je dis les fanatiques des deux partis. Le malheur des athées de cabinet eft de faire des athées de cour. C'eft

Chiron qui élève *Achille* : il le nourrit de moëlle
de lion. Un jour *Achille* trainera le corps d'*Hector* autour des murailles de Troye, & immolera douze captifs innocens à sa vengeance.

DIEU nous garde d'un abominable prêtre
qui hâche un roi en morceaux avec son couperet sacré, ou de celui qui, le casque en
tète & la cuirasse sur le dos, à l'âge de soixante & dix ans, ose signer de ses trois
doigts ensanglantés la ridicule excommunication d'un roi de France, ou de... ou de...
ou de....

Mais que DIEU nous préserve aussi d'un
despote colère & barbare, qui ne croyant
point un DIEU, serait son Dieu à lui-même ;
qui se rendrait indigne de sa place sacrée en
foulant aux pieds les devoirs que cette place
impose ; qui sacrifierait sans remords ses amis,
ses parens, ses serviteurs, son peuple à ses
passions. Ces deux tigres, l'un tondu, l'autre
couronné, sont également à craindre. Par
quel frein pourons-nous les retenir ? &c. &c.

Si l'idée d'un DIEU, auquel nos ames peuvent se rejoindre, a fait des *Titus*, des *Trajans*, des *Antonins*, des *Marc-Aurèles*, & ces
grands empereurs Chinois, dont la mémoire
est si précieuse dans le second des plus anciens & des plus vastes empires du monde ;
ces exemples suffisent pour ma cause. Et ma
cause est celle de tous les hommes.

Je ne crois pas que dans toute l'Europe il y ait un feul homme d'état, un feul homme un peu verfé dans les affaires du monde, qui n'ait le plus profond mépris pour toutes les légendes dont nous avons été inondés plus que nous le fommes aujourd'hui de brochures. Si la religion n'enfante plus de guerres civiles, c'est à la philofophie feule qu'on en eft redevable ; les difputes théologiques commencent à être regardées du même œil que les querelles de *Gilles* & de *Pierrot* à la foire. Une ufurpation également odieufe & ridicule, fondée d'un côté fur la fraude & de l'autre fur la bètife, eft minée chaque inftant par la raifon qui établit fon règne. La bulle *in Cœna Domini*, le chef-d'œuvre de l'infolence & de la folie, n'ofe plus paraître dans Rome même. Si un régiment de moines fait la moindre évolution contre les loix de l'état, il eft caffé fur le champ. Mais quoi ! parce qu'on a chaffé les jéfuites, faut-il chaffer DIEU ? au contraire, il faut l'en aimer davantage.

AMOUR DE DIEU.

LEs difputes fur l'amour de DIEU ont allumé autant de haines qu'aucune querelle théologique. Les jéfuites & les janféniftes fe font battus pendant cent ans, à qui aimerait

DIEU

DIEU d'une façon plus convenable, & à qui défolerait plus fon prochain.

Dès que l'auteur du *Télémaque* qui commençait à jouïr d'un grand crédit à la cour de *Louïs XIV*, voulut qu'on aimât DIEU d'une manière qui n'était pas celle de l'auteur des *Oraifons funèbres*; celui-ci qui était un grand ferrailleur, lui déclara la guerre, & le fit condamner dans l'ancienne ville de *Romulus*, où DIEU était ce qu'on aimait le mieux après la domination, les richeffes, l'oifiveté, le plaifir & l'argent.

Si madame *Guion* avait fu le conte de la bonne vieille qui apportait un réchaut pour brûler le paradis, & une cruche d'eau pour éteindre l'enfer, afin qu'on n'aimât DIEU que pour lui-même, elle n'aurait peut-être pas tant écrit. Elle eût dû fentir qu'elle ne pouvait rien dire de mieux; mais elle aimait DIEU & le galimatias fi cordialement, qu'elle fut quatre fois en prifon pour fa tendreffe: traitement rigoureux & injufte. Pourquoi punir comme une criminelle une femme qui n'avait d'autre crime que celui de faire des vers dans le ftile de l'abbé *Cotin*, & de la profe dans le goût de *Polichinelle ?* Il eft étrange que l'auteur de *Télémaque* & des froides amours d'*Eucharis* ait dit, dans fes *Maximes des faints*, d'après le bienheureux François de Sales, *Je n'ai prefque point de defirs; mais fi*

Quatriéme partie.   V

j'étais à renaître je n'en aurais point du tout. Si DIEU *venait à moi, j'irais aussi à lui ; s'il ne voulait pas venir à moi, je me tiendrais là & n'irais pas à lui.*

C'est sur cette proposition que roule tout son livre ; on ne condamna point *St. François de Sales* ; mais on condamna *Fénelon.* Pourquoi ? c'est que *François de Sales* n'avait point un violent ennemi à la cour de Turin, & que *Fénelon* en avait un à Versailles.

Ce qu'on a écrit de plus sensé sur cette controverse mystique, se trouve peut-être dans la satyre de *Boileau*, sur l'*amour de* DIEU, quoique ce ne soit pas assurément son meilleur ouvrage.

> Qui fait exactement ce que ma loi commande,
>
> A pour moi, dit ce DIEU, l'amour que je demande.

S'il faut passer des épines de la théologie, à celles de la philosophie qui sont moins longues & moins piquantes, il paraît clair qu'on peut aimer un objet sans aucun retour sur soi-même, sans aucun mélange d'amour-propre, intéressé. Nous ne pouvons comparer les choses divines aux terrestres, l'amour de DIEU à un autre amour. Il manque précisément un infini d'échellons pour nous élever de nos inclinations humaines à cette amour sublime. Cependant, puisqu'il n'y a pour nous d'autre point d'appui que la terre.

tirons nos comparaisons de la terre. Nous
voyons un chef-d'œuvre de l'art en peinture,
en sculpture, en architecture, en poësie, en
éloquence, nous entendons une musique qui
enchante nos oreilles & notre ame, nous l'ad-
mirons, nous l'aimons sans qu'il nous en
revienne le plus léger avantage, c'est un sentiment pur; nous allons même jusqu'à sentir
quelquefois de la vénération, de l'amitié pour
l'auteur; & s'il était là nous l'embrasserions.

C'est à-peu-près la seule manière dont
nous puissions expliquer notre profonde admiration & les élans de notre cœur envers
l'éternel architecte du monde. Nous voyons
l'ouvrage avec un étonnement de respect, &
d'anéantissement; & notre cœur s'élève autant qu'il le peut vers l'ouvrier.

Mais quel est ce sentiment? je ne sais quoi
de vaste & d'interminé, un saisissement qui
ne tient rien de nos affections ordinaires;
une ame plus sensible qu'une autre, plus dé-
soccupée, peut être si touchée du spectacle de
la nature, qu'elle voudrait s'élancer jusqu'au
maître éternel qui l'a formée. Une telle affec-
tion de l'esprit, un si puissant attrait peut-
il encourir la censure? A-t-on pu condamner le tendre archevêque de Cambrai? Malgré
les expressions de *St. François de Sales* que nous
avons rapportées, il s'en tenait à cette asser-
tion, qu'on peut aimer l'auteur uniquement

pour la beauté de fes ouvrages. Quelle héré-
fie avait-on à lui reprocher? les extravagances
du ftile d'une dame de Montargis, & quelques
expreffions peu mefurées de fa part, lui nui-
firent.

Où était le mal? on n'en fait plus rien aujourd'hui. Cette querelle eft anéantie comme tant d'autres. Si chaque ergoteur voulait
bien fe dire à foi-même, Dans quelques années perfonne ne fe fouciera de mes ergo-
tifmes, on ergoterait beaucoup moins. Ah,
Louïs XIV! Louïs XIV! il falait laiffer deux
hommes de génie fortir de la fphère de leurs
talens, au point d'écrire ce qu'on a jamais
écrit de plus obfcur & de plus ennuieux dans
votre royaume.

Pour finir tous ces débats là,
Tu n'avais qu'à les laiffer faire.

Remarquons à tous les articles de morale
& d'hiftoire par quelle chaîne invifible, par
quels refforts inconnus toutes les idées qui
troublent nos têtes & tous les événemens
qui empoifonnent nos jours font liés enfemble, fe heurtent & forment nos deftinées.
Fénelon meurt dans l'exil pour avoir eu deux
ou trois converfations myftiques avec une
femme un peu extravagante. Le cardinal de
Bouillon, le neveu du grand *Turenne*, eft perfécuté pour n'avoir pas lui-même perfécuté
à Rome l'archevêque de Cambrai fon ami :

il eſt contraint de ſortir de France, & il perd toute ſa fortune.

C'eſt par ce même enchaînement que le fils d'un procureur de Vire trouve, dans une douzaine de phraſes obſcures d'un livre imprimé dans Amſterdam, de quoi remplir de victimes tous les cachots de la France ; & à la fin, il ſort de ces cachots mêmes un cri dont le retentiſſement fait tomber par terre toute une ſociété habile & tyrannique fondée par un fou ignorant.

DE DIODORE DE SICILE, ET D'HÉRODOTE.

IL eſt juſte de commencer par *Hérodote* comme le plus ancien.

Quand *Henri Etienne* intitula ſa comique rapſodie, *Apologie d'Hérodote*, on ſait aſſez que ſon deſſein n'était pas de juſtifier les contes de ce père de l'hiſtoire ; il ne voulait que ſe moquer de nous, & faire voir que les turpitudes de ſon tems étaient pires que celles des Egyptiens & des Perſes. Il uſa de la liberté que ſe donnait tout proteſtant contre ceux de l'égliſe catholique, apoſtolique & romaine. Il leur reproche aigrement leurs débauches, leur avarice, leurs crimes expiés

à prix d'argent, leurs indulgences publiquement vendues dans les cabarets, les fauffes
reliques fuppofées par leurs moines ; il les
appelle *idolâtres*. Il ofe dire que fi les Egyptiens adoraient, à ce qu'on dit, des chats &
des ognons , les catholiques adoraient des os
de morts. Il ofe les appeller , dans fon difcours préliminaire , *théophages* , & même
théokefes. Nous avons quatorze éditions de
ce livre ; car nous aimons les injures qu'on
nous dit en commun , autant que nous regim-
bons contre celles qui s'adreffent à nos perfonnes en notre propre & privé nom.

Henri Etienne ne fe fervit donc d'*Hérodote*
que pour nous rendre exécrables & ridicules.
Nous avons un deffein tout contraire ; nous
prétendons montrer que les hiftoires modernes de nos bons auteurs depuis *Guichardin*,
font en général auffi fages, auffi vraies que
celles de *Diodore* & d'*Hérodote* font folles &
fabuleufes.

1°. Que veut dire le père de l'hiftoire dès
le commencement de fon ouvrage : *Les hif-*
toriens Perfes rapportent que les Phéniciens fu-
rent les auteurs de toutes les guerres. De la mer
Rouge ils entrèrent dans la nôtre ? &c. Il fem-
blerait que les Phéniciens fe fuffent embar-
qués au golphe de Suez , qu'arrivés au dé-
droit de Babel-Mandel ils euffent côtoié l'E-
thiopie, paffé la ligne, doublé le cap des Tempêtes appellé depuis le *cap de Bonne-Efpérance*,

remonté au loin entre l'Afrique & l'Amérique qui est le seul chemin, repassé la ligne,
entré de l'Océan dans la Méditerranée par les
colomnes d'Hercule, ce qui aurait été un
voyage de plus de quatre mille de nos grandes lieuës marines, dans un tems où la na-
vigation était dans son enfance.

2°. La première chose que font les Phéniciens c'est d'aller vers Argos enlever la
fille du roi *Inachus*, après quoi les Grecs
à leur tour vont enlever *Europe* fille du roi
de Tyr.

3°. Immédiatement après vient *Candale*
roi de Lidie, qui rencontrant un de ses soldats
aux gardes nommé *Gigès*, lui dit, Il faut que
je te montre ma femme toute nue ; il n'y manque pas. La reine l'ayant su, dit au soldat,
comme de raison, Il faut que tu meures, ou
que tu assassines mon mari, & que tu régnes
avec moi ; ce qui fut fait sans difficulté.

4°. Suit l'histoire d'*Orion* porté par un
marsouin sur la mer du fond de la Calabre
jusqu'au cap de Matapan, ce qui fait un
voyage assez extraordinaire d'environ cent
lieuës.

5°. De conte en conte (& qui n'aime pas
les contes ?) on arrive à l'oracle infailliblo
de Delphe, qui tantôt devine que *Crésus* fait
cuire un quartier d'agneau & une tortue dans
une tourtière de cuivre, & tantôt lui pré-
dit qu'il sera détrôné par un mulet.

V iiij

6°. Parmi les inconcevables fadaifes dont toute l'hiftoire ancienne regorge, en eft - il beaucoup qui approchent de la famine qui tourmenta pendant vingt - huit ans les Lidiens ? Ce peuple qu'*Hérodote* nous peint plus riche en or que les Péruviens , au - lieu d'acheter des vivres chez l'étranger , ne trouva d'autre fecret que celui de jouer aux dames de deux jours l'un , fans manger pendant vingt - huit années de fuite.

7°. Connaiffez - vous rien de plus merveilleux que l'hiftoire de *Cyrus ?* fon grandpère le Mède *Aftiage* qui , comme vous voyez, avait un nom grec, rève une fois que fa fille *Mandane* (autre nom grec) inonde toute l'Afie en piffant ; une autre fois , que de fa matrice il fort une vigne dont toute l'Afie mange les raifins. Et là - deffus , le bon homme *Aftiage* ordonne à un *Harpage* , autre Grec, de faire tuer fon petit - fils *Cyrus ;* car il n'y a certainement point de grand-père qui n'égorge toute fa race après de tels rêves. *Harpage* n'obéit point. Le bon *Aftiage* qui était prudent & jufte fait mettre en capilotade le fils d'*Harpage* , & le fait manger à fon père, felon l'ufage des anciens héros.

a) Remarquez qu'*Hérodote* vivait du tems de *Xerxès* , lorfque Babilone était dans fa plus grande fplendeur : les Grecs ignoraient la langue caldéenne. Quelque interprète fe moqua de lui , ou *Hérodote* fe moqua des Grecs. Lorfque les *Muficos* d'Amfter-

8°. *Hérodote*, non moins bon naturaliste qu'historien exact, ne manque pas de vous dire que la terre à froment de vers Babilone, rapporte trois cent pour un. Je connais un petit pays qui rapporte trois pour un. J'ai envie d'aller me transporter dans le Diarbek quand les Turcs en seront chassés par *Catherine II*, qui a de très beaux blés aussi, mais non pas trois cent pour un.

9°. Ce qui m'a toûjours semblé très honnête & très édifiant chez *Hérodote*, c'est la belle coutume religieuse établie dans Babilone, que toutes les femmes mariées allassent se prostituer dans le temple de *Milita* pour de l'argent au premier étranger qui se présentait. On comptait deux millions d'habitans dans cette ville. Il devait y avoir de la presse aux dévotions. Cette loi est surtout très vraisemblable chez les Orientaux qui ont toûjours renfermé leurs femmes, & qui plus de dix siécles avant *Hérodote* imaginèrent de faire des eunuques qui leur répondissent de la chasteté de leurs femmes. *a*) Je m'arrète ; si quelqu'un veut suivre l'ordre de ces numeros, il sera bientôt à cent.

dam étaient dans leur plus grande vogue, on aurait bien pu faire accroire à un étranger que les premières dames de la ville vénaient se prostituer aux matelots qui revenaient de l'Inde, pour les récompenser de leurs peines. Le plus plaisant de tout ceci, c'est que des pédans Welches ont trouvé la coutume de Babilone très vraisemblable & très honnête.

Tout ce que dit *Diodore* de Sicile, fept fiécles après *Hérodote*, eft de la même force
dans tout ce qui regarde les antiquités & la
phyfique. L'abbé *Terraffon* nous difait, Je
traduis le texte de *Diodore* dans toute fa tur-
pitude. Il nous en lifait quelquefois des morceaux chez Mr. de *la Faye* ; & quand on
riait, il difait, vous verrez bien autre chofe.
Il était tout le contraire de *Dacier*.

Le plus beau morceau de *Diodore* eft la
charmante defcription de l'ifle Pancaie, *Pan-
chaica tellus*, célébrée par *Virgile*. Ce font des
allées d'arbres odoriférans, à perte de vue,
de la myrrhe & de l'encens pour en fournir
au monde entier fans s'épuifer ; des fontaines
qui forment une infinité de canaux bordés de
fleurs ; des oifeaux ailleurs inconnus qui
chantent fous d'éternels ombrages ; un temple de marbre de quatre mille pieds de longueur, orné de colomnes & de ftatues coloffá-
les , &c. &c.

Cela fait fouvenir du duc de *la Ferté* qui,
pour flatter le goût de l'abbé *Servien*, lui difait un jour, Ah! fi vous aviez vu mon fils
qui eft mort à l'âge de quinze ans ! quels
yeux ! quelle fraicheur de teint ! quelle taille
admirable ! l'Antinoüs du Belvedère n'était auprès de lui qu'un magot de la Chine. Et puis,
quelle douceur de mœurs ! faut - il que ce qu'il
y a jamais eu de plus beau m'ait été enlevé !
L'abbé *Servien* s'attendrit ; le duc de *la Ferté*

s'échauffant par ses propres paroles, s'attendrit aussi. Tout deux enfin se mirent à pleurer; après quoi il avoua qu'il n'avait jamais eu de fils.

Un certain abbé *Bazin* avait relevé avec sa discrétion ordinaire un autre conte de *Diodore*. C'était à propos du roi d'Egypte *Séfoftris*, qui probablement n'a pas plus exifté que l'ifle Pancaie. Le père de *Séfoftris* qu'on ne nomme point, imagina, le jour que son fils nâquit, de lui faire un jour conquérir toute la terre. C'eft un beau projet. Pour cet effet, il fit élever auprès de lui tous les garçons qui étaient nés le même jour en Egypte ; & pour en faire des conquérans, on ne leur donnait à déjeûner qu'après leur avoir fait courir cent quatre-vingt ftades, qui font environ huit de nos grandes lieues.

Quand *Séfoftris* fut majeur, il partit avec ses coureurs pour aller conquérir le monde. Ils étaient encor au nombre de dix-fept cent ; & probablement la moitié était morte, felon le train ordinaire de la nature, & furtout de la nature de l'Egypte, qui de tout tems fut défolée par une pefte deftructive, au moins une fois en dix ans.

Il falait donc qu'il fût né trois mille quatre cent garçons en Egypte le même jour que *Séfoftris*. Et comme la nature produit prefque autant de filles que de garçons, il nâquit ce jour-là environ fix mille perfonnes au moins ; mais on accouche tous les jours :

& six mille naissances par jour produisent
au bout de l'année deux millions cent quatre-vingt dix mille enfans. Si vous les mul-
tipliez par trente-quatre, selon la règle de
Kersebqum, vous aurez en Egypte plus de
soixante & quatorze millions d'habitans, dans
un pays qui n'est pas si grand que l'Espagne
ou que la France.

Tout cela parut énorme à l'abbé *Bazin* qui
avait un peu vu le monde, & qui savait comme il va.

Mais un *Larcher* qui n'était jamais sorti du
collège Mazarin, prit violemment le parti de
Sésostris & de ses coureurs. Il prétendit qu'*Hérodote* en parlant aux Grecs, ne comptait pas
par stades de la Grèce, & que les héros de
Sésostris ne couraient que quatre grandes
lieues pour avoir à déjeûner. Il accabla ce
pauvre abbé *Bazin* d'injures telles que jamais
savant en *us*, ou en *es* n'en avait pas encor
dites. Il ne s'en tint pas même aux dix-
sept cent petits garçons; il alla jusqu'à prouver par les prophètes que les femmes, les filles, les nièces des rois de Babilone, toutes
les femmes des satrapes & des mages, allaient
par dévotion coucher dans les allées du temple de Babilone pour de l'argent, avec tous
les chameliers & tous les muletiers de l'Asie.
Il traita de mauvais chrétien, de damné, &
d'ennemi de l'état, quiconque osait défendre
l'honneur des dames de Babilone.

Il prit auſſi le parti des boucs qui avaient communément les faveurs des jeunes Egyptiennes. Sa grande raiſon, diſait-il, c'eſt qu'il était allié par les femmes à un parent de l'évêque de Meaux *Boſſuet* auteur d'un diſcours éloquent ſur l'*Hiſtoire non-univerſelle*; mais ce n'eſt pas là une raiſon péremptoire.

Gardez-vous des contes bleus en tout genre.

Diodore de Sicile fut le plus grand compilateur de ces contes. Ce Sicilien n'avait pas un eſprit de la trempe de ſon compatriote *Archimède* qui chercha & trouva tant de vérités mathématiques.

Diodore examine ſérieuſement l'hiſtoire des Amazones & de leur reine *Mirine* ; l'hiſtoire des Gorgones qui combattirent contre les Amazones ; celle des Titans, celle de tous les Dieux. Il approfondit l'hiſtoire de *Priape* & d'*Hermaphrodite*. On ne peut donner plus de détails ſur *Hercule* : ce héros parcourt tout l'hémiſphère, tantôt à pied & tout ſeul comme un pélerin, tantôt comme un général d'une grande armée. Tous ſes travaux y ſont fidélement diſcutés ; mais ce n'eſt rien en comparaiſon de l'hiſtoire des Dieux de Crète.

Diodore juſtifie *Jupiter* du reproche que d'autres graves hiſtoriens lui ont fait d'avoir détrôné & mutilé ſon père. On voit comment ce *Jupiter* alla combattre des géans, les uns dans ſon iſle, les autres en Phrygie, & enſuite en Macédoine & en Italie.

Aucun des enfans qu'il eut de fa fœur *Ju-non* & de fes favorites n'eft omis.

On voit enfuite comment il devint Dieu, & Dieu fuprème.

C'eft ainfi que toutes les hiftoires anciennes ont été écrites. Ce qu'il y a de plus fort, c'eft qu'elles étaient facrées ; & en effet, fi elles n'avaient pas été facrées, elles n'auraient jamais été lues.

Il n'eft pas mal d'obferver que quoiqu'elles fuffent facrées, elles étaient toutes différentes; & de province en province, d'ifle en ifle, chaune avait une hiftoire des Dieux, des demi-dieux & des héros contradictoire avec celle de fes voifins. Mais auffi, ce qu'il faut bien obferver, c'eft que les peuples ne fe battirent jamais pour cette mythologie.

L'hiftoire honnète de *Thucidide*, & qui a quelques lueurs de vérité, commence à *Xerxès:* mais avant cette époque que de tems perdu !

DISPUTE.

ON a toûjours difputé, & fur tous les fujets. *Mundum tradidit difputationi eorum.* Il y a eu de violentes querelles pour favoir fi le tout eft plus grand que fa partie; fi un corps peut être en plufieurs endroits à

la fois ; fi la matière eſt toûjours impéné-
trable ; fi la blancheur de la neige peut ſub-
fiſter fans neige ; fi la douceur du ſucre peut
ſe faire ſentir fans ſucre , fi on peut penſer
fans tête.

Je ne fais aucun doute que dès qu'un
janféniſte aura fait un livre pour démontrer
que deux & un font trois , il ne ſe trouve
un moliniſte qui démontre que deux & un
font cinq.

Nous avons cru inſtruire le lecteur & lui
plaire en mettant ſous ſes yeux cette piéce de
vers ſur les diſputes. Elle eſt fort connue de
tous les gens de goût de Paris ; mais elle ne
l'eſt point des ſavans qui diſputent encor ſur
la prédeſtination gratuite , & ſur la grace concomitante , & ſur la queſtion fi la mer a produit les montagnes.

Liſez les vers ſuivans ſur les diſputes ;
voilà comme on en feſait dans le bon tems.

DISCOURS EN VERS, SUR LES DISPUTES.

Vingt têtes , vingt avis , nouvel an , nouveau goût ;
Autre ville, autre mœurs, tout change , on détruit tout.
Examine pour toi ce que ton voiſin penſe ;
Le plus beau droit de l'homme eſt cette indépendance;
Mais ne diſpute point ; les deſſeins éternels
Cachés au ſein de Dieu ſont trop loin des mortels ;
Le peu que nous ſavons d'une façon certaine,

Frivole comme nous ne vaut pas tant de peine.
Le monde est plein d'erreurs, mais de - là je conclus
Que prêcher la raison n'est qu'une erreur de plus.

En parcourans au loin la planète où nous sommes
Que verrons nous? Les torts & les travers des hommes.
Ici c'est un sinode, & là c'est un divan,
Nous verrons le muphti, le derviche, l'iman,
Le bonze, le lama, le talapoin, le Pope,
Les antiques rabins, & les abbés d'Europe,
Nos moines, nos prélats, nos docteurs aggregés;
Etes-vous disputeurs, mes amis ? Voyagez.

Qu'un jeune ambitieux ait ravagé la terre,
Qu'un regard de Vénus ait allumé la guerre,
Qu'à Paris, au palais l'honnête citoyen
Plaide pendant vingt ans pour un mur mitoyen,
Qu'au fond d'un diocèse un vieux prêtre gémisse
Quand un abbé de cour enlève un bénéfice,
Et que dans le parterre un poëte envieux
Ait en battant des mains un feu noir dans les yeux,
Tel est le cœur humain : mais l'ardeur insensée
D'asservir ses voisins à sa propre pensée,
Comment la concevoir ? Pourquoi, par quel moyen
Veux-tu que ton esprit soit la règle du mien ?

Je hais surtout, je hais tout causeur incommode,
Tous ces demi savans gouvernés par la mode,
Ces gens qui pleins de feu, peut - être pleins d'esprit,
Soutiendront contre vous ce que vous aurez dit.
Un peu musiciens, philosophes, poëtes

Et

Et grands - hommes d'état formés par les gazettes ;
Sachant tout , lifant tout, prompts à parler de tout ,
Et qui contrediraient *Voltaire* fur le goût ,
Montefquieu fur les loix , de *Broglie* fur la guerre ,
Ou la jeune d'*Egmont* fur le talent de plaire.

 Voyez - les s'emporter fur les moindre fujets ,
Sans ceffe répliquant fans répondre jamais ,
» Je céderais pas au prix d'une couronne... :
» Je fens.. le fentiment ne confulte perfonne.... :
» Et le roi ferait là.... je verrais là le feu... ,
» Meffieurs, la vérité mife une fois en jeu ,
» Doit-il nous importer de plaire ou de déplaire ?. : .

 C'eft bien dit ; mais pourquoi cette roideur auftère ?
Hélas ! c'eft pour juger de quelques nouveaux airs
Ou des deux Poinfinet lequel fait mieux des vers.

 Auriez-vous par hazard connu feu monfieur d'Aube,
Qu'une ardeur de difpute éveillait avant l'aube ?
Contiez-vous un combat de votre régiment ,
Il favait mieux que vous , où , contre qui , comment.
Vous feul en auriez eu toute la renommée ,
N'importe , il vous citait fes lettres de l'armée ;
Et Richelieu préfent il aurait raconté
Ou Gènes défendue , ou Mahon emporté.
D'ailleurs homme de fens , d'efprit & de mérite ,
Mais fon meilleur ami redoutait fa vifite.
L'un bientôt rebuté d'une vaine clameur
Gardait en l'écoutant un filence d'humeur.
J'en ai vus dans le feu d'une difpute aigrie ,

Quatrième partie.   X

Près de l'injurier le quitter de furie ;
Et rejettant la porte à son double battant ;
Ouvrir à leur colère un champ libre en sortant.
Ses neveux qu'à sa suite attachait l'espérance
Avaient vu dérouter toute leur complaisance.
Un voisin asmatique en l'embrassant un soir
Lui dit , Mon médecin me défend de vous voir.
Et parmi cent vertus cette unique faiblesse
Dans un triste abandon réduisit sa vieillesse.
Au sortir d'un sermon la fiévre le saisit
Las d'avoir écouté sans avoir contredit.
Et tout près d'expirer, gardant son caractère,
Il fesait disputer le prêtre & le notaire.

Que la bonté divine arbitre de son sort
Lui donne le repos que nous rendit sa mort !
Si du moins il s'est tû devant ce grand arbitre.

Un jeune bachelier bientôt docteur en titre,
Doit , suivant une affiche , un tel jour , en tel lieu,
Répondre à tout venant sur l'essence de Dieu.
Venez-y , venez voir comme sur un théâtre
Une dispute en règle , un choc opiniâtre ,
L'entimême serré , les dilemmes pressans ,
Poignards à double lame , & frappant en deux sens ,
Et le grand sillogisme en forme régulière ,
Et le sophisme vain de sa fausse lumière ,
Des moines échauffés vrai fléau de docteurs ,
De pauvres Hibernois complaisans disputeurs ,
Qui fuyant leur pays pour les saintes promesses

Viennent vivre à Paris d'argumens & de messes ;
Et l'honnête public qui même écoutant bien,
A la faine raison de n'y comprendre rien.
Voilà donc les leçons qu'on prend dans vos écoles !

Mais tous les argumens font-ils faux ou frivoles ?
Socrate disputait jusques dans les festins,
Et tout nud quelquefois argumentait aux bains.
Etait-ce dans un fage une folle manie ?
La contrariété fait fortir le génie.
La veine d'un caillou recèle un feu qui dort,
Image de ces gens, froids au premier abord ;
Et qui dans la dispute, à chaque repartie
Sont pleins d'une chaleur qu'on n'avait point sentie.

C'est un bien, j'y consens. Quant au mal le voici.
Plus on a disputé, moins on s'est éclairci.
On ne redresse point l'esprit faux ni l'œil louche,
Ce mot *j'ai tort*, ce mot nous déchire la bouche.
Nos cris & nos efforts ne frappent que le vent,
Chacun dans son avis demeure comme avant.
C'est mêler seulement aux opinions vaines
Le tumulte infensé des passions humaines.
Le vrai peut quelquefois n'être point de faison ;
Et c'est un très grand tort que d'avoir trop raison.

Autrefois la justice & la vérité nues,
Chez les premiers humains furent longtems connues ;
Elles régnaient en sœurs : mais on fait que depuis
L'une a fui dans le ciel, & l'autre dans un puits.
La vaine opinion règne fur tous les âges,

Son temple est dans les airs porté sur les nuages;
Une foule de dieux, de démons, de lutins
Sont au pied de son trône; & tenant dans leurs mains
Mille riens enfantés par un pouvoir magique,
Nous les montrent de loin sous des verres d'optique.
Autour d'eux, nos vertus, nos biens, nos maux divers
En boules de savon sont épars dans les airs;
Et le soufle des vents y promène sans cesse
De climats en climats le temple & la déesse.
Elle fuit & revient. Elle place un mortel
Hier sur un bucher, demain sur un autel.
Le jeune Antinoüs eut autrefois des prêtres.
Nous rions maintenant des mœurs de nos ancêtres;
Et qui rit de nos mœurs ne fait que prévenir
Ce qu'en doivent penser les siécles à venir.
Une beauté frappante & dont l'éclat étonne,
Les Français la peindront sous les traits de *Brionne*,
Sans croire qu'autrefois un petit front serré,
Un front à cheveux d'or fut toûjours adoré;
Ainsi l'opinion changeante & vagabonde
Soumet la beauté même autre reine du monde.
Ainsi dans l'univers ses magiques effets
Des grands événemens sont les ressorts secrets.
Comment donc espérer qu'un jour aux pieds d'un sage
Nous la voyons tomber du haut de son nuage,
Et que la vérité se montrant aussi-tôt
Vienne au bord de son puits voir ce qu'on fait en-haut.

Il est pour les savans & pour les sages même

Une autre illusion : cet esprit de système,
Qui bâtit en rêvant des mondes enchantés,
Et fonde mille erreurs sur quelques vérités.
C'est par lui qu'égarés après de vaines ombres
L'inventeur du calcul chercha Dieu dans les nombres ;
L'auteur du *mécanisme* attacha follement
La liberté de l'homme aux loix du mouvement ;
L'un du soleil éteint veut composer la terre,
» La terre, dit un autre, est un globe de verre. « *a*)
De-là ces différends soutenus à grand cris
Et sur un tas poudreux d'inutiles écrits,
La dispute s'assied dans l'asile du sage.

    Là contrariété tient souvent au langage ;
On peut s'entendre moins, formant un même son,
Que si l'un parlait basque, & l'autre bas-breton.
C'est-là, qui le croirait ? un fléau redoutable ;
Et la pâle famine, & la peste effroiable
N'égalent point les maux & les troubles divers
Que les mal-entendus sément dans l'univers.

    Peindrai-je des dévots les discordes funestes,
Les saints emportemens de ces ames célestes,
Le fanatisme au meurtre excitant les humains,
Des poisons, des poignards, des flambeaux dans
      les mains,
Nos villages déserts, nos villes embrasées,
Sous nos foyers détruits nos mères écrasées,

a) C'est une des rêveries de *Buffon*.

                            X iij

Dans nos temples fanglans abandonnés du ciel ;
Les miniftres rivaux égorgés fur l'autel,
Tous les crimes unis, meurtre, incefte, pillage,
Les fureurs du plaifir fe mêlant au carnage,
Sur des corps expirans d'infâmes ravilleurs
Dans leurs embraffemens reconnaiffant leurs fœurs,
L'étranger dévorant le fein de ma patrie,
Et fous la piété déguifant fa furie,
Les pères conduifant leurs enfans aux bourreaux,
Et les vaincus toûjours trainés aux échaffauts ?...
Dieu puiffant ! permettez que ces tems déplorables,
Un jour par nos neveux foient mis au rang des fables.

Mais je vois s'avancer un fâcheux difputeur,
Son air d'humilité couvre mal fa hauteur ;
Et fon auftérité, pleine de l'Evangile,
Parait offrir à Dieu le venin qu'il diftille.
» Monfieur, tout ceci cache un dangereux poifon ;
» Perfonne, felon vous, n'a ni tort ni raifon ;
» Et fur la vérité n'ayant point de mefure,
» Il faut fuivre pour loi l'inftinct de la nature ! «
Monfieur, je n'ai pas dit un mot de tout cela....
» Eh ! quoique vous ayez déguifé ce fens là,
» En vous interprétant la chofe devient claire. «....

Mais en termes précis j'ai dit tout le contraire.
Cherchons la vérité ; mais d'un commun accord,
Qui difcute a raifon, & qui difpute a tort.
Voilà ce que j'ai dit ; & d'ailleurs qu'à la guerre,
A la ville, à la cour, fouvent il faut fe taire....

» Mon cher monſieur, ceci cache toûjours deux ſens ;

» Je diſtingue... « Monſieur, diſtinguez, j'y conſens,

J'ai dit mon ſentiment, je vous laiſſe les vôtres,

En demandant pour moi ce que j'accorde aux autres...;

» Mon fils, nous vous avons défendu de penſer ;

» Et pour vous convertir je cours vous dénoncer. «

Heureux ! ô trop heureux qui loin des fanatiques,

Des cauſeurs importuns & des jaloux critiques,

En paix ſur l'hélicon pourait cueillir des fleurs !

Tels on voit dans les champs de ſages laboureurs,

D'une ruche irritée évitans les bleſſures,

En dérober le miel à l'abri des piquûres.

DE LA DISTANCE.

UN homme qui connait combien on compte de pas d'un bout de ſa maiſon à l'autre, s'imagine que la nature lui a enſeigné tout-d'un-coup cette diſtance, & qu'il n'a eu beſoin que d'un coup d'œil comme lorſqu'il a vu des couleurs. Il ſe trompe ; on ne peut connaître les différens éloignemens des objets que par expérience, par comparaiſon, par habitude. C'eſt ce qui fait qu'un matelot, en voyant ſur mer un vaiſſeau voguer loin du ſien, vous dira ſans héſiter à quelle diſtance on eſt à-peu-près de ce vaiſſeau ; & le paſſager n'en poura former qu'un doute très confus.

La diſtance n'eſt qu'une ligne de l'objet à nous. Cette ligne ſe termine à un point ; nous ne ſentons donc que ce point ; & ſoit que l'objet exiſte à mille lieües, ou qu'il ſoit à un pied, ce point eſt toûjours le même dans nos yeux.

Nous n'avons donc aucun moyen immédiat pour appercevoir tout-d'un-coup la diſtance, comme nous en avons pour ſentir par l'attouchement, ſi un corps eſt dur ou mou ; par le goût, s'il eſt doux ou amer ; par l'ouïe, ſi de deux ſons l'un eſt grave & l'autre aigu. Car, qu'on y prenne bien garde, les parties d'un corps, qui cèdent à mon doigt, ſont la plus prochaine cauſe de ma ſenſation de molleſſe ; & les vibrations de l'air, excitées par le corps ſonore, ſont la plus prochaine cauſe de ma ſenſation du ſon. Or ſi je ne puis avoir ainſi immédiatement une idée de diſtance, il faut donc que je connaiſſe cette diſtance par le moyen d'une autre idée intermédiaire ; lmais il faut au moins que j'apperçoive cette idée intermédiaire ; car une idée que je n'aurai point, ne ſervira certainement pas à m'en faire avoir une autre.

On dit, qu'une telle maiſon eſt à un mille d'une telle rivière ; mais ſi je ne ſais pas où eſt cette rivière, je ne ſais certainement pas où

eſt cette maiſon. Un corps cède aiſément
à l'impreſſion de ma main ; je conclus immédiatement ſa molleſſe. Un autre réſiſte; je ſens
immédiatement ſa dureté. Il faudrait donc que
je ſentiſſe les angles formés dans mon œil,
pour en conclure immédiatement les diſtances
des objets. Mais la plûpart des hommes ne
ſavent pas même ſi ces angles exiſtent : donc
il eſt évident que ces angles ne peuvent être
la cauſe immédiate de ce que vous connaiſſez
les diſtances.

Celui qui, pour la première fois de ſa vie,
entendrait le bruit du canon, ou le ſon d'un
concert, ne pourait juger, ſi on tire ce canon,
ou ſi on exécute ce concert, à une lieuë, ou à
trente pas. Il n'y a que l'expérience qui puiſſe
l'accoutumer à juger de la diſtance qui eſt
entre lui & l'endroit d'où part ce bruit. Les
vibrations, les ondulations de l'air portent un
ſon à ſes oreilles , ou plutôt à ſon *ſenſorium ;*
mais ce bruit n'avertit pas plus ſon *ſenſorium*
de l'endroit où le bruit commence , qu'il ne
lui apprend la forme du canon ou des inſtrumens de muſique. C'eſt la même choſe préciſément par rapport aux rayons de lumière
qui partent d'un objet ; ils ne nous apprennent point du tout où eſt cet objet.

Ils ne nous font pas connaître davantage les
grandeurs, ni même les figures. Je vois de loin
une petite tour ronde. J'avance, j'apperçois,

& je touche un grand bâtiment quadrangulai-
re. Certainement ce que je vois, & ce que je
touche, n'eſt pas ce que je voyais. Ce petit
objet rond, qui était dans mes yeux, n'eſt
point ce grand bâtiment quarré. Autre choſe
eſt donc, par rapport à nous, l'objet meſurable
& tangible, autre choſe eſt l'objet viſible.
J'entens de ma chambre le bruit d'un carroſſe :
j'ouvre la fenêtre, & je le vois ; je deſcens,
& j'entre dedans. Or ce carroſſe que j'ai entendu, ce carroſſe que j'ai vu, ce carroſſe que
j'ai touché, ſont trois objets abſolument divers de trois de mes ſens, qui n'ont aucun
rapport immédiat les uns avec les autres.

Il y a bien plus : il eſt démontré qu'il ſe
forme dans mon œil un angle une fois plus
grand, à très peu de choſe près, quand je
vois un homme à quatre pieds de moi, que
quand je vois le même homme à huit pieds de
moi. Cependant je vois toûjours cet homme
de la même grandeur. Comment mon ſentiment contredit-il ainſi le mécaniſme de mes
organes ? L'objet eſt réellement une fois plus
petit dans mes yeux, & je le vois une fois plus
grand. C'eſt en vain qu'on veut expliquer ce
myſtère par le chemin, ou par la forme que
prend le cryſtallin dans nos yeux. Quelque
ſuppoſition que l'on faſſe, l'angle ſous lequel
je vois un homme à quatre pieds de moi, eſt
toûjours double de l'angle ſous lequel je le vois

à huit pieds. La géométrie ne réfoudra jamais
ce problème : la phyfique y eft également im-
puiffante ; car vous avez beau fuppofer que
l'œil prend une nouvelle conformation, que
le cryftallin s'avance, que l'angle s'agrandit ;
tout cela s'opérera également pour l'objet qui
eft à huit pas, & pour l'objet qui eft à quatre.
La proportion fera toûjours la même ; fi vous
voyez l'objet à huit pas fous un angle de moitié plus grand, vous voyez auffi l'objet à quatre pas fous un angle de moitié plus grand
ou environ. Donc ni la géométrie, ni la phyfique ne peuvent expliquer cette difficulté.

Ces lignes & ces angles géométriques ne
font pas plus réellement la caufe de ce que
nous voyons les objets à leur place, que de
ce que nous les voyons de telles grandeurs, &
à telle diftance. L'ame ne confidère pas fi telle
partie va fe peindre au bas de l'œil ; elle ne
rapporte rien à des lignes qu'elle ne voit point.
L'œil fe baiffe feulement, pour voir ce qui eft
près de la terre, & fe relève pour voir ce qui
eft au-deffus de la terre. Tout cela ne pouvait être éclairci, & mis hors de toute contef-
tation, que par quelque aveugle-né à qui on
aurait donné le fens de la vue. Car fi cet aveugle, au moment qu'il eût ouvert les yeux,
eût jugé des diftances, des grandeurs & des
fituations, il eût été vrai que les angles opti-
ques, formés tout-d'un-coup dans fa rétine,

euffent été les caufes immédiates de fes fentimens. Auffi le docteur *Berclay* affurait, après
Mr. *Locke*, (& allant même en cela plus loin
que *Locke*) que ni fituation , ni grandeur , ni
diftance , ni figure , ne ferait aucunement
difcernée par cet aveugle, dont les yeux rece-
vraient tout - d'un - coup la lumière.

On trouva enfin en 1729 l'aveugle - né ,
dont dépendait la décifion indubitable de cette
queftion. Le célèbre *Chefelden*, un de ces fameux chirurgiens qui joignent l'adreffe de la
main aux plus grandes lumières de l'efprit,
ayant imaginé qu'on pouvait donner la vuë à
cet aveugle - né , en luī abaiffant, ce qu'on appelle des *cataractes* , qu'il foupçonnait formées
dans fes yeux prefqu'au moment de fa naif-
fance , il propofa l'opération. L'aveugle eut
de la peine à y confentir. Il ne concevait pas
trop, que le fens de la vuë pût beaucoup augmenter fes plaifirs. Sans l'envie qu'on lui inf-
pira d'apprendre à lire & à écrire, il n'eût
point défiré de voir. Il vérifiait par cette indifférence , *qu'il eft impoffible d'être malheureux , par la privation des biens dont on n'a
pas d'idée ;* vérité bien importante. Quoi qu'il
en foit , l'opération fut faite & réuffit. Ce jeune homme d'environ quatorze ans vit la lumière pour la première fois. Son expérience
confirma tout ce que *Locke* & *Berclay* avaient
fi bien prévu. Il ne diftingua de longtems ni

grandeur, ni fituation, ni même figure. Un
objet d'un pouce, mis devant fon œil, & qui
lui cachait une maifon, lui paraiffait auffi
grand que la maifon. Tout ce qu'il voyait lui
femblait d'abord ètre fur fes yeux, & les toucher comme les objets du tact touchent la
peau. Il ne pouvait diftinguer d'abord ce qu'il
avait jugé rond à l'aide de fes mains, d'avec
ce qu'il avait jugé angulaire ; ni difcerner
avec fes yeux, fi ce que fes mains avaient
fenti être en - haut ou en - bas, était en effet
en - haut ou en - bas. Il était fi loin de connaître les grandeurs, qu'après avoir enfin conçu par la vuë, que fa maifon était plus grande
que fa chambre, il ne concevait pas comment
la vuë pouvait donner cette idée. Ce ne fut
qu'au bout de deux mois d'expérience, qu'il
put appercevoir que les tableaux repréfen-
taient des corps faillans. Et lorfqu'après ce
long tâtonnement d'un fens nouveau en lui,
il eut fenti que des corps, & non des furfaces
feules, étaient peints dans les tableaux, il y
porta la main, & fut étonné de ne point trouver avec fes mains ces corps folides, dont il
commençait à appercevoir les repréfentations.
Il demandait quel était le trompeur, du fens
du toucher, ou du fens de la vuë.

Ce fut donc une décifion irrévocable, que
la manière dont nous voyons les chofes, n'eft
point du tout la fuite immédiate des angles

formés dans nos yeux. Car ces angles mathématiques étaient dans les yeux de cet homme, comme dans les nôtres ; & ne lui fervaient de rien fans le fecours de l'expérience & des autres fens.

L'avanture de l'aveugle-né fut connue en France vers l'an 1735. L'auteur des *Elémens de Newton*, qui avait beaucoup vu *Chefelden*, fit mention de cette découverte importante ; mais à peine y prit-on garde. Et même lorfqu'on fit enfuite à Paris la même opération de la cataracte fur un jeune homme qu'on prétendait privé de la vuë dès fon berceau, on négligea de fuivre le développement journalier du fens de la vuë en lui, & la marche de la nature. Le fruit de cette opération fut perdu pour les philofophes.

Comment nous repréfentons nous les grandeurs, & les diftances ? De la même façon dont nous imaginons les paffions des hommes, par les couleurs qu'elles peignent fur leurs vifages, & par l'altération qu'elles portent dans leurs traits. Il n'y a perfonne, qui ne life tout-d'un-coup fur le front d'un autre, la douleur, ou la colère. C'eft la langue que la nature parle à tous les yeux ; mais l'expérience feule apprend ce langage. Auffi l'expérience feule nous apprend, que quand un objet eft trop loin, nous le voyons confufément & faiblement. De-là nous formons des idées, qui enfuite accompagnent toùjours la fenfation de la vuë. Ainfi tout homme qui , à dix pas , aura vu fon cheval haut de cinq pieds , s'il voit , quelques minutes après , ce cheval gros comme un mouton , fon ame , par un jugement involontaire , conclut à l'inftant que ce cheval eft très loin.

Il eft bien vrai , que quand je vois mon cheval de la groffeur d'un mouton , il fe forme alors dans mon œil une peinture plus petite , un angle plus aigu ; mais c'eft-là ce qui accompagne , non ce qui caufe mon fentiment. De même il fe fait un autre ébranlement dans mon cerveau , quand je vois un homme rougir de honte , que quand je le vois rougir de colère ; mais ces différentes impreffions ne m'apprendraient rien de ce qui fe paffe dans l'ame de cet homme , fans l'expérience , dont la voix feule fe fait entendre.

Loin que cet angle foit la caufe immédiate de ce que je juge qu'un grand cheval eft très loin , quand je vois ce cheval fort petit ; il arrive au contraire , à tous les momens , que je vois ce même cheval également grand , à dix pas , à vingt , à trente , à quarante pas , quoique l'angle à dix pas foit double , triple , quadruple. Je regarde de fort loin , par un petit trou , un homme pofté fur un toit ; le lointain & le peu de rayons m'empêchent d'abord de diftinguer fi c'eft un homme : l'objet me paraît très petit , je crois voir une ftatue de deux pieds tout au plus : l'objet fe remuë, je juge que c'eft un homme : & dès ce même inf- tant cet homme me paraît de la grandeur or- dinaire. D'où viennent ces deux jugemens fi différens ? Quand j'ai cru voir une ftatue, je l'ai imaginée de deux pieds , parce que je la voyais fous un tel angle : nulle expérience ne pliait mon ame à démentir les traits impri- més dans ma rétine ; mais dès que j'ai jugé que c'était un homme , la liaifon mife par l'expérience dans mon cerveau , entre l'idée d'un homme & l'idée de la hauteur de cinq à fix pieds , me force , fans que j'y penfe , à imaginer , par un jugement foudain , que je vois un homme de telle hauteur , & à voir une telle hauteur en effet.

Il faut abfolument conclure de tout ceci , que les diftances, les grandeurs, les fituations ne font pas , à proprement parler , des cho- fes vifibles, c'eft-à-dire , ne font pas les ob- jets propres & immédiats de la vuë. L'objet propre & immédiat de la vuë n'eft autre chofe que la lumière colorée ; tout le refte , nous ne le fentons qu'à la longue & par expérience. Nous apprenons à voir , précifément comme nous apprenons à parler & à lire. La diffé- rence eft, que l'art de voir eft plus facile, & que la nature eft également à tous notre maître.

Les jugemens foudains, prefque uniformes, que toutes nos ames, à un certain âge,
portent des diftances, des grandeurs, des fituations, nous font penfer, qu'il n'y a qu'à
ouvrir les yeux, pour voir de la manière dont
nous voyons. On fe trompe; il y faut le fecours des autres fens. Si les hommes n'avaient
que le fens de la vuë, ils n'auraient aucun
moyen pour connaître l'étenduë en longueur,
largeur & profondeur; & un pur efprit ne la
connaîtrait pas peut-être, à moins que DIEU
ne la lui revélât. Il eft très difficile de féparer
dans notre entendement l'extenfion d'un objet
d'avec les couleurs de cet objet. Nous ne
voyons jamais rien que d'étendu, & de-là
nous fommes tous portés à croire, que nous
voyons en effet l'étenduë. Nous ne pouvons
guères diftinguer dans notre ame ce jaune,
que nous voyons dans un louis-d'or, d'avec
ce louis-d'or dont nous voyons le jaune.
C'eft comme, lorfque nous entendons prononcer ce mot *louis-d'or*, nous ne pouvons
nous empêcher d'attacher malgré nous l'idée
de cette monnoie au fon que nous entendons
prononcer.

Si tous les hommes parlaient la même langue, nous ferions toûjours prêts à croire qu'il
y aurait une connexion néceffaire entre les
mots & les idées. Or tous les hommes ont
ici le même langage, en fait d'imagination,
Quatriéme partie.   Y

La nature leur dit à tous : Quand vous aurez vu des couleurs pendant un certain tems, votre imagination vous repréfentera à tous, de la même façon, les corps auxquels ces couleurs femblent attachées. Ce jugement prompt & involontaire que vous formerez, vous fera utile dans le cours de votre vie ; car s'il falait attendre, pour eftimer les diftances, les grandeurs, les fituations, de tout ce qui vous environne, que vous euffiez examiné des angles & des rayons vifuels, vous feriez morts avant que de favoir fi les chofes dont vous avez befoin font à dix pas de vous, ou à cent millions de lieuës, & fi elles font de la groffeur d'un ciron, ou d'une montagne. Il vaudrait beaucoup mieux pour vous être nés aveugles.

Nous avons donc peut-être grand tort, quand nous difons que nos fens nous trompent. Chacun de nos fens fait la fonction à laquelle la nature l'a deftiné. Ils s'aident mutuellement, pour envoyer à notre ame, par les mains de l'expérience, la mefure des connaiffances que notre être comporte. Nous demandons à nos fens ce qu'ils ne font point faits pour nous donner. Nous voudrions que nos yeux nous fiffent connaître la folidité, la grandeur, la diftance, &c.; mais il faut que le toucher s'accorde en cela avec la vuë, & que l'expérience les feconde. Si le père *Mallebranche* avait envifagé la nature par ce côté, il eût attribué peut-être moins d'erreurs à nos fens, qui font les feules fources de toutes nos idées.

Il ne faut pas, fans doute, étendre à tous les cas cette efpèce de métaphyfique que nous venons de voir. Nous ne devons l'appeller au fecours, que quand les mathématiques nous font infuffifantes.

DIVORCE.

IL eft dit dans l'Encyclopédie à l'article *Divorce*, que *l'ufage du divorce ayant été porté dans les Gaules par les Romains, ce fut ainfi que Biffine ou Bazine quitta le roi de Thuringe fon mari, pour fuivre Childéric qui l'époufa.* C'eft comme fi on difait que les Troyens ayant établi le divorce à Sparte, *Hélène* répudia *Menelas* fuivant la loi, pour s'en aller avec *Pâris* en Phrygie.

La fable agréable de *Pâris*, & la fable ridicule de *Childéric* qui n'a jamais été roi de France, & qu'on prétend avoir enlevé *Bazine* femme de *Bazin*, n'ont rien de commun avec la loi du divorce.

On cite encor *Cherébert*, régule de la petite ville de Lutèce près d'Iffy, *Lutetia Parifiorum*, qui répudia fa femme. L'abbé *Velly*, dans fon *Hiftoire de France*, dit que ce *Cheribert*, ou

Y ij

Caribert, répudia fa femme *Ingoberge* pour époufer *Mirefleur* fille d'un artifan, & enfuite *Theudegilde* fille d'un berger , qui *fut élevée fur le premier trône de l'empire Français.*

Il n'y avait alors ni premier , ni fecond trône chez ces barbares, que l'empire Romain ne reconnut jamais pour rois. Il n'y avait point d'empire *Français.*

L'empire des Francs ne commença que par *Charlemagne*. Il eft fort douteux que le mot *Mirefleur* fût en ufage dans la langue welche ou gauloife , qui était un patois du jargon celte. Ce patois n'avait pas des expreffions fi douces.

Il eft dit encor que le réga , ou régule *Chilpéric* , feigneur de la province du Soiffon- nais , & qu'on appelle *roi de France* , fit un divorce avec la reine *Andove* ou *Andovère ;* & voici la raifon de ce divorce.

Cette *Andovère* après avoir donné au fei- gneur de Soiffons trois enfans mâles, accou- cha d'une fille. Les Francs étaient en quelque façon chrétiens depuis *Clovis*. *Andovère* étant relevée de couche préfenta fa fille au batême. *Chilpéric* de Soiffons , qui apparemment était fort las d'elle , lui déclara que c'était un cri- me irrémiffible d'être maraine de fon enfant , qu'elle ne pouvait plus être fa femme par les loix de l'églife , & il époufa *Fredegonde ;* après quoi il chaffa *Fredegonde* , époufa une *Vifigote* , & puis reprit *Fredegonde.*

Tout cela n'a rien de bien légal, & ne doit pas plus être cité que ce qui fe paffait en Irlande & dans les ifles Orcades.

Le code juftinien que nous avons adopté en plufieurs points, autorife le divorce. Mais le droit canonique que les catholiques ont encor plus adopté, ne le permet pas.

L'auteur de l'article dit, *que le divorce fe pratique dans les états d'Allemagne de la con-feffion d'Augsbourg.*

On peut ajouter que cet ufage eft établi dans tous les pays du Nord, chez tous les réformés de toutes les confeffions poffibles, & dans toute l'églife grecque.

Le divorce eft probablement de la même date à-peu-près que le mariage. Je crois pourtant que le mariage eft de quelques femaines plus ancien, c'eft-à-dire, qu'on fe querella avec fa femme au bout de quinze jours, qu'on la battit au bout d'un mois, & qu'on s'en fépara après fix femaines de cohabitation.

Juftinien qui raffembla toutes les loix faites avant lui, auxquelles il ajouta les fiennes, non-feulement confirme celle du divorce, mais il lui donne encor plus d'étendue, au point que toute femme dont le mari était non pas efclave, mais fimplement prifonnier de guerre pendant cinq ans, pouvait après les cinq ans révolus contracter un autre mariage.

Y iij

Justinien était chrétien, & même théolo̶ gien; comment donc arriva-t-il que l'églife dérogeât à fes loix? ce fut quand l'églife devint fouveraine & légiflatrice. Les papes n'eurent pas de peine à fubftituer leurs décrétales au code dans l'Occident, plongé dans l'ignorance & dans la barbarie. Ils profitèrent tellement de la ftupidité des hommes, qu'*Honorius III*, *Grégoire IX*, *Innocent III*, défendirent par leurs bulles qu'on enfeignât le droit civil. On peut dire de cette hardieffe, Cela n'eft pas croyable, mais cela eft vrai.

Comme l'églife jugea feule du mariage, elle jugea feule du divorce. Point de prince qui ait fait un divorce, & qui ait époufé une feconde femme fans l'ordre du pape, avant *Henri VIII* roi d'Angleterre, qui ne fe paffa du pape qu'après avoir longtems follicité fon procès en cour de Rome.

Cette coutume établie dans des tems d'ignorance, fe perpétua dans les tems éclairés, par la feule raifon qu'elle exiftait. Tout abus s'éternife de lui-même; c'eft l'écurie d'*Augias*; il faut un *Hercule* pour la nétoyer.

Henri IV ne put être père d'un roi de France que par une fentence du pape: encor falut-il, comme on l'a déja remarqué, non pas prononcer un divorce, mais mentir en prononçant qu'il n'y avait point eu de mariage.

D O G M E S.

TOute croyance enſeignée par l'égliſe, eſt un dogme qu'il faut embraſſer. Il eſt triſte qu'il y ait des dogmes reçus par l'égliſe latine & rejettés par l'égliſe grecque. Mais ſi l'unanimité manque, la charité la remplace. C'eſt ſurtout entre les cœurs qu'il faudrait de la réunion.

Je crois que nous pouvons à ce propos rapporter un ſonge qui a déja trouvé grace devant quelques perſonnes pacifiques.

Le 18 Février de l'an 1763 de l'ère vulgaire, le ſoleil entrant dans le ſigne des poiſſons, je fus tranſporté au ciel, comme le ſavent tous mes amis. Ce ne fut point la jument *Borac* de *Mahomet* qui fut ma monture; ce ne fut point le char enflammé d'*Elie* qui fut ma voiture; je ne fus porté ni ſur l'éléphant de *Sammonocodom* le Siamois, ni ſur le cheval de *St. George* patron de l'Angleterre, ni ſur le cochon de *St. Antoine*: j'avoue avec ingénuité que mon voyage ſe fit je ne ſais comment.

On croira bien que je fus ébloui; mais ce qu'on ne croira pas, c'eſt que je vis juger tous les morts; & qui étaient les juges? c'étaient, ne vous en déplaiſe, tous ceux qui ont fait du bien aux hommes, *Confucius*, *Solon*,

Socrate, *Titus*, les *Antonins*, *Epiĉtete*, tous les grands-hommes qui ayant enſeigné & pratiqué les vertus que DIEU exige, ſemblaient ſeuls être en droit de prononcer ſes arrêts.

Je ne dirai point ſur quels trônes ils étaient aſſis, ni combien de millions d'ètres céleſtes étaient proſternés devant l'éternel architeĉte de tous les globes, ni quelle foule d'habitans de ces globes innombrables comparut devant les juges. Je ne rendrai compte ici que de quelques petites particularités tout-à-fait intéreſſantes dont je fus frappé.

Je remarquai que chaque mort qui plaidait ſa cauſe & qui étalait ſes beaux ſentimens, avait à côté de lui tous les témoins de ſes actions. Par exemple, quand le cardinal de *Lorraine* ſe vantait d'avoir fait adopter quelques-unes de ſes opinions par le concile de Trente, & que pour prix de ſon orthodoxie il demandait la vie éternelle, tout auſſi-tôt paraiſ-ſaient autour de lui vingt courtiſanes ou dames de la cour, portant toutes ſur le front le nombre de leurs rendez-vous avec le cardinal. On voyait ceux qui avaient jetté avec lui les fondemens de la ligue; tous les complices de ſes deſſeins pervers venaient l'environner.

Vis-à-vis du cardinal de *Lorraine* était *Jean Chauvin*, qui ſe vantait dans ſon patois groſſier d'avoir donné des coups de pied à l'idole papale, après que d'autres l'avaient abattue. J'ai écrit contre la peinture & la sculpture, diſait-il ; j'ai fait voir évidemment que les bonnes œuvres ne ſervent à rien du tout ; & j'ai prouvé qu'il eſt diabolique de danſer le menuet ; chaſſez vîte d'ici le cardinal de *Lorraine*, & placez-moi à côté de *St. Paul.*

Comme il parlait, on vit auprès de lui un bucher enflammé ; un ſpectre épouvantable portant au cou une fraiſe eſpagnole à moitié brûlée, ſortait du milieu des flammes avec des cris affreux : Monſtre, s'écriait-il, monſtre exécrable, tremble, reconnai ce *Servet* que tu as fait périr par le plus cruel des ſupplices, parce qu'il avait diſputé contre toi ſur la manière dont trois perſonnes peuvent faire une ſeule ſubſtance. Alors tous les juges ordonnèrent que le cardinal de *Lorraine* ſerait précipité dans l'abîme, mais que *Calvin* ſerait puni plus rigoureuſement.

Je vis une foule prodigieuſe de morts qui diſaient, J'ai cru, j'ai cru ; mais ſur leur front il était écrit, J'ai fait ; & ils étaient condamnés.

Le jéſuite *le Tellier* paraiſſait fiérement la bulle *Unigenitus* à la main. Mais à ſes côtés s'éleva tout-d'un-coup un monceau de deux mille lettres de cachet. Un janſéniſte y mit le feu, *le Tellier* fut brûlé juſqu'aux os, & le janſéniſte, qui n'avait pas moins cabalé que le jéſuite, eut ſa part de la brûlure.

Je voyais arriver à droite & à gauche des troupes de faquirs, de talapoins, de bonzes, de moines blancs, noirs & gris, qui s'étaient tous imaginés que pour faire leur cour à l'Etre suprème il falait ou chanter ou se fouetter, ou marcher tout nuds. J'entendis une voix terrible qui leur demanda, Quel bien avez-vous fait aux hommes ? A cette voix succéda un morne silence, aucun n'osa répondre, & ils furent tous conduits aux petites-maisons de l'univers ; c'est un des plus grands bâtimens qu'on puisse imaginer.

L'un criait, c'est aux métamorphoses de *Xaca* qu'il faut croire ; l'autre, c'est à celles de *Sammonocodom* ; *Bacchus* arrèta le soleil & la lune, disait celui-ci ; les Dieux ressuscitèrent *Pelops*, disait celui-là. Voici la bulle *in Cœna Domini*, disait un nouveau venu, & l'huissier des juges criait, Aux petites-maisons, aux petites-maisons.

Quand tous ces procès furent vuidés, j'entendis alors promulguer cet arrèt.

> De par l'Eternel créateur,
> Conservateur, rémunérateur,
> Vengeur, pardonneur, &c. &c.

Soit notoire à tous les habitans des cent mille millions de milliards de mondes qu'il nous a plû de former, que nous ne jugerons jamais aucun desdits habitans sur leurs idées

creufes , mais uniquement fur leurs actions ,
car telle eft notre juftice.

J'avoue que ce fut la première fois que j'entendis un tel édit ; tous ceux que j'avais lus
fur le petit grain de fable où je fuis né , finif-
faient par ces mots ; *car tel eft notre plaifir.*

DONATIONS.

LA république Romaine qui s'empara de
tant d'états , en donna auffi quelques-uns.
Scipion fit *Maffiniffe* roi de Numidie.

Lucullus , Sylla , Pompée , donnèrent une
demi-douzaine de royaumes.

Cléopatre reçut l'Egypte de *Céfar. Antoine ,*
& enfuite *Octave ,* donnèrent le petit royaume
de Judée à *Hérode.*

Sous *Trajan* on frappa la fameufe médaille,
Regna affignata ; les royaumes accordés.

Des villes , des provinces données en fou-
veraineté à des prêtres , à des collèges pour
la plus grande gloire de DIEU , ou des Dieux ;
c'eft ce qu'on ne voit dans aucun pays.

Mahomet & les califes fes vicaires , prirent
beaucoup d'états pour la propagation de leur
foi ; mais on ne leur fit aucune donation.
Ils ne tenaient rien que de leur Alcoran &
de leur fabre.

La religion chrétienne qui fut d'abord une société de pauvres, ne vécut longtems que d'aumônes. La première donation eſt celle d'*A-nania* & de *Saphira* ſa femme. Elle fut en argent comptant, & ne réuſſit pas aux donateurs.

DONATION DE CONSTANTIN.

La célèbre donation de Rome & de toute l'Italie au pape *Silveſtre* par l'empereur *Conſtantin*, fut ſoutenue comme une partie du ſymbole juſqu'au ſeiziéme ſiécle. Il falait croire que *Conſtantin* étant à Nicomédie, fut guéri de la lèpre à Rome, par le batême qu'il reçut de l'évêque *Silveſtre*, (quoi qu'il ne fut point batiſé) & que pour récompenſe il donna ſur le champ ſa ville de Rome & toutes ſes provinces occidentales à ce *Silveſtre*. Si l'acte de cette donation avait été dreſſé par le docteur de la comédie italienne, il n'aurait pas été plus plaiſamment conçu. On ajoute que *Conſtantin* déclara tous les chanoines de Rome conſuls & patrices ; *patricios & conſules effici ;* qu'il tint lui-même la bride de la haquenée ſur laquelle monta le nouvel empereur évêque, *tenentes frenum equi illius.*

Quand on fait réflexion que cette belle hiſtoire a été en Italie une eſpèce d'article de foi, & une opinion révérée du reſte de l'Europe pendant huit ſiécles, qu'on a pourſuivi comme des hérétiques ceux qui en doutaient, il ne faut plus s'étonner de rien.

DONATION DE PEPIN.

Aujourd'hui on n'excommunie plus personne pour avoir douté que *Pepin* l'usurpateur ait donné & pu donner au pape l'exarcat de Ravenne. C'est tout au plus une mauvaise pensée, un péché veniel qui n'entraine point la perte du corps & de l'ame.

Voici ce qui pourait excuser les jurisconsultes Allemands qui ont des scrupules sur cette donation.

1°. Le bibliothécaire *Anastase* dont le témoignage est toûjours cité, écrivait cent quarante ans après l'événement.

2°. Il n'était point vraisemblable que *Pepin* mal affermi en France, & à qui l'Aquitaine fesait la guerre, allât donner en Italie des états qu'il avouait appartenir à l'empereur résidant à Constantinople.

3°. Le pape *Zacharie* reconnaissait l'empereur Romain-grec pour souverain de ces terres disputées par les Lombards, & lui en avait prêté serment, comme il se voit par les lettres de cet évèque de Rome *Zacharie* à l'évèque de Mayence *Boniface*. Donc *Pepin* ne pouvait donner au pape les terres impériales.

4°. Quand le pape *Etienne II* fit venir une lettre du ciel, écrite de la propre main de *St. Pierre* à *Pepin*, pour se plaindre des vexations du roi des Lombards *Astolphe*,

St. Pierre ne dit point du tout dans sa lettre que *Pepin* eût fait présent de l'exarcat de Ravenne au pape ; & certainement *St. Pierre* n'y aurait pas manqué, pour peu que la chose eût été seulement équivoque ; il entend trop bien ses intérêts.

5°. Enfin, on ne vit jamais l'acte de cette donation ; & ce qui est plus fort, on n'osa pas même en fabriquer un faux. Il n'est pour toute preuve que des récits vagues mêlés de fables. On n'a donc au-lieu de certitude que des écrits de moines absurdes, copiés de siécle en siécle.

L'avocat Italien qui écrivit en 1722, pour faire voir qu'originairement Parme & Plaisance avaient été concédés au St. Siége comme une dépendance de l'exarçat, assure que *les empereurs Grecs furent justement dépouillés de leurs droits, parce qu'ils avaient soulevé les peuples contre* DIEU. C'est de nos jours qu'on écrit ainsi ! mais c'est à Rome. Le cardinal *Bellarmin* va plus loin ; *Les premiers chrétiens*, dit-il, *ne supportaient les empereurs que parce qu'ils n'étaient pas les plus forts.* L'aveu est franc ; & je suis persuadé que Bellarmin a raison.

Page 120. seconde partie.

DONATION DE CHARLEMAGNE.

Dans le tems que la cour de Rome croyait avoir besoin de titres, elle prétendit que

Charlemagne avait confirmé la donation de l'exarcat, & qu'il y avait ajouté la Sicile, Venise, Bénevent, la Corse, la Sardaigne. Mais comme *Charlemagne* ne possédait aucun de ces états, il ne pouvait les donner ; & quant à la ville de Ravenne, il est bien clair qu'il la garda, puis que dans son testament il fait un legs à *sa ville de Ravenne*, ainsi qu'à *sa ville de Rome*. C'est beaucoup que les papes ayent eu Ravenne & la Romagne avec le tems. Mais pour Venise, il n'y a pas d'apparcence qu'ils fassent valoir dans la place St. Marc le diplôme qui leur en accorde la souveraineté.

On a disputé pendant des siécles sur tous ces actes, instrumens, diplômes. Mais c'est une opinion constante, dit *Giannone* ce martyr de la vérité, que toutes ces piéces furent forgées du tems de Grégoire VII. *E costante opinione presso i piu gravi scrittori* Lib. IX. *che tutti questi istromenti e diplomi furono supposti ne' tempi d'Ildebrando.* cap. III.

DONATION DE BÉNEVENT PAR L'EMPEREUR HENRI III.

La première donation bien avérée qu'on ait faite au siége de Rome, fut celle de Bénevent ; & ce fut un échange de l'empereur *Henri III* avec le pape *Léon IX* ; il n'y manqua qu'une formalité, c'est qu'il eût falu que l'empereur qui donnait Bénevent, en fût le maître. Elle appartenait aux ducs de Bénevent ; & les empereurs Romains - grecs réclamaient leurs droits fur ce duché. Mais l'hiftoire n'eft autre chofe que la lifte de ceux qui fe font accommodés du bien d'autrui.

DONATION DE LA COMTESSE MATHILDE.

La plus confidérable des donations & la plus autentique, fut celle de tous les biens de la fameufe comteffe *Mathilde* à *Grégoire VII*. C'était une jeune veuve qui donnait tout à fon directeur. Il paffe pour conftant que l'acte en fut réitéré deux fois, & enfuite confirmé par fon teftament.

Cependant, il refte encor quelque difficulté. On a toûjours cru à Rome que *Mathilde* avait donné tous fes états, tous fes biens préfens & à venir à fon ami *Grégoire VII*, par un acte folemnel dans fon château de Canoffa en 1077, pour le remède de fon ame & de l'ame de fes parens. Et pour corroborer ce faint inftrument, on nous en montre un fecond de l'an 1102, par lequel il eft dit, que c'eft à Rome qu'elle a fait cette donation, laquelle s'eft égarée, & qu'elle la renouvelle, & toûjours pour le remède de fon ame.

Comment un acte fi important était-il égaré ? la cour Romaine eft-elle fi négligente ?
com-

comment cet inftrument écrit à Canoffe avait-
il été écrit à Rome ? que fignifient ces contradictions ? Tout ce qui eft bien clair, c'eft
que l'ame des donataires fe portait mieux que
l'ame de la donatrice qui avait befoin pour fe
guérir de fe dépouiller de tout en faveur de
fes médecins.

Enfin, voilà donc en 1102 une fouveraine
réduite par un acte en forme à ne pouvoir pas
difpofer d'un arpent de terre ; & depuis cet
acte jufqu'à fa mort en 1115, on trouve encor
des donations de terres confidérables faites
par cette mème *Mathilde* à des chanoines &
à des moines. Elle n'avait donc pas tout donné. Et enfin, cet acte de 1102 pourait bien
avoir été fait après fa mort par quelque habile homme.

La cour de Rome ajouta encor à tous fes
droits le teftament de *Mathilde* qui confirmait
fes donations. Les papes ne produifirent jamais ce teftament.

Il falait encor favoir fi cette riche comteffe
avait pu difpofer de fes biens, qui étaient la
plûpart des fiefs de l'empire.

L'empereur *Henri V* fon héritier, s'empara
de tout ; ne reconnut ni teftament, ni donations, ni fait, ni droit. Les papes en tempo-
rifant gagnèrent plus que les empereurs en
ufant de leur autorité, & avec le tems ces
céfars devinrent fi faibles, qu'enfin les papes

Quatriéme partie.   Z

ont obtenu de la fucceſſion de *Mathilde* ce qu'on appelle aujourd'hui le *patrimoine de St. Pierre.*

DONATION DE LA SUZERAINETÉ DE NAPLES AUX PAPES.

Les gentilshommes Normands qui furent les premiers inſtrumens de la conquête de Naples & de Sicile, firent le plus bel exploit de chevalerie dont on ait jamais entendu parler. Quarante à cinquante hommes feulement, délivrent Salerne au moment qu'elle eſt priſe par une armée de Sarraſins. Sept autres gentilshommes Normands, tous frères, fuffiſent pour chaſſer ces mèmes Sarraſins de toute la contrée, & pour l'ôter à l'empereur Grec qui les avait payés d'ingratitude. Il eſt bien naturel que les peuples dont ces héros avaient ranimé la valeur, s'accoutumaſſent à leur obéir par admiration & par reconnaiſſance.

Voilà les premiers droits à la couronne des deux Siciles. Les évèques de Rome ne pouvaient pas donner ces états en fief plus que le royaume de Boutan ou de Cachemire.

Ils ne pouvaient même en accorder l'inveſtiture quand on la leur aurait demandée ; car dans le tems de l'anarchie des fiefs, quand un feigneur voulait tenir fon bien allodial en fief pour avoir une protection , il ne pouvait

s'adreſſer qu'à ſon ſeigneur ſuzerain. Or certainement le pape n'était pas ſeigneur ſuzerain
de Naples, de la Pouille, & de la Calabre.

On a beaucoup écrit ſur cette vaſſalité pré-
tendue, mais on n'a jamais remonté à la ſour-
ce. J'oſe dire que c'eſt le défaut de preſque
tous les juriſconſultes, comme de tous les
théologiens. Chacun tiré bien ou mal, d'un
principe reçu, les conſéquences les plus favorables à ſon parti. Mais ce principe eſt-il
vrai ? Ce premier fait ſur lequel ils s'appuient,
eſt-il inconteſtable ? C'eſt ce qu'ils ſe donnent bien de garde d'examiner. Ils reſſemblent
à nos anciens romanciers qui ſuppoſaient
tous que *Francus* avait apporté en France
le caſque d'*Hector*. Ce caſque était impénétra-
ble ſans doute : mais *Hector* en effet l'avait-il
porté ? Le lait de la vierge eſt auſſi très reſ-
pectable ; mais vingt ſacriſties qui ſe vantent
d'en poſſéder une roquille, la poſſédent-ils
en effet ?

Les hommes de ce tems-là auſſi méchans
qu'imbécilles, ne s'effrayaient pas des plus
grands crimes ; & redoutaient une excommunication qui les rendaient exécrables aux
peuples encor plus méchans qu'eux, & beaucoup plus ſots.

Robert Guiſcard & *Richard* vainqueurs de
la Pouille & de la Calabre, furent d'abord
excommuniés par le pape *Léon IX.* Ils s'étaient

déclarés vaſſaux de l'empire : mais l'empereur *Henri III* mécontent de ces féudataires
conquérans , avait engagé *Léon IX* à lan-
cer l'excommunication à la tête d'une armée
d'Allemands. Les Normands qui ne craignaient point ces foudres comme les princes
d'Italie les craignaient , battirent les Allemands & prirent le pape priſonnier. Mais
pour empêcher déſormais les empereurs & les
papes de venir les troubler dans leurs poſſeſſions , ils offrirent leurs conquêtes à l'égliſe
ſous le nom d'*Oblata*. C'eſt ainſi que l'Angleterre avait payé le *denier de St. Pierre* , c'eſt
ainſi que les premiers rois d'Eſpagne & de
Portugal, en recouvrant leurs états contre les
Sarraſins , promirent à l'égliſe de Rome deux
livres d'or par an. Ni l'Angleterre , ni l'Eſpagne , ni le Portugal ne regardèrent jamais
le pape comme leur ſeigneur ſuzerain.

Le duc Robert *oblat* de l'égliſe , ne fut pas
non plus féudataire du pape ; il ne pouvait
pas l'être , puiſque les papes n'étaient pas
ſouverains de Rome. Cette ville alors était
gouvernée par ſon ſénat , & l'évêque n'avait
que du crédit ; le pape était à Rome préciſément ce que l'électeur eſt à Cologne. Il y a
une différence prodigieuſe entre être oblat
d'un ſaint & être féudataire d'un évêque.

Baronius , dans ſes actes , rapporte l'hommage prétendu fait par *Robert* duc de la Pouille

& de la Calabre à *Nicolas II* ; mais cette piéce eſt ſuſpecte comme tant d'autres , on ne l'a jamais vue ; elle n'a jamais été dans aucune archive. *Robert* s'intitula , *Duc par la grace de* DIEU *& de St. Pierre.* Mais certainement *St. Pierre* ne lui avait rien donné , & n'était point roi de Rome.

Les autres papes , qui n'étaient pas plus rois que *St. Pierre* , reçurent ſans difficulté l'hommage de tous les princes qui ſe préſentèrent pour régner à Naples , ſurtout quand ces princes furent les plus forts.

DONATION DE L'ANGLETERRE ET DE L'IRLANDE AUX PAPES , PAR LE ROI JEAN.

En 1213 le roi *Jean* , vulgairement nommé *Jean ſans terre* , & plus juſtement *ſans vertu* , étant excommunié , & voyant ſon royaume mis en interdit , le donna au pape *Innocent III* & à ſes ſucceſſeurs. *Non contraint par aucune crainte , mais de mon plein gré & de l'avis de mes barons , pour la rémiſſion de mes péchés contre* DIEU *& l'égliſe ; je réſigne l'Angleterre & l'Irlande à* DIEU , *à St. Pierre , à St. Paul & à monſeigneur le pape Innocent & à ſes ſucceſſeurs dans la chaire apoſtolique.*

Il ſe déclara feudataire lieutenant du pape ; paya d'abord huit mille livres ſterling comptant au légat *Pandolphe* ; promit d'en payer

Z iij

mille tous les ans. Donna la première année d'avance au légat qui la foula aux pieds , & jura entre ses genoux qu'il se soumettait à tout perdre faute de payer à l'échéance.

Le plaisant de cette cérémonie fut que le légat s'en alla avec son argent , & oublia de lever l'excommunication.

EXAMEN DE LA VASSALITÉ DE NAPLES ET DE L'ANGLETERRE.

On demande laquelle vaut le mieux de la donation de *Robert Guiscard* , ou de celle de *Jean sans terre* ; tout deux avaient été excommuniés ; tout deux donnaient leurs états à *St. Pierre* , & n'en étaient plus que les fermiers. Si les barons Anglais s'indignèrent du marché infâme de leur roi avec le pape & le cassèrent , les barons Napolitains ont pu casser celui du duc *Robert :* & s'ils l'ont pu autrefois , ils le peuvent aujourd'hui.

De deux choses l'une ; ou l'Angleterre & la Pouille étaient données au pape selon la loi de l'église , ou selon la loi des fiefs , ou comme à un évêque , ou comme à un souverain. Comme à un évêque , c'était précisément contre la loi de JÉSUS CHRIST qui défendit si souvent à ses diciples de rien prendre , & qui leur déclara que son royaume n'est point de ce monde.

Si comme à un souverain ; c'était un crime de lèze-majesté impériale. Les Normands avaient déja fait hommage à l'empereur. Ainsi nul droit ni spirituel, ni temporel n'appartenait aux papes dans cette affaire. Quand le principe est si vicieux, tous les effets le sont. Naples n'appartient donc pas plus au pape que l'Angleterre.

Il y a encor une autre façon de se pourvoir contre cet ancien marché, c'est le droit des gens plus fort que le droit des fiefs. Ce droit des gens ne veut pas qu'un souverain appartienne à un autre souverain ; & la loi la plus ancienne est qu'on soit le maître chez soi, à moins qu'on ne soit le plus faible.

DES DONATIONS FAITES PAR LES PAPES.

Si on a donné des principautés aux évèques de Rome, ils en ont donné bien davantage. Il n'y a pas un seul trône en Europe dont ils n'ayent fait présent. Dès qu'un prince avait conquis un pays, ou même voulait le conquérir, les papes le lui accordaient au nom de *St. Pierre*. Quelquefois même ils firent les avances, & l'on peut dire qu'ils ont donné tous les royaumes excepté celui des cieux.

Peu de gens en France savent que *Jules II* donna les états du roi *Louïs XII* à l'empereur *Fréderic III*, qui ne put s'en mettre

Z iiij

en poffeffion ; & l'on ne fe fouvient pas affez que *Sixte - Quint*, *Grégoire XIV* & *Clément VIII* furent prêts de faire une libéralité de la France à quiconque *Philippe II* auriât choifi pour le mari de fa fille *Claire Eugénie*.

Quant aux empereurs, il n'y en a pas un depuis *Charlemagne*, que la cour de Rome n'ait prétendu avoir nommé. C'eſt pourquoi *Swift*, dans fon *Conte du tenneau*, dit, que mylord *Pierre* devint tout - à - fait fou, & que *Martin* & *Jean* fes frères voulurent le faire enfermer par avis de parens. Nous ne rapportons cette témérité que comme un blafphème d'un prêtre Anglais contre l'évèque de Rome.

Toutes ces donations difparaiffent devant celle des Indes orientales & occidentales, dont *Alexandre VI* inveſtit l'Efpagne & le Portugal de fa pleine puiffance & autorité divine : c'était donner prefque toute la terre. Il pouvait donner de même les globes de *Jupiter* & de *Saturne* avec leurs fatellites.

DONATIONS ENTRE PARTICULIERS.

Les donations des citoyens fe traitent tout différemment. Les codes des nations font convenus d'abord unanimement, que perfonne ne peut donner le bien d'autrui, de même que perfonne ne peut le prendre. C'eſt la loi des particuliers.

En France la jurifprudence fut incertaine
fur cet objet , comme fur prefque tous les
autres , jufqu'à l'année 1731 , où l'équitable
chancelier d'*Agueffeau* ayant conçu le deffein
de rendre enfin la loi uniforme, ébaucha du
moins ce grand ouvrage par l'édit fur les *donations*. Il eft rédigé en quarante - fept articles. Mais en voulant rendre uniformes toutes les formalités concernant les donations ,
on excepta la Flandre de la loi générale ; &
en exceptant la Flandre on oublia l'Artois qui
devrait jouïr de la même exception ; de forte
que fix ans après la loi générale on fut obligé
d'en faire pour l'Artois une particulière.

On fit furtout ces nouveaux édits concernant les donations & les teftamens , pour écar-
ter tous les commentateurs qui embrouillent
les loix ; & on en a déja fait dix commentaires.

Ce qu'on peut remarquer fur les donations,
c'eft qu'elles s'étendent beaucoup plus loin
qu'aux particuliers à qui on fait un préfent.
Il faut payer pour chaque préfent aux fermiers du domaine royal, droit de controlle,
droit d'infinuation, droit de centiéme denier,
droit de deux fous pour livre.

De forte que toutes les fois que vous donnez à un citoyen , vous êtes bien plus libéral
que vous ne penfez. Vous avez le plaifir de
contribuer à enrichir les fermiers-généraux ;
mais cet argent ne fort point du royaume,
comme celui qu'on paye à la cour de Rome.

LES SEPT DORMANTS.

LA fable imagina qu'un *Epiménide* avait dormi d'un fomme pendant vingt - fept ans, & qu'à fon reveil il fut tout étonné de trouver fes petits enfans mariés qui lui demandaient fon nom; fes amis morts, fa ville & les mœurs des habitans changées. C'était un beau champ à la critique, & un plaifant fujet de comédie. La légende a emprunté tous les traits de la fable, & les a groffis.

L'auteur de la *Légende dorée* ne fut pas le premier qui au treiziéme fiécle, au - lieu d'un dormeur nous en donna fept, & en fit bravement fept martyrs. Il avait pris cette édifiante hiftoire chez *Grégoire* de Tours, écrivain véridique qui l'avait prife chez *Sigebert*, qui l'avait prife chez *Métaphrafte*, qui l'avait prife chez *Nicéphore*. C'eft ainfi que la vérité arrive aux hommes de main en main.

Le révérend père *Pierre Ribadeneira* de la compagnie de JESUS, enchérit encor fur la *Légende dorée* dans fa célèbre *Fleur des faints*, dont il eft fait mention dans le *Tartuffe* de Molière. Elle fut traduite, augmentée & enrichie de tailles - douces par le révérend père *Antoine Girard* de la même fociété; rien n'y manque.

Quelques curieux feront peut-être bien
aifes de voir la profe du révérend père *Girard*,
la voici.

,, Du tems de l'empereur *Déce*, l'églife
,, reçut une furieufe & épouvantable bouraf-
,, que; entre les autres chrétiens l'on prit
,, fept frères, jeunes, bien difpos & de bonne
,, grace, qui étaient enfans d'un chevalier
,, d'Ephèfe, & qui s'appellaient *Maximien,*
,, *Marie, Martinien, Denis, Jean, Sérapion* &
,, *Conftantin.* L'empereur leur ôta d'abord
,, leurs ceintures dorées..... ils fe cachèrent
,, dans une caverne; l'empereur en fit murer
,, l'entrée pour les faire mourir de faim. "

Auffi-tôt ils s'endormirent tous fept, & ne
fe réveillèrent qu'après avoir dormi cent
foixante & dix-fept ans.

Le père *Girard* loin de croire que ce foit un
conte à dormir debout, en prouve l'autenti-
cité par les argumens les plus démonftratifs:
& quand on n'aurait d'autre preuve que les
noms des fept affoupis, cela fuffirait: on ne s'a-
vife pas de donner des noms à des gens qui
n'ont jamais exifté. Les fept dormants ne pouvaient être ni trompés, ni trompeurs. Auffi ce
n'eft pas pour contefter cette hiftoire que nous
en parlons, mais feulement pour remarquer
qu'il n'y a pas un feul événement fabuleux de
l'antiquité qui n'ait été rectifié par les anciens
légendaires. Toute l'hiftoire d'*Oedipe*, d'*Hercule*, de *Théfée* fe trouve chez eux accommodée

à leur manière. Ils ont peu inventé, mais ils ont beaucoup perfectionné.

J'avoue ingénuement que je ne sais pas d'où *Nicéphore* avait tiré cette belle histoire. Je suppose que c'était de la tradition d'E-phèse ; car la caverne des sept dormants, & la petite église qui leur est dédiée, subsistent encore. Les moins éveillés des pauvres Grecs y viennent faire leurs dévotions. Le cheva-lier *Ricaut* & plusieurs autres voyageurs An-glais ont vu ces deux monumens ; mais pour leurs dévotions, ils ne les y ont pas faites.

Terminons ce petit article par le raisonne-ment d'*Abadie*. Voilà des *mémoriaux* institués pour célébrer à jamais l'avanture des sept dormants. Aucun Grec n'en a jamais douté dans Ephèse ; ces Grecs n'ont pu être abusés ; ils n'ont pu abuser personne ; donc l'histoire des sept dormants est incontestable.

———————————

DROIT.

DROIT DES GENS, DROIT NA-TUREL, DROIT PUBLIC.

JE ne connais rien de mieux sur ce sujet que ces vers de l'*Arioste* au chant XLIV.

> *Fan le'ga oggi ré, papi, imperatori*
> *Doman saranno capitali nimici*

Perche quella apparenza efteriori
Non hanno i cor' non hanno gli animi tali
Che non guardando al torto piu che a dritto
Attendon' folamente al'lor profitto.

Rois , empereurs & fucceffeurs de Pierre
Au nom de DIEU fignent un beau traité ;
Le lendemain ces gens fe font la guerre.
Pourquoi cela ? C'eft que la piété,
La bonne foi ne les tourmente guère.
Et que malgré St. Jacques & St. Matthieu
Leur intérêt eft leur unique dieu.

S'il n'y avait que deux hommes fur la
terre, comment vivraient-ils enfemble ? ils
s'aideraient, fe nuiraient, fe careffəraient, fe
diraient des injures ; fe battraient, fe récon-
cilieraient, ne pouraient vivre l'un fans l'autre, ni l'un avec l'autre. Ils feraient comme
tous les hommes font aujourd'hui. Ils ont le
don du raifonnement, oui ; mais ils ont auffi
le don de l'inftinct, & ils fentiront, & ils
raifonneront , & ils agiront toûjours comme
ils y font deftinés par la nature.

Un DIEU n'eft pas venu fur notre globe
pour affembler le genre-humain & pour lui
dire, ,, J'ordonne aux Nègres & aux Cafres
,, d'aller tout nuds & de manger des infectes.
,, J'ordonne aux Samoyèdes de fe vêtir de
,, peaux de rangifères & d'en manger la chair
,, toute infipide qu'elle eft , avec du poiffon

„ féché & puant, le tout fans fel. Les Tar-
„ tares du Thibet croiront tout ce que leur
„ dira le dalai-lama ; & les Japonois croi-
„ ront tout ce que leur dira le dairi.

„ Les Arabes ne mangeront point de co-
„ chon, & les Veftphaliens ne fe nourriront
„ que de cochon.

„ Je vais tirer une ligne du mont Caucafe
„ à l'Egypte, & de l'Egypte au mont Atlas :
„ tous ceux qui habiteront à l'orient de cette
„ ligne pourront époufer plufieurs femmes,
„ ceux qui feront à l'occident n'en auront
„ qu'une.

„ Si vers le golphe Adriatique depuis Zara
„ jufqu'à la Polefine, ou vers les marais du
„ Rhin & de la Meufe, ou vers le mont
„ Jura, ou même dans l'ifle d'Albion, ou
„ chez les Sarmates, ou chez les Scandina-
„ viens quelqu'un s'avife de vouloir rendre
„ un feul homme defpotique, ou de préten-
„ dre lui-même à l'être, qu'on lui coupe le
„ cou au plus vîte, en attendant que la
„ deftinée & moi nous en ayons autrement
„ ordonné.

„ Si quelqu'un a l'infolence & la démence
„ de vouloir établir ou rétablir une grande
„ affemblée d'hommes libres fur le Mança-
„ narès ou fur la Propontide, qu'il foit ou
„ empâlé ou tiré à quatre chevaux.

„ Quiconque produira fes comptes fui-
„ vant une certaine règle d'arithmétique à

„ Conftantinople, au grand Caire, à Tafilet,
„ à Deli, à Andrinople, fera fur le champ
„ empâlé fans forme de procès; & quiconque
„ ofera compter fuivant une autre règle à
„ Rome, à Lisbonne, à Madrid, en Cham-
„ pagne, en Picardie & vers le Danube de-
„ puis Ulm jufqu'à Belgrade, fera brûlé dévo-
„ tement pendant qu'on lui chantera des *mi-*
„ *ferere.*

„ Ce qui fera jufte tout le long de la Loire
„ fera injufte fur les bords de la Tamife: car
„ mes loix font univerfelles, &c. &c. &c. "

Il faut avouer que nous n'avons pas de
preuve bien claire, pas même dans le *Jour-*
nal chrétien, ni dans la *Clé du cabinet des*
princes qu'un D I E U foit venu fur la terre
promulguer ce droit public. Il exifte cependant; il eft fuivi à la lettre tel qu'on vient
de l'énoncer; & on a compilé, compilé, compilé fur ce droit des nations de très beaux
commentaires, qui n'ont jamais fait rendre un
écu à ceux qui ont été ruinés par la guerre
ou par des édits, ou par les commis des
fermes.

Ces compilations reffemblent affez aux cas
de confcience de *Pontas.* Voici un cas de loi
à examiner: il eft défendu de tuer. Tout
meurtrier eft puni, à moins qu'il n'ait tué en
grande compagnie & au fon des trompettes;
c'eft la règle.

Du tems qu'il y avait encor des antropophages dans la forêt des Ardennes, un bon
villageois rencontra un antropophage qui emportait un enfant pour le manger. Le villageois ému de pitié, tua le mangeur d'enfans,
& délivra le petit garçon qui s'enfuit auſſitôt.
Deux paſſans voyent de loin le bon homme,
& l'accuſent devant le prévôt d'avoir commis
un meurtre ſur le grand chemin. Le corps du
délit était ſous les yeux du juge, deux témoins parlaient, on devait payer cent écus
au juge pour ſes vacations; la loi était préciſe:
le villageois fut pendu ſur le champ pour
avoir fait ce qu'auraient fait à ſa place *Hercule*,
Théſée, *Roland* & *Amadis*. Falait-il pendre
le prévôt qui avait ſuivi la loi à la lettre?
Et que jugea-t-on à la grande audience?
Pour réſoudre mille cas de cette eſpèce on a
fait mille volumes.

Puffendorf établit d'abord des êtres mo-
Tom. I.
page 2.
traduc-
tion de
Barbeirac
avec com-
mentai-
res, raux. *Ce ſont*, dit-il, *certains modes que les
êtres intelligens attachent aux choſes naturelles,
ou aux mouvemens phyſiques, en vue de diriger
ou de reſtreindre la liberté des actions volontai-
res de l'homme pour mettre quelque ordre, quelque convenance & quelque beauté dans la vie
humaine.*

Enſuite pour donner des idées nettes aux
Suédois & aux Allemands du juſte & de l'in-
Page 6. juſte, il remarque qu'*il y a deux ſortes d'eſpace,*

l'un

l'un à l'égard duquel on dit que les choses sont quelque part , par exemple ici , là ; l'autre à l'égard duquel on dit qu'elles existent en un certain tems , par exemple aujourd'hui , hier , demain. Nous concevons aussi deux sortes d'états moraux , l'un qui marque quelque situation morale , & qui a quelque conformité avec le lieu naturel ; l'autre qui désigne un certain tems en tant qu'il provient de là quelque effet moral , &c.

Ce n'est pas tout ; *Puffendorf* distingue très curieusement les modes moraux simples & les modes d'estimation , les qualités formelles & les qualités opératives. Les qualités formelles sont de simples attributs ; mais les opératives doivent soigneusement se diviser en originales & en dérivées.

Et cependant *Barbeirac* a commenté ces belles choses , & on les enseigne dans des universités. On y est partagé entre *Grotius* & *Puffendorf* sur des questions de cette importance. Croyez-moi , lisez les offices de *Cicéron.*

D R O I T   P U B L I C.
S E C O N D E S E C T I O N.

Rien ne contribuera peut-être plus à rendre un esprit faux, obscur , confus , incertain, que la lecture de *Grotius*, de *Puffendorf*

Quatrième partie.　　　A a

& de prefque tous les commentaires fur le droit public.

Il ne faut jamais faire un mal dans l'efpé-rance d'un bien, dit la vertu que perfonne n'écoute. Il eft permis de faire la guerre à une puiffance qui devient trop prépondé-rante, dit l'*Efprit des loix*.

Quand les droits doivent-ils ètre conftatés par la prefcription ? Les publiciftes appellent ici à leur fecours le droit divin & le droit humain, les théologiens fe mettent de la partie. *Abraham*, difent-ils, & fa femence, avait droit fur le Canaan, car il y avait voyagé, & Dieu le lui avait donné dans une apparition. Mais nos fages maîtres, il y a cinq cent quarante-fept ans, felon la Vul-gate, entre *Abraham* qui acheta un caveau dans le pays & *Jefué* qui en faccagea une petite partie. N'importe, fon droit était clair & net. Mais la prefcription ?............. point de prefcription. Mais ce qui s'eft paffé autrefois en Paleftine doit-il fervir de règle à l'Allemagne & à l'Italie ?..... Oui ; car il l'a dit. Soit, meffieurs, je ne difpute pas contre vous, Dieu m'en préferve.

Les defcendans d'*Attila* s'établiffent, à ce qu'on dit, en Hongrie. Dans quel tems les anciens habitans commencèrent-ils à ètre tenus en confcience d'ètre ferfs des defcen-dans d'*Attila* ?

Nos docteurs qui ont écrit sur la guerre
& la paix sont bien profonds ; à les en croire
tout appartient de droit au souverain pour
lequel ils écrivent. Il n'a pu rien aliéner de
son domaine. L'empereur doit posséder Rome, l'Italie & la France, (c'était l'opinion
de *Barthole*) premiérement parce que l'empereur s'intitule *roi des Romains*; secqnde-
ment parce que l'archevêque de Cologne est
chancelier d'Italie, & que l'archevêque de
Trèves est chancelier des Gaules. De plus,
l'empereur d'Allemagne porte un globe doré
à son sacre ; donc il est maître du globe de
la terre.

A Rome il n'y a point de prêtre qui n'ait
appris dans son cours de théologie que le
pape doit être souverain du monde, attendu
qu'il est écrit que *Simon* fils de *Jone* en Galilée, ayant surnom *Pierre*, on lui dit, *Tu
es Pierre & sur cette pierre je bâtirai mon
assemblée.* On avait beau dire à *Grégoire VII*,
Il ne s'agit que des ames, il n'est question
que du royaume céleste. Maudit damné, ré-
pondait-il, il s'agit du terrestre ; & il vous
damnait !

Des esprits encor plus profonds fortifient
cette raison par un argument sans replique.
Celui dont l'évêque de Rome se dit vicaire, a
déclaré que son royaume n'est point de ce
monde ; donc ce monde doit appartenir au

vicaire quand le maître y a renoncé. Qui doît l'emporter du genre‑humain ou des décrétales ? Les décrétales fans difficulté.

On demande enfuite, s'il y a eu quelque juftice à maffacrer en Amérique dix ou douze millions d'hommes défarmés ? On répond qu'il n'y a rien de plus jufte & de plus faint, puifqu'ils n'étaient pas catholiques, apoftoliques & romains.

Il n'y a pas un fiécle qu'il était toûjours ordonné dans toutes les déclarations de guerre des princes chrétiens, de *courre‑fus* à tous les fujets du prince à qui la guerre était fignifiée par un héraut à cotte de mailles & à manches pendantes. Ainfi la fignification une fois faite, fi un Auvergnac rencontrait une Allemande il était tenu de la tuer, fauf à la violer avant ou après.

Voici une queftion fort épineufe dans les écoles : le ban & l'arrière‑ban étant commandés pour aller tuer & fe faire tuer fur la frontière, les Suabes étant perfuadés que la guerre ordonnée était de la plus horrible injuftice, devaient‑ils marcher ? quelques docteurs difaient oui ; quelques juftes difaient non ; que difaient les politiques ?

Quand on eut bien difputé fur ces grandes queftions préliminaires, dont jamais aucun fouverain ne s'eft embarraffé ni ne

s'embarraſſera, il falut diſcuter les droits reſ-
pectifs de cinquante ou ſoixante familles, ſur
le comté d'Aloſt, ſur la ville d'Orchies, ſur
le duché de Berg & de Juliers, ſur le comté
de Tournay, ſur celui de Nice, ſur toutes les
frontières de toutes les provinces; & le plus
faible perdit toûjours ſa cauſe.

On agita pendant cent ans ſi les ducs d'*Orléans*, *Louis XII*, *François I*, avaient droit
au duché de Milan, en vertu du contract de
mariage de *Valentine de Milan*, petite-fille du
bâtard d'un brave payſan nommé *Jacob Mu-
zio*. Le procès fut jugé par la bataille de Pavie.

Les ducs de Savoye, de Lorraine, de Toſ-
cane, prétendirent auſſi au Milanais; mais
on a cru qu'il y avait dans le Frioul une famille de pauvres gentilshommes iſſue en droite
ligne d'*Albouin* roi des Lombards, qui avait
un droit bien antérieur.

Les publiciſtes ont fait de gros livres ſur les
droits au royaume de Jéruſalem. Les Turcs
n'en ont point fait; mais Jéruſalem leur
appartient, du moins juſqu'à préſent dans
l'année 1770; & Jéruſalem n'eſt point un
royaume.

Fin de la quatriéme partie.

Aa iij

TABLE ·
DES ARTICLES

contenus dans cette quatriéme partie.

Lightning Source UK Ltd.
Milton Keynes UK
UKOW07f1951240817
307926UK00006B/432/P